社会冲突与诉讼机制

| 第三版 |

顾培东 著

法律出版社
LAW PRESS · CHINA

顾培东近照

顾培东

1956年生，江苏省建湖县人。现为四川大学法学院二级教授、博士生导师。兼任最高人民法院特约监督员，四川省委、省政府决策咨询委员会委员，四川省政府法律顾问等职。1992年起享受国务院特殊津贴，1995年入选首届“全国十大杰出青年法学家”，同年入选国家百千万人才工程计划。2005年入选当代中国法学名家。1972年高中毕业后当过农民，进过工厂，在过机关。1978年考入西南政法大学，1981年提前毕业并成为本校民事诉讼法学专业研究生，1984年毕业留校任教。1987年初调入四川省经济体制改革委员会（四川省经济研究中心），先后任研究所副所长、所长，体改委秘书长、副研究员、研究员等职。1994年正式辞职从事律师职业。2000年任西南政法大学教授、博士生导师，2008年调入四川大学任现职。近三十年来，从事经济学和法学研究，并集中于对法治、司法以及经济改革中重要现实问题的研究。

先后在《中国社会科学》、《法学研究》、《中国法学》以及《人民日报》、《光明日报》等国内外学术刊物上发表学术论文一百余篇。独立或合作出版书（译）著十余部，代表著作有：《我的法治观》、《社会冲突与诉讼机制》、《大陆法系》（合译）。

目录

第三版修订说明

呈现在读者面前的这本小册子写于25年前，相关写作背景在第二版修订说明中已有交代。

二十多年后的今天，与本书主题相近的西方学者的理论著述被大量引入我国，诸如谷口安平的《程序的正义与诉讼》，卡佩莱蒂的《比较法视野中的司法程序》，卡多佐的《司法过程的性质》，弗兰克的《初审法院》以及波斯纳的《法官如何思考》、《波斯纳法官司法反思录》等，均已成为我国诉讼法学的基本理论素材。客观地说，这些著述的引入，已使本书在诉讼理论文献中显得微不足道。而我之所以不计轻薄贾勇对本书修订再版，除了出版社编辑热情鼓励外，原因有三：其一，尽管前面所提及的西方学者的这些著述的理论深度及知识的广度远非本书所能企及，但本书毕竟是一个中国法学人对“诉讼”这一现象或实践的理性认知与诠释，因而有可能更贴近中国法学人的体验与直觉。其二，二十多来年来，我国诉讼法学，尤其是民事诉讼法学的理论在不断深化，但简单化的理论论证、概念化的逻辑推演以及碎片化的经验判断仍然充斥于诉讼法学研究成果之中。我一向认为诉讼法学不是一门具有自洽性的学科，诉讼法必须从其他理论学科中寻求理论资源的支撑。因此，本书在运用法哲学、法社会学、法经济学原理研究诉讼制度或诉讼现象方面的尝试，在当下仍有一定的启示意义。其三，目前我国法学教学中，诉讼理论的启蒙教育依然是按照各程序法的传统理论谱系而进行的，这些理论很少把诉讼放置到社会治理的结构中审视其功能和作用，也很少把制度化的程序还原到真实的诉讼实践场景中考量其应有机理，很难使学生对诉讼这一理论对象或社会实践建立起系统性、真实性的认识。这也就是说，当初我在写作本书时所欲改善的境况今天依然存在，因此，我仍然奢望本书对诉讼的理解与叙说能够展示出一种不同的认识进路，进而对诉讼法学理论教学有所补益。

谨此说明。

顾培东
二〇一四年十二月于成都

第二版修订说明

十四年前的冬天，我背上一袋资料，蛰伏于都市一角，隔绝室外的喧嚣，一任思绪在“诉讼”这一关键词的引领下，狂奔四突，于是有了这本书。

在写作本书之前，无论是理论研究，还是实际工作，我与“诉讼”已绝缘多年。萌生写作之意，一方面是因为其时中国市场为取向的改革出现了“倒春寒”，我曾倾注心力的经济改革理论研究已难以为继；寄寓着我社会理想的现实研究遭受冷遇后，我不得不改弦易辙，转而进入纯理论的“虚拟世界”，以求在这“虚拟世界”中宣泄自己的理想情怀。另一方面，我对当时诉讼法学研究以及法理学研究的状态一直心怀不满，始终认为，诉讼法研究中缺少理论素养，经验性判断和教条化注释使诉讼法学显得干瘪苍白，缺少生气；而法理学则多少有些虚玄空泛，不着边际，与部门法学之间缺少应有的对应，从法理学的论述中难以形成对实际运作的合理想象。基于这些背景性因素，写作前，我为本书预设了两个基点：其一，在内容上，以诉讼制度的一般性内容为研究和叙说对象，揭示和描述诉讼制度的共同性机理及应然状态，而不具体涉及某一国家的司法实践，尤其不评价中国的诉讼制度及其运作状态。这样既可避免在现实评价中出现偏误，又能延展本书的学术生命力。其二，在方法上，运用法理学（法哲学）、法社会学、法经济学的基本原理，解析和诠释诉讼制度的基本要素，在诉讼制度与法理学（法哲学）、法社会学、法经济学之间建立起合理的、内在的联系，借此提升诉讼法学的理论素养，同时也为法理学（法哲学）等理论学科增添某些现实性。前一点，取决于在写作过程中对材料范围的守持，因而不难达到；而后一点，则受制于本人的理论功力，实现的程度只能说是差强人意。不过，从法学界此后出现的对部门法研究的一些成果看，这种研究进路还是得到了一定程度的认同。

我在本书中对诉讼制度应然性的研究，实际上是我对诉讼这一现象及诉讼制度主要元素的本原状态的最朴素思索与追问；而论述的过程，则同时是消释我累积多年的思维块垒的过程。我从社会冲突的消极性、负面性引申出诉讼的社会意义；从解决和消除社会冲突的若干方式比较中映证出诉讼的特殊价值及诉讼的某些内在规定性。论证了诉讼的社会意义后，又转而对诉讼价值目标进行讨论。需要说明的是，诉讼公正的价值目标，犹若哥德巴赫猜想，任何对它的论证都可能接近真理，但任何论证如果不饲重复他人的结论，也必定只是一家之言，因为"公正"本身就是"普洛修斯的脸"，变幻莫定。我对这一价值目标的论述自然也没有太多的原创性，但我力图使这一论证过程中的每个环节都源出于自己的心智和思索，即便是对前人的至理名言，也一定用自己的思维加以过滤，最终能够使我在本书中所表达的"诉讼公正"是我理想中所希图实现的那一种"诉讼公正"。至于诉讼的效益价值，此前在国内法学界鲜见有详细的论述。说本书在国内法学界最早系统论及这一主题，大概不算为过。对这一主题的敏感，一方面导源于我对经济学理论有粗浅的了解和浓厚的兴趣，另一方面或许与我当时不曾感觉、后来有所显现的商业潜质有一定关系。在我看来，“投入产出”、“成本与收益”所体现的商业规律既然适用于理性化的经济活动，当然也可能成为支配诉讼活动走向的内在力量，并进而成为评价诉讼活动的一个客观标尺。不仅如此，依我的偏执之见，既然公正目标在许多个案诉讼活动中难以得到具体评价，那么，可量化的效益目标则具有更大的实用意义。以效益作为衡量公正的依据，或在两个价值目标之间奉行“以公正为本、以效益为用”的原则，也许与实践逻辑更有契合之处。延续对诉讼价值的探讨，我又对诉讼中两大主体在诉讼活动中的行为取向及行为方式进行了探讨。从社会学和心理学角度分析诉讼主体的一般性、惯常性的活动模式与状态，借此观察诉讼制度与主体行为之间的对应关系。对诉讼强制及诉讼监督的讨论，虽然没有具体涉及中国司法现状，但很大程度上反映出我对中国司法现状的某种焦虑。在写作时，我思维中始终保持着对司法现状的某种想像。因此，本书中对这两个主题的论述，实际上所表达的是我内心中匡正现实偏误的社会企求。

总之，本书的写作，毋宁说是我带着在读书期间，尤其是在就读研究生期间所形成的对诉讼这一现象的若干思考，所进行的一次在理性王国中的负重旅行。稿成后，我有一种难以言状的畅达舒展之感。

本书初版十余年来，不断有人提及或引述。这多少实现了我当年对本书所寄予的期望。在法学界“群众性著书运动”二十年长盛不衰的境况下，能有此效果，我颇感自慰。十多年来，与本书内容相关的各种著作，尤其是西方“舶来品”大量问世。应当说，可以充实本书、佐证书中一些观点的知识资源极为丰富。但此次修订中，我并未利用这种条件，引据六经以证我，而仅对原书中一些今天看来不尽恰当的表述进行了局部性修改。这样做的原因并不完全是出于我的疏懒，更在于我对那种被圈内人士认定为“学术规范”的写作方式已有厌倦之感。

十多年后的今天,我已从一个诉讼制度的研究者变成诉讼活动的直接实践者。大量的诉讼实践,使我对本书中所涉及的一些内容有了更为深刻的感受。在此过程中所形成的思考也分别以专题论文形式予以表达。所不同的是,这些论文完全舍弃了蕴含于本书中的“曲径通幽”的言说方式,而毫无避讳地直陈我对中国司法制度的具体诉求。虽人微言轻,反响甚弱,但处在学术与政治双重边缘之外尚能发出这样的声音,那份古道热肠,总还是有几分可爱。

又是一个寒流涌动的冬日。窗外的喧嚣如涛声依旧。本书的再版,权且充作我残旧的昨日船票。抖落尘封,略加粉饰,未知能否凭此而登上今天法学界宿旧与新锐们相拥相惜的客船?

顾培东

2003 年 11 月于成都

第一章　法学视野中的社会冲突

本书的宗旨在于从法哲学意义上研究社会冲突与诉讼机制,更具体地说,是运用法哲学原理分析和研究解决社会冲突的诉讼机制以及诉讼机制形成和运作过程中的若干因素。

众所周知,在理论领域中,社会冲突并非是法学,而是社会学理论的直接研究对象。作为塔尔科特·帕森斯、罗伯特·K.默顿等人功能整合理论的对立,冲突理论独树一帜而成为社会学理论中的重要流派。尽管冲突理论在解释社会过程方面明显具有矫枉过正的偏激,但这种偏激如同功能整合理论对社会环境构想的虚幻化一样,得到了社会学理论的宽容。

然而,由于学科之间理论视角的差异,社会学理论对社会冲突本质特征、形成根据以及功能和意义的评价并不能为相应的法学研究提供理论基石。社会学冲突理论的倡导者们力图超越现实社会制度和社会结构,用冲突说明和解释一切社会现象和社会过程;而法学研究,特别是对诉讼制度的研究则要求具体到现实社会制度和社会结构,从既定的社会秩序要求出发,认识和评价作为特定社会现象的社会冲突。弥合由学科不同而形成的理论差异是没有必要且不可能的,但认识并揭示这种差异,并从社会学与法学比较的角度考察社会冲突,则应成为本书研究的逻辑始点。

一、社会冲突的界定

理论对象的界定根据不同,对象的内容也不一致。因此,对"冲突是什么"这一基本问题的回答,法学应有别异于社会学的结论。

(一)冲突的社会学定义

美国著名社会学家乔纳森·H. 特纳在对冲突论进行研究的过程中发现,多数冲突论的宗师们,从格奥尔格·齐美尔(G. Simmel)到拉尔夫·达伦多夫(Ralf Dahrendorf)以及刘易斯·A. 科塞(L. A. Coser),在殚精竭虑构造自己理论体系的过程中,却疏于对社会冲突这一现象作出必要的界定。[1] 因此,情感色彩很浓的词汇,如"仇恨"、"紧张"、"敌对"等往往被用于表述冲突者的心态;而实意明确的一些消极词汇,如"暴力"、"争执"、"抗议"等则用以表达冲突的现实状态。更为抽象的一些用语,如"竞争"、"分歧"、"革命"等亦是描述或构画冲突的语言符号。科塞曾把冲突分为现实冲突和非现实冲突。现实冲突是指由于现实的要求得不到满足而形成的冲突,冲突的对象是妨碍满足的事物,冲突的对象即为冲突的根据。非现实冲突则是指没有具体对象,而仅仅是为了发泄某种情绪的冲突。显然,即便是科塞为现实冲突所作的这种解释也不能使人们建立起确定的"冲突"概念。至于非现实的情绪发泄式的冲突,更难以与人们在实际生活中所建立的"冲突"

---

〔1〕 参见[美]乔纳森·H. 特纳著:《现代西方社会学理论》(原名《社会学理论的结构》),范伟达主译,天津人民出版社 1988 年版,第 244 页。

体验相吻合。

达伦多夫以及其他一些冲突理论的主张者所以拒绝对冲突作出明确的界定,主要同其泛社会化冲突的理论体系相关。因为只有把社会生活过程中存在的哪怕是些微情绪变化都纳入“冲突”范畴之中,才有可能把一切社会现象都视为并归因于冲突。含糊或宽泛的冲突概念为达伦多夫、科塞等人的泛社会化冲突理论提供了支撑。

当然,也有一些社会学家为冲突作出了相对明确的定义。克林顿·F. 芬克认为,冲突是“任何两个或两个以上的统一体由至少一种对抗性心理关系形式或至少一种对抗性互动关系形式相连接起来的社会情况或社会过程”。〔2〕芬克的定义旨在强调冲突的两个基本要素:(1)冲突发生于两个或两个以上的统一体;(2)冲突是对抗性心理关系形式或对抗性互动关系形式的连接。前者为冲突的主体要素;后者(对抗并且连接)则是冲突的实在内容。特纳较为倾心的冲突定义是:“冲突指各派之间直接的和公开的旨在遏制各自对手并实现自己目的的互动。”〔3〕特纳反对把诸如矛盾、利益对立或是仇恨这样一些“引起冲突的背景条件”视为冲突本身。十分清楚,特纳所意指的冲突是一种现实化了的、主体对冲突对方及冲突内容均有明确认识的“竞技决斗式”的互动。与此类似,伦德堡(G. A. Landberg)在《社会学基本原理》一书中,则把“对立各方之间沟通的中止”或“沟通断绝”视为冲突的实质形态。〔4〕

(二)冲突的法学本质

从法学角度考察,不难发现,西方社会学家无论是否对冲突作出具体的界定,他们所关注的往往都是冲突的外部表现形式(包括可感知

〔2〕［美］C. F. 芬克:《社会冲突理论中的难题概念》,载《解决冲突杂志》第12期(1968年12月),第456页。

〔3〕［美］乔纳森·H. 特纳:《现代西方社会学理论》,天津人民出版社1988年版,第245页。

〔4〕参见［美］科塞著:《社会冲突的功能》,孙立平等译,华夏出版社1989年版,第9页。

的冲突者的心理状态),在表述或说明冲突时都忽视了冲突的社会意义以及认知冲突的社会目的。从冲突的社会意义看,在任何一个有秩序的社会中,冲突——即便是纯粹发生在私人间的冲突——都具有一定的反社会性。无论冲突各方是否具有正义的根据,冲突毕竟与社会秩序的要求是相悖的。这是因为,当社会中的利益、权力以及威望通过一定的方式"合理"分配,[5]并表现为一种制度和秩序时,围绕利益、权力以及威望的冲突就不再是对个别主体的侵害。马克思就曾把极端的冲突形式——犯罪表述为"孤立的个人反对统治关系的斗争"。[6]因此,仅仅从具有直接对抗连接关系的冲突双方或多方的行为去描绘或认识冲突是不够的。

再从人们认知冲突的社会目的看,把冲突从诸种社会现象中提炼出来,并加以特定化,其目的除了把握社会发展过程的状态外,在实践层次上的意义主要是为了抑制冲突的负面效应,减少冲突的发生或防止冲突的恶化,并进而实际地解决冲突。这为界定冲突所设定的制约前提是:冲突必须具有作为社会控制实践对象的可能和价值。对社会现实秩序不构成妨害的行为对抗或者未通过实际行为(包括言论)所反映出来的心理对抗不具有"冲突"的性质。

据此,冲突的法学本质应当是:主体的行为与社会既定秩序和制度以及主流道德意识的不协调或对之的反叛。

这一表述所包含或派生的命题有:

Ⅰ　冲突必须表现为主体的特定行为

补充命题:

A　非行为表现的对抗情绪不构成冲突;

---

〔5〕 社会通常假定既有的利益、权力以及威望分配格局是合理的。

〔6〕《马克思恩格斯全集》(第3卷),第379页。

B　冲突的构成可以有,但并不必然要求有敌对主体的互动行为。对广义社会秩序的侵害(在无特定主体,包括自然人和自然人的集合体作为权力、利益或威望的人格载体的情况下)也构成冲突。

Ⅱ　任何冲突都是既定秩序和制度以及主流道德意识所不相容的

补充命题:

A　无论冲突主体的主观责任如何,冲突本身内含着反社会性;

B　既定秩序和制度以及主流道德意识(由统治阶层所倡导的或为社会多数成员所认同的道德意识)是评价社会现象是否具有冲突属性的依据。

Ⅲ　冲突的影响决定于行为与既定秩序和制度以及主流道德意识相悖的程度

补充命题:

A　仅仅违反主流道德意识的冲突是浅层的冲突,也是最易发生的冲突;

B　侵害整个社会秩序和制度的冲突是最高形式的冲突。某一或某些社会阶层反叛整个社会秩序和制度的冲突是社会结构整体变化的缘由。

十分清楚,这些命题的确立,是把冲突置于既定社会框架中加以考察,并以特定社会的一般价值观作为评价根据。运用这种认识方式的理由在于:(1)如果仅仅把冲突看成冲突主体或主体间的孤立行为,不足以充分认识冲突的社会影响和意义,冲突的实际影响范围决不仅限于冲突主体本身。(2)与此相联系,在现代社会中,离开社会秩序、制度以及主流道德意识来谈论主体间的对抗或互动并没有实际意义,因为正是冲突同社会秩序、制度以及主流道德意识的联系,才使其成为社会控制的对象,也才使冲突获得运用社会力量加以解决的可能。(3)把两个或两个以上主体之间竞技决斗式的对抗视为冲突的典型形态,势必不能说明单个主体虽未伤害特定自然人(包括自然人的集合体),但已损害了社会主流道德意识和基本社会秩序及制度的现象,而对这种现象无疑应赋予其“冲突”的属性。

显然,以反社会性作为冲突基本特征的设想与齐美尔等人所说的“合法冲突”这一概念是无法相容的。在我看来,包括体育竞赛、市场竞争以及议会竞选等所谓“合法冲突”,是人类以对抗结构为单元的常规性社会活动。在这些活动中,虽然主体具有强烈的遏制对方而实现自己目的的愿望,但彼此都表现出对社会规则(包括竞赛、竞争或竞选等规则)的认同。而在共同认可的规则下所实施的行为不可能产生一般意义上的冲突后果。马克斯·韦伯曾精当地指出:“和平的斗争应该叫作‘竞争’。‘有规则的竞争’是一种在目的和手段上以一种制度为取向的竞争。个人或者某几类人为了生活或者生存而进行的、在意向上没有斗争企图的互相对抗的(不稳定的)生存斗争,应该称之为‘选择’”。〔7〕 事实上,“合法冲突”的概念是齐美尔等人为构建自己泛社会化冲突的理论体系而牵强地创造出来的。在现实社会中,“合法冲突”则被某些主体用于证明或掩饰自己某种对抗行为的真正目的,以避免这种行为被作为一般社会冲突而受到社会的否定评价。

二、社会冲突的根源

社会冲突根源是社会学冲突理论的重要研究对象,社会学家的冲突理论体系都不可避免地包含有他们对冲突根源的阐释。与之不同的是,法学通常并不深究社会冲突的形成根源,因为法律制度的现实任务主要是解决已经形成的社会冲突。法理学对冲突根源的认识也往往局限于某种经验感受或制度化的逻辑推断。因此,在冲突根源方面,很难

〔7〕 [德]马克斯·韦伯著:《经济与社会》,林荣远译,商务印书馆1997年版,第68页。

说社会学理论与法学理论存在系统性的共异。无论是在社会学家的理论建构中,抑或是在法理学家的偶尔论及中,有关冲突根源的认识都不完全一致。有些偏重于从主体,尤其是作为自然人的主体个性方面揭示冲突发生的原因,有些则侧重于探究和分析冲突的社会根源。

（一）冲突的个性根源

个性根源论旨在说明主体引发或参与社会冲突的个性因素。一般认为主体的先天生物特性和后天习惯经验是诱发冲突的根本动因。而对于主体先天生物特征和后天习惯经验的各自偏重,又进一步导致了学者们对冲突个性根源的不同认识。

早期的社会达尔文主义(Social Darwinism)理论中明显包含着对人的生物抗争倾向的充分肯定。在社会达尔文主义者看来,正是人的生物抗争倾向才使整个社会生物化地出现弱肉强食、适者生存的现象。社会达尔文主义尽管袭用了达尔文生物进化论的一般原则,但并无科学的实验基础。特别是这种理论后来被用于反文明的社会实践,〔8〕更大大降低了它的价值。与之不同,现代社会学家或社会生物学家把对生物、生态研究建诸于大量的实验基础之上。他们对个体冲突行为进行遗传研究,并把以遗传为基础的冲突这一基本变量同对社会的分析联系起来,从而为冲突提供了生物学的佐证。一些社会学家利用生物学和生态学对显性行为研究的成果,更进一步使主体的生物冲突本性得到肯定和支持。〔9〕 著名生态学家康拉德·劳伦兹根据自己的研究,于1960年提出了人类天生具有攻击性,并且这种攻击性具有普适性意义的结论。威尔森·巴拉什等生物学家也提出了人的荷尔蒙激素的水

---

〔8〕 社会达尔文主义后来被用于支持政治上的保守主义,并成为种族主义和帝国主义政策的哲学基础。

〔9〕 参见[美]杰克·D.道格拉斯、弗兰西斯·C.瓦克斯勤著:《越轨社会学概论》,张宁、朱欣民译,河北人民出版社1987年版,第65页。

平与侵犯性行为的程度相关的理论。[10] 当然,这些社会生物学家在强调人具有冲突的生物本能和倾向的同时,也并不认为这种本能和倾向完全不受后天学习和经验的影响。人在参与现实冲突方面的程度差异更主要取决于后天的学习和经验。

在对冲突生物本原的分析方面,最有成就、最受推崇者莫过于弗洛伊德。弗洛伊德认为。在生物意义上,人固有两种基本驱动力:一种是建设性的能量,即里比多(libido);另一种是破坏性的、侵略性的能量,即死本能(fhanatos)。后一种驱动力是人的破坏性冲动。当这种冲动内向时,人们就将限制自己的能量,惩罚折磨自己而变成受虐待狂;当这种冲动外向时,就变成侵犯性的、好战的行为。[11] 侵犯以致引发冲突是人的死亡本能的必然延展和外化。弗洛伊德的这种分析无疑为人类生存的价值涂上了浓重的悲剧色彩,但弗氏大量的心理实验材料又似乎令人难以否定这种判断。

与对冲突生物本原分析相对应的是冲突的社会本能分析。社会本能分析者尽管不认为冲突产生于人的生物本性,但却主张冲突是个人不可改变的习惯或经验,以至于冲动对人来说具有本能性质。

本世纪英国著名学者伯特兰·罗素(Bertrand Russes)认为:"人类一切活动都发生于两个来源:冲动和愿望。"而"冲动比有意识的目标在形成人的生活方面有更大的影响",冲动是人们生活和行为的基础,它的范围大大超过人们的社会愿望。罗素甚至认为,"一切哲学,一切伦理评价体系都是这样产生的:它们都体现一种屈从于冲动的思想,其目的在于使冲动的放纵有一个似乎合理的根据。唯一真实的思想,产

---

〔10〕 参见[美]E. 齐格勒·基尔德、M. 拉姆著:《社会化与个性发展》,李凌等译,北京航空航天大学出版社 1988 年版,第 81 页。

〔11〕 参见[美]J. C. 弗里德曼等著:《社会心理学》,高地等译,黑龙江人民出版社 1984 年版,第 238 页。

生于好奇的、理智的冲动,这种冲动使人有求知和求解的愿望。但大多数冒充的思想,实际上是由非理智的冲动所引起,只是一种说服自己手段,以为放纵了这种冲动,就不会使我们失望或受到害处。"〔12〕罗素认为,正是这种冲动,造就了各种社会冲突,尤其是战争。侵略与反侵略都直接缘于主体的冲动。罗素认为,人类扩张的欲望,尤其是权力扩张的欲望是无限的,在这方面,欲望的唯一制约仅在于想象中的可能性,亦即欲望实现的预期。而权力扩张欲望正是各种"竞争、妥协和管理的需要,反抗的冲动,以及动乱和周期性的暴行,并因此而需要道德来约束无政府主义的自我坚持"之根据。〔13〕罗素整个哲学体系,特别是对社会改造理想图式的设计都同他对人的内在冲动以及外部冲突必然性的肯定相关。

美国现代著名法理学家埃德加·博登海默(Edgar Bodenheiraer)对冲动本原的分析与罗素相接近,但更为客观。博登海默认为,有两种欲望或冲动根植于人类精神之中:"第一,人类具有重复过去被认为是令人满意的经验和安排的先入为主倾向。第二,人类倾向于对一些情形作出逆反反应。在这种情形下,他们的关系是受瞬时兴致、任性和专横力量控制的,而不是受关于对等权利义务的合理稳定的信心控制的。"〔14〕第二种欲望和冲动便是酿成各种社会冲突的主观根据。博登海默的这种分析是其"综合法理学—法哲学"体系的一个支点,博登海默将这种分析用于论证法律秩序的必要性。

齐美尔对冲突本原的认识比罗素等人更为激进。齐美尔不仅肯定

---

〔12〕［英］伯特兰·罗素著:《社会改造原理》,张师竹译,上海人民出版社 1959 年版,第 5 页。

〔13〕［英］伯特兰·罗素著:《权力论》,靳建国译,东方出版社 1988 年版,第 3 页。

〔14〕［美］E. 博登海默著:《法理学——法哲学及其方法》,邓正来等译,华夏出版社 1987 年版,第 215 页。

了主体的冲突倾向,而且还把参与冲突视为人的主观偏好。齐美尔列举了一系列实例(如爱尔兰两党围绕全国奶牛的颜色展开争论等)来说明“人们不仅愿意进行冲突,而且看上去经常渴望冲突。如果没有冲突,人们也会为鸡毛蒜皮的事而争论不休”。只有当人们“筋疲力尽了或想把时间和精力用于在其他地方”时,冲突才有可能结束或消除。整个社会生活都是许多不同的层次上和平与冲突、缓和与敌对的循环过程。[15] 与此相类似,17 世纪著名法学家托马斯·霍布斯(Thomas Hobbes)从对英国内战所观察到的经验出发认为,人在本质上是自私自利的、充满恶意的、野蛮残忍的和富于侵略的。在自然状态中,人对人像狼一样,而且充满仇恨、恐惧和互不信任,由此导致了延绵不断的战争。[16] 显然,霍布斯是将个别经验和感验极端化地推定为一般社会规律。

(二)冲突的社会根源

在广泛探究冲突个性根源的同时,不少学者把对冲突根源的考察点放在社会领域,从社会结构本身——至少从社会过程本身寻找冲突发生的根据。

齐美尔也曾涉及冲突的社会根源。齐美尔用“有机体”来比拟社会,并假定在这个有机体中的个人之间都存在内在的“仇恨冲动”或者“仇恨与斗争的需要。因此,冲突过程是社会体系中一种普遍存在的现象特征。”不同状态的强度和力度的“变量”通过冲突而得到显示。“相互排斥目标所进行的较具常规性和相持性的奋斗”表现为竞争;而“人们之间那些规定较少,各方相互反对的直接战斗行为”则是冲突的另一种形式——斗争。竞争与斗争构成了社会生活的全息,并由此产

---

〔15〕 参见[美]D. P. 约翰逊著:《社会学理论》,南开大学社会学系译,国际文化出版公司 1988 年版,第 337、342 页。

〔16〕 参见[美]E. 博登海默:《法理学——法哲学及其方法》,第 44 页。

生社会整合的效果。虽然齐美尔的考察是立足于社会整体的,但在具体论述中,齐美尔还是不自觉地把冲突视为行为者的生物本能。在齐美尔的体系中,社会过程与其说是萌发冲突的条件,不如说是冲突的直接结果。

达伦多夫对冲突理论的建树是极为重要的,他所倡导的辩证冲突论(社会为冲突与统一的综合体)使功能论所精心炮制的仅有“审美意义”的乌托邦化解于一旦。然而,达伦多夫对冲突根源的揭示却较为表象。达伦多夫在其理论体系中,把冲突假设为产生于社会结构布局内的力量对抗所无可改变的过程,但不足的是,达伦多夫只是概念化地把这种对抗归结于主体间的利益冲突。因此,尽管达伦多夫的辩证冲突论审慎地克服了某些偏颇,具有更高的接受度,但其理论体系却受到苛求严谨的社会学家们的批评。

马克斯·韦伯(Max Weber)对冲突根源的认识建立在他对传统社会向工业—科层制社会秩序转变历史的分析之上。韦伯认为,在工业科层制社会中,最为稀缺的资源——权力、财富与威望的分配最深刻地体现了科层的一般特征。而权力、财富与威望分配的变异和非连续性,以及人们控制这些资源的程度都是导发冲突的根源。诸如低水平的社会流动率(处于低等级人员进入高层次社会的机会稀少)以及酬赏的断裂度(社会特权十分明显地给予某些阶层而拒绝给予另一些人)等因素则进一步加剧了冲突的程度。应该说,韦伯的这种分析更贴近现代西方社会的现实,特别是符合西方社会处于不同科层成员的生活感受。因此,近世学者对韦伯这种分析的接受并不仅仅出于对韦伯作为现代西方社会学的奠基者地位的尊重。

科塞对冲突起因的认识与韦伯极为相像。所不同的是,科塞把对冲突根源的分析限定在统治者与被统治者之间。科塞有关冲突起因的一系列命题都同统治者与被统治者之间短缺资源的分配、特权位置的获得,以及被统治者利益被剥夺的感受相关。科塞为冲突起因所构想的两个基本条件是:(1)被统治者对"现实资源分配格局合法化认可的撤销",亦即怀疑或否认现实资源分配的公正性;(2)被统治者不再对资源分配不公现象表示冷漠和忍耐,而产生某种反抗激情。虽然科塞的视野并不宽阔,但重视社会因素对于冲突情感的实际激发作用,却是科塞冲突理论的重要贡献。

在冲突的社会根源方面,政治学或法学领域也有学者偏重于主体(个人或集团)冲突行为同政治或社会生态的联系。美国当代著名政治学家罗伯特·A. 达尔(Robert A. Dahl)在《现代政治分析》一书中否认把政治冲突归因于单一的分裂根源,而主张个人与集团在社会生活中的多方面特征都与政治冲突相联系。这些特征"不仅包括社会地位、经济阶级、收入、财富和职业的差别,而且还包括教育、意识形态、宗教、语言、地区和家庭出身的差别",并且"这些因素的多重性导致了一个国家与另一个国家之间政治分裂和融合的不同模式。"〔17〕

(三)社会冲突的综合根源

从实用主义的角度看,关于冲突个性根源的若干学说或假说不管其差异如何以及各自的合理程度怎样,都只是告诉我们一个早已为经验所验证了的常识:冲突无法避免,或者说冲突具有无法消除的产生和存在根据。对有关冲突的生物根源的各种假说,在缺乏直接实验的情况下,人们难以作出生物或生态学的分析。然而,设若这些假说都能成立,那么对生物根源的分析同时也就失去了意义。因为即便在现代科技高度发达的今天,人们也不能指望通过改变遗传基因或调节荷尔蒙激素来达到控制冲突的目的。而如果承认人类冲突的生物倾向受制于

---

〔17〕 [美]罗伯特·A. 达尔著:《现代政治分析》,王沪宁、陈峰译,上海译文出版社 1987 年版,第 97~98 页。

后天学习行为和经验，那么，人们所面临的问题实际上已经不再属于生物范畴。把冲突倾向视为人类的固有习惯或社会本能的观点，固然可以通过各种现实的冲突事实加以佐证，但是，当需要进一步说明某一冲突究竟起因于何故，或者处于相同环境中的主体何以彼此介入冲突的程度、状况不一样时，这种观点所能提供的说服力显然是欠缺的。

我无意，也不能否认冲突的个性根据，只是试图表明：仅从个性角度——无论是生物本性还是社会本能——说明冲突的起因是不够的。实际冲突的发生，通常都直接伴随着一定的利益、权力或威望的分配。即使冲突最初产生于纯情感因素，但进一步的存续都关联着一定的利益、权力或威望。同时，如果不认为情感的萌发与利益等因素纯然无关，那么，情感表象之后的深层基础依然是利益、权力或威望等因素。

存在于一定社会结构之中的主体，无论是单个自然人，还是团体、阶层等其他社会角色，客观上都受制于一定的制度化价值的影响。各社会主体对制度化价值的认同是社会结构得以维系的基础。但是，对制度化价值的认同并不意味着主体完全服从于在现实制度下所形成的权力、利益和威望分配格局。不满并进而僭越这种格局便构成了社会结构可以容纳的各种冲突。而当个别社会成员的不满发展为一定的社会阶层的不满，对个别制度的不满延伸到对整个制度化价值不满时，导致社会结构变化的冲突就会发生。

在各种形形色色的冲突中，个人生物性的冲突倾向、社会性的冲突本能为冲突提供了主观条件，因为正是这种倾向或本能构成了感知并超越具体制度化价值的意识基础。如果主体对一切制度安排都表现出非压抑性的淡漠，那么，任何方式的权力、利益、威望的分配都不致引发冲突。但在另一方面，个人生物性冲突倾向、社会性冲突本能又并非无抑制、无条件地显露。具体的制度秩序以及制度化价值的公正、文明程度实际调节着个人冲突本性或本能的外化。因此，从总体上认识冲突的根源,必须兼及主体个性(主观)根源和社会制度与条件(客观)两个方面。主客观方面同概念上的冲突以及某一具体的实际冲突都具有因果意义的联系。社会冲突根源于主体个性以及主体生存的社会环境这两方面的综合因素。

三、社会冲突的功能与意义

社会冲突相对于其他社会现象既是一种应变量,也是一种自变量。这就是说,社会冲突导源于一定的社会现象(包括生物和精神现象),同时冲突又引出一定的社会事实,并引起社会过程的一定变化。因此,对社会冲突的价值评断便成为研究社会冲突所不可回避的问题。

(一)社会学理论对冲突功能的评价

社会学冲突论的主张者对冲突价值或意义的认识并不完全一致。达伦多夫几乎完全回避直接评断冲突的价值,但在一些论述中或多或少地表示出否定的偏向。达伦多夫曾指出:"把目光集中于将来的话,那么不仅具体的问题,而且这些问题的解决都要用强制、冲突和变迁等概念来解释。也许从审美角度来看,社会的这另一副面目比社会体系的面目更为令人不悦。但是,如果全部社会学知识所必须提供的只是让人们轻松地躲避到宁静的乌托邦王国中去,那么它几乎是不值得我们为之努力的。"〔18〕达伦多夫这段话一方面试图唤起社会学脱离功能论所设计的伊甸园,另一方面也沮丧地告诉人们,由强制、冲突、变迁构造起来的世界才是真实的,然而又是令人不悦的世界。可见,冲突在达伦多夫的观念中并不是一种积极的存在,尽管它无法避免。相同的情感在韦伯的论述中也有过流露,但韦伯的思考更为深沉。韦伯所考虑

---

〔18〕[美]R. 达伦多夫:《走出乌托邦:关于社会学理论的再取向》,载《美国社会学杂志》第64期(1958年9月),第123页。

的是，社会冲突的存在必然引起管理阶层的膨胀，进而形成对人的新的统治，法律体制的“铁笼”给人类选择带来的是更大的限制。在韦伯看来，不仅冲突，而且冲突所引起的其他社会管理后果也具有消极性——尽管韦伯也不否认冲突对于传统社会解体的推动作用和历史进步意义。

对冲突价值持充分肯定观点的社会学家是齐美尔和科塞。尤其是后者在《社会冲突的功能》一书中，通过一系列命题把冲突的“积极功能”描述得淋漓尽致。齐美尔和科塞对冲突价值的肯定都集中于两方面：社会整合与促进社会变迁。

在社会整合方面，齐美尔认为，尽管暴力冲突与非暴力冲突在不同情境下的效果不相一致，但两者对社会均有一定的整合功能。对非暴力性冲突的功能，齐美尔的命题是：“在一个社会体系中，权力大小不同的群体之间的冲突越不具有暴力性，则这种冲突就越有可能对社会整体具有整合作用。”相应的，冲突暴力度越小，次数越频繁，社会整体越是立足于各部分功能的互赖，冲突的社会整合功能就越强。对暴力性冲突，齐美尔的命题为：“群体间冲突的暴力度越大，冲突关系持续时间又较长，则社会体系内以前没有联系的群体之间越有可能形成某种联合。”同时，“群体间暴力冲突的威胁历时越久，则冲突的各个联合越久”。〔19〕 科塞认为，冲突的积极功能主要是通过低暴力、高频度的冲突而得到体现的。而这种低暴力、高频度的冲突存在于社会单位之间的异质性和功能互赖性较高的社会之中。具体来说，这类冲突的功能是：(1)提高社会单位的更新力和创造力水平；(2)使仇恨在社会单位分裂之前得到渲泄和释放；(3)促进常规性冲突关系的建立；(4)提高对现实性后果的意识程度；(5)社会单位间的联合度和适应外部环境

---

〔19〕［美］乔纳森·H. 特纳：《现代西方社会学理论》，第193页。

的能力得到提高和增强。[20]

冲突促进社会变迁,这是齐美尔与科塞(也包括其他一些社会学家)倡导冲突论的基本价值依据和立论基础。齐美尔等人认为,社会更迭递嬗的原动力正是社会冲突。冲突促进旧的社会结构的解体和新的社会结构的产生。但是,齐美尔并不认为所有的社会冲突都能够导致根本的社会变迁。在高度互赖的社会体系中,低强度与高频率的冲突并不必然地日益强化或导致社会结构的变化,相反还松弛了紧张,并走向正常化和常规化,对社会体系、社会结构产生有效的维系作用。

(二)从法学角度看社会冲突

从法学角度考察,我们很难对社会冲突这一现象作出肯定、积极的价值评断。

事实上,广义上的社会冲突只是学理阐释时所借用的一个抽象语言符号,而其实存形态是社会中的各种纷争。因此,评断社会冲突的价值,并不以抽象的语言符号为对象,而只能以实存形态的社会冲突为客体。这就启示我们在作这种评断时不应脱离一定社会制度所设定的准则。前已述及,在任何社会中,社会冲突——除去齐美尔所谓的"合法冲突"——都意味着对该社会既有制度、秩序以及主流道德意识原则的损害,都标示着社会运行的某一局部的非正常状态。甚至可以认为,社会冲突的出现所表明的不是社会整合机能的健全,而恰恰是整合机能的病态。也正因为如此,减少、避免或消除冲突总是构成特定制度下社会控制的基本任务。一个极为浅显的推理是:如果冲突,即便是低暴力、高频度的冲突确实能够产生社会体系的整合,以致巩固社会结构的作用,那么,社会统治者社会控制的目的何以不通过鼓励冲突,而是尽量消除和减少冲突来实现呢?在实际生活中,社会调节、控制或整合主

---

〔20〕 参见[美]科塞:《社会冲突的功能》,华夏出版社 1988 年版,第 17 ~ 183 页。

要是通过理性地设计行为规则并依靠各主体理性地遵从这种规则来实现的。至于在冲突的启示下不断调整权力、利益或威望结构,改进行为规则,提高行为规则的理性化程度,这与其说是冲突的主观效果,毋宁说是社会对冲突的一种能动适应。

进一步需要探讨的问题是:社会变迁通常采取冲突的形式,但能否由此认为冲突是推动社会变迁的真正动力?首先必须明确的是,并非所有的冲突,包括大规模的暴力冲突都能够产生社会变迁的效果。如果把社会变迁看成是一个与人类文明走向一致的社会发展,而不简单是社会状态变化,那么,经验和逻辑都已经并将进一步证明,许多冲突阻碍和制约了社会变迁的历史进程。在评价和判断冲突对于社会变迁的作用时,决不应忽视冲突与正义、文明这样一些范畴的联系。

毫无疑问,内含着反抗衰朽制度目的的冲突,确实常常连接着社会结构的更新,甚至社会体系的完整变化。因为社会结构的变化中不可避免地存在尖锐的对抗。但即使在此情况下,冲突也仅是埋葬旧制度的掘墓过程,而不是旧制度死亡的真正原因。在现实制度具有旺盛生命力时,任何形式的冲突都不能导致该制度的消亡。在这方面,西方社会学家往往曲解马克思的学说,认为马克思把阶级斗争视为旧制度消亡的根本原因。实际上,马克思从来都坚持认为,旧有社会结构对社会生产力缺乏容纳性才是旧制度消亡的根本原因。作为极端冲突形式的阶级斗争,只是为制度的消亡提供了必要条件。

当齐美尔、科塞等人把社会整合功能和促进社会变迁功能同时赋予冲突时,已经在逻辑上留下了无法消除的矛盾:冲突既然能够不断提高社会整合功能,那么以社会结构整体变化为内容的社会根本变迁就不可能出现,因为现实社会的整合功能能够有效地维护现实社会结构。同样,设若冲突能够促使社会发生根本变迁,那么冲突无疑具有破坏现实社会结构的某种力量。这种矛盾在齐美尔等人的著作中的具体反映是:在一般性命题中受制于自己的理论体系从而肯定冲突的积极性质,而在具体论述中又不能不回复到正常的思维之中,把冲突作为消极的社会事实来对待。有关冲突功能的这种二律背反命题多少减弱了齐美尔、科塞等人冲突理论的光泽。

总之,冲突的价值决定于人们的主观评价,而主观评价的依据又不能不出自于一定的社会准则。因此,在特定社会中所发生的一切冲突,对于该社会结构的稳定来说,都带有消极性,从社会本位出发,都只能给予否定评价。尽管从历史的高度看,许多冲突事实对于人类文明的进程是有积极意义的。

四、结论

法学与社会学视角的差异形成了对社会冲突的截然不同的认识和评价。社会学某些冲突论者从历史发展的动态过程中观察社会冲突对于社会发展的促进意义,从而充分肯定了冲突的积极功能。法学则从现存社会制度和社会秩序出发认识社会冲突的反社会性,从而把社会冲突视作一种消极存在。没有理由,也无法对这两种认识作出是非正误判定,分析这种差异更主要是为本书的论述建立一种前提。因为只有当人们不是从社会学角度把社会冲突理解为一种积极的社会现象时,以抑制或解决社会冲突为最高宗旨的诉讼机制才具有基本价值。在法学意义上认识社会冲突,我们所力图揭示的是这样的机理:社会冲突——无论是统治阶层内部的冲突还是统治阶层外部的冲突都是与现实统治秩序(从而也是与法律秩序)不相协调的,严重的社会冲突都危及着统治秩序或法律秩序的稳定。诉讼的任务正在于为解决这些冲突,并抑制后续冲突的发生提供一种常规性手段。诉讼机制的社会价值也在此意义上得到展示。

第二章　社会冲突的诉讼机制

当私力救济作为一种普遍性社会现象从人类文明史中消失后，诉讼便成为遏制和解决社会冲突的主要手段。这一事实表征着一个极有意义的社会进步：人类不再依靠冲突主体自身的报复性冲突来矫正冲突的后果，尤其是不再用私人暴力杀戮式的冲突来平息先前的冲突。从日尔曼粗俗的裁决方式到今天理性化的审判程序，诉讼既作为一种社会统治方式，又作为一种技能化的活动而不断得到发展和完善，从而逐步适应调节并消除日益复杂、频繁的社会冲突的需要。今天，人们评价某一社会法治水平或社会秩序的状况，基本依据并不在于该社会中社会冲突发生的频度和烈度，而在于诉讼对于现实社会冲突的排解能力和效果。由各种不同诉讼类别所构成的诉讼体系，成为调节和消除各种社会冲突，实现社会控制的常规机制。

一、自然状态的社会冲突与作为法律事实的社会冲突

在本书第一章关于冲突的定义中,我曾强调了冲突的反社会性特征。但是,这种特征的存在并不意味着任何冲突都必然受到法律的评价。事实上,在任何社会中,能够受到法律评价的社会冲突仅是其中的一部分,纯粹从量上观察甚至可能不是主要部分。由此形成了社会冲突的两种不同法律地位:非经法律评价的自然状态的社会冲突和应受或可受法律评价、作为法律事实的社会冲突。

(一)社会冲突成为法律事实的根据和条件

实存的各种社会冲突受制法律评价,从而成为法律事实的根据和条件在于两个基本方面:一是从统治利益和统治关系出发,社会冲突受制于法律评价的必要性;二是以法律调节手段的实际适用为根据,社会冲突受制法律评价的可能性。

毫无疑问,对法律评价必要性的判断产生于社会统治者的主观认识,而这种认识又决定于冲突所侵害的不同利益在社会中的等级和层序。

在特定社会中,不同的利益在社会中的等级和层序是不相一致的。概括地说,各种利益的等级和层序的确定根据有以下几方面:

第一,社会一般价值,亦即根据人类文明的一般观念、超越个别经验和个体利益而形成的价值依据。这其中既有永恒性的、依靠直觉判断便可确定的因素,如价值较高的财富比价值较低的财富更具有应受保护性;也有在文明演进中不断形成,同时又受阶段时期文明水准局限的因素,如人的生命价值逐步受到社会重视,并且通常认为比个人财产利益价值更高;健康利益在次序上又似应高于享乐或娱乐利益。

第二,统治阶层独特的利益愿望。一般来说,依照统治阶层的独特利益确定社会各种利益的等级和层序并不符合所有社会成员的意志,

甚至在某些社会条件下,不符合多数社会成员的意志,但是,这些愿望的实现却是特定社会得以维持和存续的基础。统治阶层在决定是否满足这种利益愿望时并不需要顾及道德、宗教以及一般政治价值的基础。从人类发展的历史进程看,越是居于低层次的社会,这种独特利益愿望的范围越宽,而越是高层次社会,统治阶层的利益愿望与社会一般价值重合的范围越大,独特性越趋于淡薄。

第三,被统治阶层或者社会最低阶层的要求。尽管统治阶层独特的利益愿望在决定社会利益层序和等级中更能得到尊重,但被统治阶层或者社会最低阶层的某些社会要求在这种决定过程中也会产生一定作用。因为任何社会秩序都是统治阶层与其他社会各阶层之间意志强制与一定妥协的综合结果。不在一定程度上考虑被统治阶层或其他处于低阶层角色的要求,社会统治也难以为续。在实际确定社会利益保护等级和层序时,上述三方面因素的各自作用受制于统治阶层的实用或经验性安排。同时,随着社会条件的不断变化,既定的等级和层序也会不断得到调整。

不同利益在社会中的等级和层序不同,侵害这些利益的社会冲突的危害性也不一致。愈是处于最高等级和层序的利益,侵害这种利益的社会冲突的危害性愈大,受制于法律评价的必要性也就愈为突出。因此,统治者通常根据各种社会冲突所侵害的利益以及对利益分割的程度,来确定该社会中纳入法律评价的社会冲突的实际范围。并且,从维护统治关系绝对稳定的要求出发,统治者具有扩展法律评价范围的本能倾向。

然而,统治者在事实上又不可能超越法律适用的客观可能而扩展法律评价的范围。因此,这种范围的确定在另一方面又必须受制于法律手段适用的可能,特别是法律的社会控制水平。这主要是因为,在对社会关系的调节和社会秩序的控制方面,法律存在统治者意志所无法逾越的绝对和相对局限。

18 世纪理性主义、法治国家思潮鼎盛之时,法律的功能曾得到启蒙思想家理想化的论证。从人治化的封建羁绊中挣脱出来的社会成员对法治国家的企盼为这种论证提供了情绪上的佐证。然而,尽管继后而形成的欧洲大陆大规模法典编纂运动以及资产阶级法治的建立取得了历史性的成功,但法律的功能终究未能像启蒙思想家所描绘的那样无可限量。近世以来,人们更趋向于对法律的功能做冷静和审慎的评价。社会法学的代表罗斯科·庞德(Roscoe Pound)对于有效法律行为的局限性做过精辟分析。庞德认为,虽然人们企图广泛地运用法律手段去从事那些依照伦理观点或社会理想所应当做的事情,但法律的诸种局限限制了人们的这种努力。第一,适用法律本身就充满困难,因为适用法律而确定事实的过程无法避免乖误和偏差。适用法律所要求的恰切性总是受到人们诚实程度的挑战。因此,庞德赞成边沁说过的一句话:每一个法庭里都应当悬挂拿尼亚和撒非亚[1]的肖像。第二,许多在道德上很重要的义务,在法律上无法强制实施。罗马法曾企图把感恩作为法律义务,美国法律试图要求公司发起人和董事具有无私的德行,但都没有取得成功。第三,某些侵犯了重大利益的行为由于方式上比较微妙,因而法律非但无计制裁,反而为之提供了有效保障。第四,法律的局限性也产生于人类行为的许多方面、许多重要的关系以及某些不良的行为不能用规则加以规范。例如,夫妻同居义务就无法用规则来制约。同时,由于法律补救或制裁措施的局限性,许多行为后果也无法适用法律手段加以补救。惩罚、预防、特定救济或代替救济这样一些措施只能够对一定的事件实施一定的补救,而不具有全面适用性。一般来说,法律对财产和契约关系的保护比对人身、人格关系的保护更

---

〔1〕 圣经故事中所说的因诳言而受天殛的一对夫妇。

有适用性。第五,法律的局限性还产生于个人求助法律帮助的主动精神并不十分充分。特别是在英美国家中,传统的民主政治制度总是依靠个人的主动精神来保障法律救济和实施法律规则。庞德引用一位社会改革家的话说,法律的真正职能在于对错误行为的社会抗议进行登记。显然,如果没有这种主动性的抗议,“错误行为”难以进入法律的视野。〔2〕在庞德所谈到的上述五种限制中,有些并不完全是法律对社会冲突进行评价的限制因素,而只是影响法律作出正确评价和处理的因素,但多数可以构成法律对社会冲突进行评价的绝对障碍。在任何社会中都无法超越这些障碍。

从法律发展的历史过程看,每一社会还存在由于法律技术性功能不够完善而带来的对社会冲突进行评价的局限性,这种局限性是一种相对的局限性。法律技术性功能的完善是一个渐进的历史过程。尽管这一过程与统治秩序的需要和完善呈同步状态,但并不完全决定于统治秩序的需要。法律技术性功能的完善在某种意义上说主要受制于作为独立的亚文化形态的法律的发展以及统治技巧的不断成熟。程序法与实体法的分离,部门法的创立以及各法律部门的分设、制裁措施的完善、法律规范表述的恰切、执法机构的健全及司法程序的改进等,都是这种完善的具体体现。在不同历史时期以及同一时期的不同国家中,法律的技术性功能不相一致,并由此构成了不同时期以及不同国家法律在文化素质上的差异。例如,对知识产权的保护最早出现于古罗马,古罗马时期已经有了明确的无形财产的分类。但是,专利权授予的实践迟至13世纪才出现。1236年英王享利三世授予波尔多一个市民制作各色布15年的专利权。而第一次正式建立专利制度却是在1474年

---

〔2〕参见[美]罗斯科·庞德著:《通过法律的社会控制》,沈宗灵、董世忠译,商务印书馆1984年版,第29～33页。

的威尼斯。与此形成鲜明对照的是,15 世纪中叶的中国,虽然明朝工场匠艺已不再是春秋战国时期的“奇技淫巧”,有了相当的规模,并对经济发展产生了重要作用,但在“疏而不漏”的整个明朝的律令中,却找不到有关专利保护的内容。这些事实说明,不同时期以及同一时期不同国家中,专利以及围绕专利所形成的冲突可否受到法律的评价以及受到评价的程度是不一致的。相同的例证在诉讼程序方面也十分明显。从《汉穆拉比法典》的规定中可以看出,古巴比伦国家的诉讼制度,除国王审级和部分沙卡那库审级可以传讯被告外,一般均由原告将被告带入法庭。如原告缺乏降服被告出席法庭的手段,则起诉不能成立,审判亦无法进行。传唤手段上的这种缺陷也实际限制着社会冲突受到法律评价的范围。

迄至现今,不同国家间法律技术功能上的差异已日趋式微,法文化的发展为各国法治的现代化提供了条件。但是这并不表明法律技术功能对社会冲突评价的障碍已完全消失。人们为改善社会控制手段,强化社会控制所作的努力,很大程度上仍然表现为提高法律的技术功能,以进一步拓展法律的覆盖面。

(二)作为法律事实的社会冲突

据前分析,作为法律事实的社会冲突,其根本特性在于其应受并且可受法律评价。因此,社会日常生活中主体间许多社会冲突尽管在一定程度上危害着统治秩序或社会主流道德意识,但因不具备应受且可受法律评价的特性而不构成法律事实。进一步说,构成法律事实的社会冲突必须符合下列两个基本要件:

第一,违反生效法律的具体规定。生效法律是社会既定秩序和制度以及主流道德意识的集中和规范化体现。虽然生效法律所涉及的社会事实或由其所调节的社会关系并不是社会统治秩序、制度以及主流道德意识覆盖面的全部,但生效法律反映了统治秩序、制度的基本方面以及主流道德意识的基本原则。因此,社会冲突成为法律事实的基本要件之一便是冲突对现行生效法律具体要求的违反。

社会冲突对生效法律规定的违反表现为多种性状:(1)冲突主体一方或多方的权益欲求违反生效法律的某一具体规定,主体的权益欲求与生效法律所倡导或维护的权益秩序存在龃龉。这种冲突行为的本质是冲突主体一方或多方把自己的权益要求置于现实权益秩序之上。(2)冲突主体怠于承担生效法律制度所设定的某种社会义务,从而使特定社会利益或者相对主体的正当利益得不到满足。这种冲突行为的本质则是冲突主体对现实权益秩序的漠视。(3)冲突所采取的对抗形式危及现行法律所倡导或维护的社会安定,特别是对抗采取了暴力手段,从而超出了法律秩序的容忍界限。这种冲突往往在内容和形式两个层次上违反了生效法律的规定。

在前述任何一种性状中,并不要求参与冲突各主体的行为都具有违法性,同时,也不需要考虑冲突各方的理性或正义基础,甚至不考虑冲突导发一方的主观动因。不仅如此,冲突违法性的成立也并不要求冲突主体对自身行为的违法性质有明确的感知。客观行为与生效法律规定不相一致就足以成为这一要件的充分条件。

以违反生效法律的具体规定作为法律事实的基本要件之一,这与法律的实现在逻辑上是一致的。法律实现的基本内含是法律规范所体现的各种要求能够得到社会主体的认同和尊重,并且体现为确定的社会效果。法律的实现要求排除所有违反法律规范的行为。因此,当某一社会冲突明显地违反某一法律规范,该冲突就产生了受到法律评价,进而以法律手段加以排解的必要。对生效法律规定的违反,使社会冲突的性质发生了变化。

第二,以特定的社会单位为冲突主体。社会学意义上的一般冲突,泛指各种社会单位之间的冲突。达伦多夫依据主体组织化水平的不同,把作为冲突主体的社会单位归为5种:角色、群体、部分、社会和超社会单位。[3] 而另一些学者则依据其他方式来说明冲突主体的类型。无论学理上的差异怎样,构成法律事实的社会冲突主体,只限于两类社会单位:自然人和法人。

作为法律事实的社会冲突,其主体必须是自然人和法人。这一要件是根据法律对社会冲突的评价过程和评价方式而设定的。法律对社会冲突的评价是以单个自然人以及自然人的特定集合形式——法人为对象的。某些非法人的自然人的集合体,如合伙、群体性冲突中的拟制集团等,尽管也能够成为独立的法律评价对象,但并不具有法人集合体的整体性。在法律评价过程中,构成这些非法人集合体的各自然人的个别权益和责任高于他们之间的连带关系。从本质上说,这些主体并未超出自然人的范畴。在刑事诉讼中,有时还将数个实施了共同犯罪行为的自然人视为某一犯罪集团,但这种方式只是为了突出冲突行为中自然人的特定联系以及这种联系的社会危害后果,刑事责任仍然以各单个自然人为评价主体。社会学理论中的科层、阶级、社区或其他超自然人个体的社会单位,在法律评价过程中都应被相应分解为自然人和法人。因此,即便在自然人或法人的个别冲突的深层中蕴含着科层、阶级或社区之间的冲突,但后者并不直接视为法律事实而受到法律的评价。法律评价对象的个别性、特定化决定了科层、阶级或社区之间的冲突,只能在评价自然人、法人之间的具体冲突中间接地纳入法律调节的范围。

在这一要件中,需要进一步研究的问题是:抽象意义上的社会、国家可否成为具有法律事实意义的社会冲突的主体?一般来说,社会、国家通常被视为对社会公共利益、公共秩序、一般制度以及主流道德意识

---

〔3〕 参见[美]乔纳森·H.特纳:《现代西方社会学理论》中译本,第247页。

负有维护责任的抽象主体。因此,自然人或法人在冲突中对社会公共利益、秩序和一般制度以及主流道德意识原则的侵害,在一定意义上也可以认为是对社会、国家的侵害。但是,从法律角度看,没有理由把这类冲突看成是自然人或法人与社会、国家之间的冲突。这主要是因为,在对冲突进行法律评价的过程中,社会、国家的利益和愿望从来都是评价的根据和出发点,而不是评价的对象。不仅如此,具体实施这种法律评价的主体至少在理论上也被认为是社会、国家利益的代表者。无论国家政体结构和社会制度怎样,具体实施法律评价的主体都不能超越社会、国家的意志。因此,即便是在直接侵害社会或国家利益的冲突中,也不能把国家视作法律意义上的冲突主体。

前述分析表明,在任何社会中,对统治关系和统治秩序具有实质危害,从而应当成为社会控制对象的是作为法律事实的社会冲突。处于自然状态的社会冲突尽管也充斥于社会生活之中,但并不构成社会矛盾的主导内容。同时,由于自然状态的社会冲突主要消弥在冲突主体的彼此宽宥和忍让、对相关情理的认同以及其他非正式制度的调节范围之中,不具备运用法律手段加以排解的可能和必要,因此,这类社会冲突不能成为法律评价的对象。在本书以后论述中所涉及的社会冲突特指作为法律事实的社会冲突,而不包括自然状态、不具有法律意义的冲突。

二、解决社会冲突的诸手段

既然社会冲突具有违法和危害性质,解决社会冲突便成为社会控制以至维持人类存续的重要方面。根据恩格斯的观点,国家及其附属机器的产生和出现,正是为了防止人类在无谓的冲突中归于消亡;国家产生的重要使命就在于"凌驾于社会之上"而调节和遏止社会冲突。

与社会冲突及其危害程度的多样性相适应,人类解决社会冲突的手段也始终是多元的。并且,随着人类文明的不断发展,这种手段逐步趋于完善,社会及其成员对手段的选择也越来越明智和恰当。

日本学者棚濑孝雄在对人类社会纠纷解决过程进行具体研究和分析后,以纠纷的解决是否基于冲突各方的自由合意为依据,将解决纠纷的过程分为“合意性”解决和“决定性”解决。前者指冲突各方在“合意”的基础上使纠纷得到解决,后者指冲突各方通过第三方有拘束力的“决定”加以解决。与此同时,棚濑还根据解决纠纷的内容是否受规范的规制,将纠纷的解决过程分类为“规范性”解决和“状况性”解决。前者指依据事前形成的规范解决纠纷;后者指根据冲突双方的力量对比状态解决纠纷。〔4〕 棚濑的这种分类,力图透过制度表象,把研究的视野渗入到纠纷解决的实际过程之中。本书并不采用棚濑的这种分类方法,但对冲突解决过程的分析基点与棚濑是接近的。

(一)何谓社会冲突的“解决”

人们习惯于用“调节”、“消除”、“化解”、“抑制”、“平息”、“裁决”、“制裁”等多种词汇来表达人类对待冲突的能动方式以及这种方式实施后所形成的理想状态。尽管遏制和消除冲突的消极影响,恢复社会秩序、制度的常态,维护和保障冲突所侵害的合法权益是人类对待社会冲突的共同立场,但不同的主体对不同冲突所采取的方式以及对解决冲突效果的追求并不一致。“调节”、“消除”、“抑制”、“化解”等词汇各自特定的意蕴正反映了人们的这种主观差异。用“解决”一词来含摄这些方式和状态或许并不十分准确,但大致可以反映各主体对待社会冲突的基本意向。那么,社会冲突“解决”的实际内涵又是什么?在许多社会学和法学的著述中,这一问题并未引起应有的重视,而

---

〔4〕 参见[日]棚濑孝雄著:《纠纷的解决与审判制度》,王亚新译,中国政法大学出版社1994年版,第7~9页。

这一问题恰恰关系到对待各种冲突的不同方式和态度,关系到各种方式的理性价值和实用程度。19 世纪英国法学家威廉·马白克爵士似乎注意到了这一点。他认为,解决一项冲突即是作出一种权威,或关于孰是孰非的具有约束力的决定,亦即关于谁的观点在某种意义上能够成立,谁的观点不能成立的一种判定。[5] 然而,冲突的解决决不仅限于是非判定的作出。退一步讲,即使马白克的见解能够成立,也仅仅揭示了解决冲突的内涵之一,远没有揭示解决冲突内涵的全部内容。实际上,社会冲突"解决"的内涵应当是多层次主观效果的综合体。因此,对冲突"解决"的认识,应当分别具体到对这些不同层次主观效果的分析。

首先是化解和消除冲突。这一主观效果体现了人们对社会冲突障碍后果的重视。正因为社会冲突阻滞了社会某一方面依照既定秩序而运行,因此冲突解决的最直观效果便是冲突在形式上的化解和消除。由这一主观效果所派生的功利规则是:尽可能提高消除冲突的"速率",亦即努力减少和缩短冲突的延滞过程,尽快排除冲突所形成的障碍,保证社会运行常态的恢复。冲突的时滞期越长,偏离这一效果就越远。从这一功利规则出发,解决冲突的具体要求主要有两方面:一方面,尽可能使争议权益的事实状态及相关的法律规则得到冲突主体的认同,消除冲突主体之间对争议权益的事实状态以及与之相联系的法律规则的认识差异。在一定的前提下,为了实现化解和消除冲突的效果,允许主体之间进行必要的妥协和礼让,而不必严格地根据法律规则划分和确定各自的权益归属。这大致上等同于棚濑所说的"合意性"解决。另一方面,尽可能运用强制手段,包括暴力性强制手段来遏制冲

---

〔5〕 参见[美]马丁·P. 戈尔丁著:《法律哲学》,齐海滨译,三联书店 1987 年版,第 217 页。

突行为。这主要指在冲突主体以及他们之间缺乏自觉认同基础的情况下,运用社会强制消除冲突。虽然运用这种方式并不能完全消除主体在情感上的对抗,但至少可以使冲突所产生的现实障碍得到排除。总之,消除冲突这一主观效果的全部内容在于从外在形态上使冲突尽快归于消灭,社会既定秩序得到恢复。

其次,实现合法权益和保证法定义务的履行。“解决”社会冲突的多元主观效果中另一要素是实现受冲突所侵害的合法权益,或保证冲突所逃避的法定义务得到实际履行。追求这一效果的根据在于:任何社会中冲突的发生都会使一定的合法权益受到侵害,或者使一定的法定义务不能履行。因此,社会冲突的解决无非是受冲突所影响的合法权益和义务能够正常地得到实现和履行。由这一主观效果所建立的功利规则是权益或义务实现及补偿的充分性,亦即最充分地使权益享有者的权益得到实现,并使由冲突所造成的损失得到补偿,同时,使未及履行的义务得到履行。依此准则,解决冲突的方式也包括两方面:一方面,恢复权益的原有状态,排除权益行使的障碍,或者促使冲突主体继续履行应履行的义务;另一方面,补偿冲突给权益或义务的实现所造成的实际损失。既包括可计量的物质性权益的补偿,如对某种以物质或价金为内容的权益损失作相应的物质或价金补偿,也包括非可计量的非物质性的权益的补偿,如对人身伤害给予一定的金钱或其他物质补偿。严格来说,任何权益的侵害都具有不可补偿性,特别是对非物质性的权益的损害(如对人身权的损害在排除了同态复仇的方式后)更无法作出补偿。但是,社会常常根据直接的生活经验以及社会一般价值观确定出具有较高认同程度的补偿准则。符合这种准则的补偿行为,即被认为是充分的、恰当的补偿。

最后,法律或统治秩序的尊严与权威得以回复。无论是在古代君主专制统治之下,还是在近现代法治国家之中,维护法律或统治秩序的尊严与权威都成为解决社会冲突过程所着意追求的主观效果。这是因为,任何社会冲突都意味着对现实法律统治秩序的一种漠视,所以,解决冲突的实际过程不能不是法律或统治秩序的尊严和权威的回复过程。这种尊严和权威的回复不仅体现于前述具体权利和义务得以实现以及损失得到补偿,还反映在对冲突主体漠视和亵渎法律或统治秩序的行为作出必要、恰当的制裁。从一定意义上说,法律或统治秩序尊严和权威的回复更主要是通过这种制裁而得到体现的。在某些无法给予权益受害者补偿的情况下,制裁则是维护法律或统治秩序尊严和权威,从而也是解决社会冲突的唯一形式。以这一目标为根据的功利规则是制裁的恰当性,亦即给予有关冲突主体与冲突的危害相适应(而非相同、相等)的制裁。这种恰当性的意义在于:制裁如不与冲突的危害性相适应,不达到一定的严厉度,不足以体现法律或统治秩序的尊严和权威;而制裁过于苛严,又失于公正或合理,反而降低法律或统治秩序的尊严和权威性。

从更高层次上讲,社会冲突的"解决"还意味着冲突主体放弃和改变藐视以至对抗社会统治秩序和法律制度的心理与态度,增强与社会的共容性,避免或减少冲突(至少是同类冲突)的重复出现。中国古代法律思想和制度中即有"刑期无刑"、"讼期无讼"的原则,其意在于通过制裁和审判来消除犯罪与违法现象的反复出现。在这种意义上的冲突解决,其效应不仅在于消除主体在个别冲突中的对抗,而且还体现于主体自我抑制冲突能力的增强和对整体社会秩序认同程度的提高。毫无疑问,这种效应的出现包含着冲突主体对惩罚结果的畏惧,而并不完全是主体自觉意识的变化。一方面,由现实惩罚或惩罚威胁所形成的强制力促使冲突主体加深了对社会秩序的规则和要求的认识,降低了主体行为"无意识违法"的可能;另一方面,现实惩罚或惩罚威胁所形成的强制又促使冲突主体具体地感受到了违法行为的成本,提高了行为选择的合理度。不仅如此,这种效应还可以扩及到冲突主体以外的其他社会成员(主体),因为解决冲突的过程同样对其他社会成员(主体)产生警示教育作用。这种效果不仅能够在一定程度上弥补冲突对社会所带来的消极影响,而且能够使社会秩序的规则和要求在社会中得到有效贯彻。因此,现代法治国家更注重对这种效果的追求。根据这一目标,在冲突的解决过程中,应尽可能充分地展示和阐释作为法律评价依据的具体社会秩序的规则和要求,并借助于适当的形式扩大展示和阐释的效果,强化冲突主体和其他社会成员对这些规则和要求的认识。公开审判以及通过媒体对个案审判过程及结果的张扬,在某种意义上正是体现了对这种效果的追求。

在不同历史时期以及不同国家中,统治者对上述冲突解决的诸种效果的追求侧重点不完全相同。早期社会中的统治者较为注重冲突的化解和消除,以及对统治秩序尊严的维护;崇尚权利本位的近代社会中,法定权利和义务的实现更受重视;而在现代社会中,统治者的着眼点又主要在于贯彻社会秩序的规则和要求,以及保护社会成员的合法权益。总体上说,任何社会中,上述诸种"冲突解决"的效果综合而有侧重地构成该社会统治者的主观追求,也在一定程度上表现为"冲突解决"的客观效果。而侧重点以及综合程度不同,则影响着统治者对冲突解决手段的选择。以下具体探讨解决冲突的各种手段。

(二)社会冲突的自决与和解

自决与和解是解决社会冲突最为原始和最为简化的形式。实践中,自决与和解并不能截然分开,自决中多少包含着和解的因素,并且,要求和解的心理往往也构成自决的前提。同时,和解也是一种特定形式的自决。但是,自决与和解在对抗消除的程度和消除方式上仍然是有差异的。自决中含有冲突一方或多方对他方的服从倾向,而和解则主要体现的是某种妥协。自决与和解的共同特征在于冲突主体依靠自我力量或自觉的情感来消除冲突。

自决最适合社会冲突的个性本原,从而构成人类解决社会冲突的最初形式。以复仇为动机的暴力性杀戮成为原始社会中人类冲突的主要自决手段。原始社会不具备解决冲突的社会化手段,因而自决便得到了社会的普遍认同。“私力救济”成为通行的社会习惯。随着人类文明的不断进化以及社会公共控制力和控制手段的不断增强与完善,自决手段运用的范围越来越狭窄,自决的方式也越来越趋于理智,但自决依然是解决冲突的重要方式和手段。

自决的本质是冲突主体一方或多方凭借于一定的暴力或非暴力手段,使自己的某种权益得到实现或补偿,并使相对方得到一定的制裁和惩罚。自决的主体,并非仅指直接冲突者本身,还包括直接冲突者各自可以借助的某些其他力量,主要是与直接冲突者利益相一致的家庭、团体、民族或其他主体。原始社会中的自决始终与血亲复仇原则相联系。依据血亲复仇的原则,民族的一个成员被杀害,整个民族都负有为其复仇的责任。“在易洛魁人以及其他一般的印地安部落当中,为一个被杀害的亲属报仇是一项公认的义务。”[6]这一原则甚至相沿到政治社会建立以后,并为法律所承认。《汉穆拉比法典》的规定中大量残留着血亲复仇的遗迹。中世纪初期的法兰克甚至规定,为被害者复仇是同族男性成员的权利和义务。直接冲突主体以外的其他社会成员以协助冲突一方为目的而参与冲突解决过程,体现了直接冲突主体自决力量的强化,并且,在一定条件下,参与的其他社会成员越多,冲突一方的自决力也就越强。

自决体现着冲突主体的自我意志,更恰切地说,体现着强者的意志。但是,这并不意味着自决过程不受任何社会性规则的制约,而仅仅受暴力

---

〔6〕 [美]摩尔根著:《古代社会》(上册),杨东莼等译,商务印书馆1977年版,第75页。

强制的支配。事实上,即便是在原始社会中,冲突主体的物质性力量也不是决定自决结果的唯一根据。侵害与被侵害的判断以及复仇对象的选择本身就是以一定的道德准则为依据的。无端加害者从来被认为是复仇的起因,而正当的复仇并不被认为是引起进一步冲突的社会事实。“以牙还牙,以眼还眼”的同态复仇原则对自决过程的支配制约作用更为突出。摩尔根曾详细地描述过原始社会中民族间冲突的理智而又蒙昧的自决过程:“如果被杀者亲属不肯和解,则由本民族从成员中指派一个或多个报仇者,他们负责追踪该杀人犯,直到发现了他并就地将他杀死才算了结。倘若他们完成了这一报仇行为,被报仇一方的民族中任何成员不得有任何理由为此愤愤不平。杀人者既已偿命,公正的要求乃得到满足。”〔7〕摩尔根的这段描述清楚地表明,自决过程依然受制于一定的规则,甚至一定程序的约束。正是这些规则和程序奠定了后来“公力救济”的基础。最初的法律是通过确认“私力救济”原则的方式来体现“公力救济”的性质的。日尔曼的审判制度和审判原则几乎完整地保留了自力救济中所适用的规则,所不同的只是救济的主体在形式上已不是个人或民族。

现代社会中,作为自决依据的规则是生效法律和社会情理等非正式制度。在此条件下的自决过程,不再是同态复仇的暴力式杀戮,而是冲突主体据法或据理力争的过程。冲突主体各自权益主张的正义基础强弱与否,决定着冲突解决的后果是否对其有利。与“私力救济”下私人暴力威胁所不同的是,现代社会中自决的可能,很大程度上根源于国家暴力强制的存在。在自决过程中,彼此间的争辩使正义基础薄弱的一方意识到:倘若不服从或接受相对方合法的权益主张,将有可能导致国家暴力强制的运用。因此,如果说古代社会冲突主体在自决中往往借助于其他社会成员的物质性暴力,那么,现代社会中冲突主体可借助

---

〔7〕[美]摩尔根:《古代社会》(上册),第75页。

的则是国家法律的强制力的间接支持;可借助的程度则取决于自身权益主张正义基础的强弱。

自决还依存于另一种社会条件。在国家生效立法所未能调节的社会生活领域中,存在大量的非正式制度,甚至在国家生效立法直接涉及的某些领域中,也存在与立法有一定差异的非正式制度,这些非正式制度以有形或无形的方式调节和影响着人们的实际生活,并由此构成特定的社会秩序。作为这种“秩序”的具体体现,冲突主体在自决过程中往往将这些非正式制度认同为认识并解决冲突的基本规则。从一定意义上讲,自决所依照的规则主要是这些非正式制度。换句话说,这些非正式制度的存在在较大程度上为冲突主体的自决提供了条件。

现代社会中,允许社会成员自决的冲突范围是十分确定的。同时,自决的手段也必须符合立法的要求。一般来说,对社会统治秩序或社会公共利益无直接危害,同时又无须动用国家强制力加以处置的社会冲突都允许冲突主体自决,并且,国家通常把是否采用自决手段的选择权交给冲突主体。但是,对于直接危害社会统治秩序,或以对抗这种秩序为目的的社会冲突,国家则排除冲突者自决的可能。即便是直接受害的社会主体,也无权对之实行自决。不仅如此,对于允许自决的社会冲突,也不能适用暴力或其他为立法所禁止的手段。如果冲突主体运用不恰当的方式解决冲突,这就不再是法律意义上的自决,而本身则成了需要加以排除的新的社会冲突。[8]

---

〔8〕 从这个意义上讲,我不能认同苏力对非正式制度过度推崇的一些观点。苏力在评价“秋菊打官司”这一艺术虚构事实时认为,秋菊与村长纠纷的最终正式化的解决(通过法律途径的解决)不仅没有满足当事人的愿望,也破坏了乡土社会中应有的那种社会关系。因而这种解决方式是不恰当的、不可取的。而我认为,一方面,对纠纷解决的结果评价不应仅以当事人的愿望为依归,应有更高的利益立场;另一方面,在现代社会中,非正式制度所倡导的秩序必须逐步地从属于正式制度所倡导的秩序,在两者发生冲突时,应尊重正式制度所倡导的秩序。参见苏力:《秋菊打官司案、邱氏鼠药案和言论自由》,载《法学研究》1996年第3期。

与自决不同的是,和解并不要求冲突主体明确依据一定的规则。在不损害社会利益或其他社会成员利益的前提下,冲突双方所作出的任何妥协和退让都是有效的。和解的本质是对抗不仅在形式上、行为上,而且在心理上、情感上得到消除。

和解的实现产生于两个基础:一是冲突主体对相关事实和权益处置规则的认识趋同;二是冲突主体,至少是主体一方利他意识及行为的形成与实施。两者或任何一方面都可能使冲突主体各方对于争议权益的处置或补偿办法建立某种共识,从而使和解得以成立。如果冲突起因于主体对相关事实以及权益处置规则认识的差异,那么,和解的核心是消除这种差异,明确事实状态和过程,并认同相关的权益处置规则,从而使建立于对相关事实或规则认识差异之上的对抗得到化解。如果冲突产生于一方或各方违反法律规则的权益要求或其他违法侵害行为,那么,和解的核心则在于主体有明确的利他意识及利他行为。即使一方坚持合法的利己主张,往往也难以达成和解。实践中,利他的伦理因素对于和解成立的影响最为突出。对他方的同情、谅解、援助、尊重以及其他情感都可能使得冲突主体放弃某些合法或不合法、正当或非正当的权益要求,或者主动给予某种补偿和补救,藉以消除冲突。德国著名思想家哈贝马斯(Jiirgen Habermas)曾经指出:“我将从这样一个假设出发:‘道德意识’标示着运用相互作用资质去自觉处理与道德相关的冲突的能力。”〔9〕从实质上看,在和解中,主体一方或各方并不曾失却功利欲望和要求,只是在功利结构中,非权益的功利被置于比权益功利更高的地位。

和解典型地反映了社会主体自觉消除自身冲突的过程。从社会角

〔9〕［德］哈贝马斯著:《交往与社会进化》,张博树译,重庆出版社 1989 年版,英译本序第 15 页。

度看,这一过程的意义是双重的:一方面,它体现了社会主体的自我调节能力。和解适用或者成功的概率,可以反映出社会的伦理水平以及社会主体的自我整合作用。和解是社会冲突振荡最小的解决方式。在此意义上说,和解应当得到社会的充分肯定和倡导。另一方面,由于和解过程无需,甚至也不能坚持严格的法律规则,和解把冲突主体的意志置于判断冲突主体行为正义性以及处置冲突权益关系的法律规则之上,因此,尽管和解能够使冲突得以消弥,但冲突对法律秩序,特别是对法律规则权威性的损害仍然未得到补偿。实践中,限制这种消极性的办法是为和解手段划定恰当的适用范围。规定某些类型的社会冲突不允许通过冲突各方运用和解的方式来解决。然而,即便如此,和解方式与法律规则严格适用的矛盾依然是存在的。

比较自决与和解各自的价值孰高孰低是困难的。因为解决冲突的不同目标的追求决定着两者主观价值各异。从消除对抗——特别是心理对抗,弥合冲突主体的情感角度看,和解显然比自决更有选择意义。和解的远期效应在于"化干戈为玉帛","化对抗为融洽",为社会提供更有利的人际合作前提,弘扬社会互助伦理。但是,从维护冲突主体的正当权益以及统治秩序的目的看,自决又比和解更应当受到推崇。理想的方式应当是,在维护法制和正当权益的基础上实现和解。把和解的基础建立在对相关法律准则的共同尊重之上,而不仅仅依托于对权益的放弃或让步。

还应指出的是,在现代社会中,自决与和解往往并没有明确的边界,自决中往往包含了一定的和解因素;而和解中又常常内含着自决的过程。对自决与和解进行独立分析的意义仅在于揭示和描述冲突主体自体意志对于冲突解决的不同影响。

(三)仲裁与调解

仲裁和调解被视为"类法律式"的冲突解决手段,或者是介于冲突主体自决、和解与法院诉讼的中间形式。仲裁与调解的共同特征是旨在解决冲突的居间的第三者的出现。该第三者的任务在于劝导冲突主体消除对抗,提出冲突权益的处置和补偿办法,或者对之作出裁决。仲裁和调解手段的运用,标志着社会力量对于冲突的干预,也表明人类解决冲突方式的进步。

第三者实施仲裁或调解的行为可能基于多种根据:由法律所赋予的特定职责;受冲突主体的委托;与冲突各方具有某种整体利益联系(利益共同体);具有特殊的协调地位;负有伦理道德责任;等等。但是,无论基于何种根据,第三者必须具有一定的权威性。这种权威是冲突各方信赖从而接受其劝导、服从其对冲突权益处置作出的判定,或者认可其提出的权益处置办法的基础。这种权威产生于以下三方面:

第一,第三者的居间地位。第三者不仅在情感上与冲突各方不存在任何对抗,而且往往被推断为不受冲突权益关系制约和影响的公正的主持者。从冲突心理以及冲突行为的发展规律看,冲突主体通常都具有将冲突提交居间的第三者裁决的愿望。第三者居间的地位一方面使其能够分辨与冲突相关连的事实过程,另一方面也使其有可能提出冲突双方均可以接受的权益处置和补偿办法。仲裁和调解的生命力也在于第三者的居间公正裁决和调和。

第二,与第三者特殊社会地位相联系的特殊的劝导或判定能力。血缘、辈份、官职、文化等方面的优势,使第三者形成了特殊的劝导和判定能力。冲突主体对第三者的一般性尊重延展到仲裁和调解过程中,便很可能表现为对第三者提议或裁决的服从与认可。血缘家族以及社会身份上的优势是第三者权威的又一基础。

第三,统治者的赋予。统治者通过立法形式赋予某些组织和个人以调解或仲裁的权利,从而也使其获得了一定的权威。尽管对这类居间者权威的尊重并不完全发自冲突主体的内心,但立法的权威无疑要扩及至这些组织和个人的仲裁和调解行为。用林德布洛姆的理论来解释即是:“通过运用被授予的权威,来取得对未被授权的某个领域的控制,权威得到了扩展。”〔10〕

迄至现今,仲裁与诉讼在形式上几乎已不存在很明显的区别,仲裁审理程序的严格化以及仲裁决定在一定条件下的强制执行力已使仲裁不断失却其个性特征而与诉讼趋同。西方学者通常把仲裁视为“准诉讼”形式。但是,如果不仅仅把现代社会中设立仲裁制度视为别出心裁或对约定俗成尊重的结果,那么人们仍然可以看到仲裁的一个最富本质的因素:对冲突主体意志的尊重。这种尊重既包括对仲裁手段适用选择权的承认,也包括在仲裁程序中对冲突主体共同意志的认可。各国立法对仲裁机构的管辖范围的规定不尽一致,但除某些特殊类型的冲突外,裁审自择一般被奉为通行的原则。冲突主体对仲裁手段的运用具有较大的选择权。不仅如此,诉诸仲裁的根据多为冲突主体的协议,这种协议既可以产生在主体发生冲突之前,也可以形成于冲突发生之后。协议产生的仲裁,管辖上亦尊重主体的含意,冲突主体通常有权择定自已所信赖且方便申请的仲裁机构,甚至在仲裁中还可以指定具体的仲裁员。在仲裁过程中,严格的程序并不妨碍和排除仲裁者居间所作的劝导。在某些诉讼体制下,主体如果不满仲裁所作的裁决,在一定期限内还可以进一步诉诸于审判手段。正是由于冲突主体的意志在仲裁中得到尊重,因此,与诉讼相比,仲裁的特殊意义在于它对冲突主体的对抗情绪具有某种缓释作用。一个经验性的例证是:冲突主体求助仲裁与诉诸审判的心理,以及冲突主体置身仲裁与参与审判活动的心理不完全相同。敌对、紧张、攻击性的情感在仲裁中较少出现。仲

---

〔10〕 [美]林德布洛姆著:《政治市场——世界的政治—经济制度》,王逸舟译,上海三联书店、上海人民出版社 1994 年版,第 30 页。

裁程序的发生、延续及效果直接同冲突主体平缓的情感和心态相关。

仲裁的原始意义主要集中于它对冲突是非的判定。而对权益处置及补偿所作的裁决则是前者的副产品或逻辑结果。仲裁过程实际上是展示冲突事实的缘由与经历,并寻找和确定有关冲突权益的法律根据的过程。冲突主体各自的陈述以及彼此间的辩驳贯穿于整个仲裁过程之中,这些陈述和辩驳为仲裁者提供了是非判定的材料。因此,仲裁手段最适于解决这样一类冲突:主体对权益处置或补偿的争议产生于对相关事实及其法律根据认识不清,而并非故意侵害他方的权益,或者蓄意对抗社会秩序。在现实中,商事活动中所发生的冲突以及劳资关系中的冲突,最易于运用仲裁手段加以解决。

调解不同于和解之处在于主体对冲突权益处置及补偿办法的认同产生于第三者的劝导,而非主体自身的自觉行为。调解与仲裁的差别则在于许多场合下前者并不需要对冲突是非作出严格而明确的判定,调解所追求的更主要是冲突权益的处置及补偿结果。英国法社会学家科特威尔(Roger Cotferrell)对调解的特点作过描述,他认为,调解具有三个特点:其一,在调解中,双方通常选择一个彼此都能接受的第三方;其二,第三方并不试图运用现有的法律规范来解决双方的冲突,而是针对冲突双方提出的观点和要求策划一种妥协与和解的办法;其三,调解人力求提出明智的、冲突双方都能接受的解决冲突的建议,避免使双方中任何一方认为这一建议是完全错误的,并使双方都对结果感到满意。[11] 由此可见,在解决冲突的若干不同效果中,调解所追求的仅是冲突和对抗的消弥。为了实现这一效果,甚至常常以损害法律原则为代价。

调解功能的发挥以及调解的适用范围始终同社会文化状况相联

---

〔11〕 参见[英]科特威尔著:《法律社会学导论》,潘大松等译,华夏出版社 1989 年版,第 239 页。

系。摩尔根的研究表明,易洛魁人在血亲复仇的自决过程开始之前,加害者氏族通常有一个与被害者氏族求得调解的过程。双方氏族代表主持下的调解(实质上带有一定的自决属性)往往避免了进一步可能发生的血亲复仇。在某种程度上说,实施这种调解的动因并不是基于对社会秩序稳定的考虑,而更主要是基于血亲、胞族间半宗教、半血缘性的团体主义精神。对相同氏族或胞族利益的注重,为氏族或胞族之间个体冲突提供了适用调解的背景和基础。相同的情形在家族奴隶制社会中也较为常见。

自古代至现今,调解在中国一直有着广泛的适用面,西方学者把中国的调解称之为"东方经验"。〔12〕 自然,这种现象同中国的传统文化密切相关。以儒家伦理为核心的中国传统文化含摄着极为丰富的伦理观念和习惯,"和谐"在其中占据着核心地位。从"和谐"的这一最高功利出发,争端不愿诉诸官府,往往求助民间按公正和人情的原则去解决。民间解决争端,首先考虑"情",其次是"礼",然后是"理",最后才诉诸"法"。〔13〕 以"情"、"礼"和"理"作为解决冲突的先行依据,这就决定了调解在解决社会冲突方面的重要地位。不仅如此,中国传统文化还信奉"以讼为耻"的观念,甚至统治者或家族势力也主张尽量避免用诉讼手段解决冲突。清王朝的康熙皇帝曾公开宣称:"若庶民不畏官府衙门且信公道易伸,则讼事必剧增。若讼者得利争端必倍加。届时,即以民之半数为官为吏,也无以断余半之讼案。故朕意以为好讼者宜严,务期庶民视法为畏途,见官则不寒而栗。"〔14〕从一些家族宗谱中也可以看到类似的规定:"族众有争竞者,必先鸣户尊、房长理处。不

---

〔12〕 在美国一些州法院的"Door in Door"调解程序被认为是"东方经验"的西方结晶。

〔13〕 参见[法]勒内·达维德著:《当代主要法律体系》,漆竹生译,上海译文出版社 1984 年版,第 486 页。

〔14〕 同上书,第 487 页。

得遽兴讼端,倘有倚分逼挟恃符欺弱及遇事挑唆者,除户长禀首外,家规惩治。"[15]"有不平先鸣户长,再投乡保,复论情实,从公劝释。"[16]"因小愤而涉讼,渐至破家,或因争产而涉讼。反至失业,'讼则终凶'"。[17]

正是这种文化和制度基础使调解深深植根于中国社会之中。有学者把中国古代社会民间调解的作用提升到习惯法的功能来认识,并以此来说明特定社会结构中社会与国家间的关系。[18] 这种研究为我们认识中国古代社会调解的社会基础及调解手段被广泛运用的原因提供了新的视角。

当代中国调解存在和适用的基础中固然有传统文化和传统习惯的因素,但同时又有新的社会观念。这就是作为主流意识形态所倡导的互助合作、礼让和尊重意识。尽管相同的意识在其他社会也得到倡导,但这些意识在当代中国不只是一种人际间的生活原则,而广泛作为一种政治文化深及于社会经济以及其他领域,成为社会本位观念的重要内涵之一。近年来,过分推崇调解价值的传统倾向受到了一些现实的挑战。中国自改革以来的市场经济的发展以及伴之而来的权利观念的强化,使调解成功的可能有所降低,社会权威结构的变化也对调解的适用产生了一定的影响。但是,无论是从现实状况,还是从发展趋势来看,调解在中国产生的作用都比西方国家突出。

(四)诉讼

在解决社会冲突的诸种手段中,诉讼是一种最为常规、最为规范、

---

〔15〕 安徽桐城《祝氏宗谱》卷1。

〔16〕 安徽潜阳《李氏族谱》卷1。

〔17〕 江苏晋陵《奚氏宗谱》卷1;"讼则终凶"出自《周易》。

〔18〕 这方面的研究当推梁治平《清代习惯法:社会与国家》,中国政法大学出版社1996年版。

形式效力最为明显的手段。“私力救济”向“公力救济”过渡的基本标志就是诉讼形式的出现。

从现象上看，诉讼出现的根据是“私力救济”力所不及，冲突主体转而求助于公力。然而，实质上诉讼的出现根源于统治者的一种主观判断：任何冲突所危及的不仅仅是权益享有者个人，而且同时也危及到统治秩序。在统治实践中，统治者“渐知从来个人间之私事，与团体存续讼事，大有关系。由知觉积成经验，公权力乃渐次发达，而法律之效用，亦甚形显著。”〔19〕因此，早期的诉讼尽管仍保留着“私力救济”的许多方式，但法律上已明确禁止“私力救济”的实施。古罗马最早处罚“私力救济”行为的法律《关于胁迫的伏里亚》（Lex Juliadeivi）规定，凡以胁迫方法对义务人行使权利的，应受到公法的处罚。玛尔库斯·奥列里乌斯（Marcus Aurelius）帝时又规定，凡债权人自动夺取债权的，纵然未使用强暴胁迫方法，也应受到处罚。狄奥多西二世（Jheodosius Ⅱ）还规定，凡是所有人自动以武力取回其所有物的，则丧失其所有权。〔20〕这表明，由国家权力而非冲突主体或其他第三人来解决社会冲突，是诉讼的本质特征所在。诉讼制度在其后几千年的发展，只是诉讼技能的逐步完善，这一特征没有发生根本改变。

国家权力解决社会冲突这一事实，逻辑地派生出两条规则：其一，解决冲突的根据只能是国家立法。未由立法认可或者与立法相抵触的情理或道德规则不能对诉讼中冲突权益的处置和补偿产生指导作用。即便是冲突主体之间利他性的认同与和解，通常都必须在符合法律规则的前提下得到承认。其二，由诉讼所确定的冲突权益处置和补偿办法通过国家暴力强制或由这种强制所产生的威胁而得到实施。国家暴

〔19〕 欧阳谿：《法学通论》，上海法学编译社 1947 年版，第 81 页。
〔20〕 参见周枏等：《罗马法》，群众出版社 1983 年版，第 331 页。

力这种最高的暴力强制形式所产生的现实或潜在的威胁,促使冲突主体一方或各方服从诉讼裁判。这两条规则决定了诉讼在冲突解决方面的有效性十分突出。一方面,任何冲突主体都无力与国家暴力强制相抗衡,放弃为诉讼裁判所否定的权益要求或者承担由裁判所确定的义务是冲突主体面对国家暴力所能够作出的唯一选择;另一方面,由于生效立法通常被公认为最富有理性的社会准则(至少在形式上如此),以此作为冲突是非的评价依据,这就为冲突的解决结果预设了正义基础。

然而,也正是同前述两条规则相关,诉讼的这种有效性不能不止于它的形式意义。排除诉讼中冲突主体接受调解或自动和解的情况不论,冲突主体中至少有一方,甚至各方对诉讼裁决结果并不满意。在刑事诉讼中,作为人身制裁直接对象的冲突主体,更难推断其具有接受制裁的自觉愿望或对制裁结果的真正认同。科特威尔认为,由于"法院和法官处于从通过斡旋人调解,协商开始的解决争讼这个连续过程的最后阶段。在这样的阶段,由第三方(法官)提出一个争讼双方一致赞同的结论几乎是不可能的。因此,法院的诉讼处理不大可能导致诉讼的真正解决,也就是说不大可能导致一个诉讼双方都能接受的结果。"[21]虽然科特威尔的观点中蕴含着对冲突解决的狭隘认识(把冲突双方对权益处置及补偿方法的认同视为冲突解决的唯一形式),但应当承认的是,诉讼裁决与冲突主体意志的不相一致,这是一种合于逻辑和实际的现象。在许多情况下,诉讼表面上排除了冲突所引起的社会障碍,但并不能消除主体的心理对抗。不仅如此,诉讼中的对立地位有时还增加了彼此间的对立情绪,由个别事实所引起的冲突,经过诉讼后反而扩展或衍变为主体间后续长期的对抗。这也是许多冲突主体放弃诉权而不愿诉诸审判的原因之一。

---

〔21〕[英]科特威尔:《法律社会学导论》,第241页。

尽管如此,诉讼的实际价值仍然应当得到充分肯定。评价诉讼存在意义的最好角度是:如果没有诉讼,将会出现何种状况?实践表明,相当一部分社会冲突,特别是存在暴力侵害的社会冲突,唯有通过国家暴力强制,从而唯有通过诉讼才能得到真正解决。私人复仇即便是同态等价的,无论如何都不是文明社会的理想状况。人类文明的标志并不在于是否使用暴力强制,而在于这种暴力强制的使用是否合于社会共同认可的规范,并且是否由特定的、有组织的主体实施。另外,自决与和解、仲裁与调解所以能够产生一定的效力,很大程度上根源于诉讼及其暴力强制的存在。正是诉讼及其暴力强制的威胁力促成了冲突主体对非诉讼手段的选择。美国法学家理查德·莱姆佩特(Richerd lemperd)对法院审判功能的分析表明:"一般而言,法院的审判作用最不受重视的时候,它对解决争讼所起的作用的重要性也就最突出。"[22]这一判断的逻辑机理在于:诉讼审判手段的存在,现实地提高了其他冲突解决手段的适用机率和适用效果。没有诉讼审判,其他手段将会是苍白乏力的。

如果回溯到本章前面所提到的冲突解决的不同主观效果,更有理由充分肯定诉讼的实践价值。特定社会中,冲突解决的不同效果是通过不同的冲突解决手段统一实现的。虽然诉讼化解冲突主体情绪和心理对抗的作用不突出,但在维护合法权利以及强制义务的实现,维护统治、法律秩序尊严方面的效用却为其他手段所不及。不仅如此,现代诉讼制度正以提高社会接受度为宗旨而不断完善。尊重冲突主体正当的处分权以及强化法院的疏导作用,有前提地提高诉讼过程中调解与和解的机率,所有这些都在一定程度上为弥补诉讼功能的缺陷提供了可能。与此同时,诉讼与社会生活的关连越是密切,人们对诉讼的接受程

---

〔22〕 转引自[英]科特威尔:《法律社会学导论》,第245~246页。

度也就越高,诉讼中消除对抗的可能以及避免新的对抗或避免对抗加剧的可能性就越大。

三、诉讼机制

概括地说,诉讼机制的作用表现为:依据社会冲突的不同状况,运用诉讼手段对冲突实施不同的排解和抑制,维护和整合现实统治关系,从而实现社会控制。诉讼的“机制”特征则集中体现为诉讼在适用条件、技能以及手段诸方面对解决社会冲突需要的动态适应。

(一)诉讼类型与社会冲突

古代立法重要的原始特征在于诸法不分。在实体法与程序法尚且合于一体的条件下,自然也谈不到各种诉讼类型的分设。古罗马《十二铜表法》中第一、第二表属于诉讼程序的规定,此外,除第四、第十、第十三表外,其余各表都不同程度地规定有诉讼程序的内容。古巴比伦的《汉穆拉比法典》正文五部分中,第一部分全部为有关审判制度的规定,其他四部分也均有涉及审判和诉讼的规定。现存的 247 条中,涉及诉讼的条文约有 36 条。但是,无论是《十二铜表法》还是《汉穆拉比法典》,都未将民事诉讼与刑事诉讼加以区分。人们只能根据现今的理解来判断各条文的诉讼性质。现代意义上的独立的民事诉讼、刑事诉讼以及行政诉讼是在 18、19 世纪大规模法典编纂运动中相继形成的。毫无疑问,诉讼类型的变化和发展同法文化的整体发展相关,但是推动这种发展的根本动力还在于解决社会冲突的需求。除了民事、刑事、行政这种以对应实体法为根据的分类外,历史上还出现过其他以冲突侵害对象等为根据的分类,这些分类同样根源于解决社会冲突的需要。

如前所述,罗马立法中并没有明确地将刑、民诉讼分设开来。但是,对不同类型冲突的审判在事实上导致了刑、民诉讼的区别,尽管这种区别并不十分严格。区别主要体现于不同类型的冲突由不同的审判组织审理。执政官(consul)、最高裁判官(Praetor)、承审员(Juded)、大审院(Centumoire)分别负责有关财产、继承、监护等民事案件的审理，而执掌刑事审判的审判组织则有皇帝、元老院、议会、兵员会、地方议会。公元前149年还设置了刑事专庭。〔23〕 每一审判组织都有其相应的审判方式和程序。罗马进入帝国时期后，由于皇帝独揽审判大权，由审判组织不同所体现的诉讼类型的差异随之消失，而诉讼方式上的区别则依然存在。或许罗马统治者及法学家并未形成明确的诉讼分类意识，但不同的冲突以及与之相应的不同制裁手段实施的需要，为刑、民诉讼的独立存在和发展提供了前提和根据。

中世纪欧洲封建割据以及僧俗势力并存的局面带来了审判权的分裂。刑、民诉讼在立法上的分野虽未能进一步廓清，但是，与冲突侵害对象相适应的新的诉讼类别却由此形成。侵害宗教教规、宗教权力以及其他涉及宗教事务的冲突，均由宗教法庭运用教会的诉讼程序审理。作为历史上欧洲诉讼制度重要组成部分的教会诉讼正是在这种基础上发展起来的。侵害封建领主利益以及其他涉及采邑利益的冲突，则由采邑自己组成的法庭审理。在德国，封建领主从邦君手中获得领主审判权，“他们被任命为审判农民任何小过失和小纠纷的唯一法官，甚至在农民和地主本人争讼的时候，也是一样。于是，地主就成了他自己案件的法官”。〔24〕 采邑诉讼的内容是极为野蛮武断的，但仍不失为中世纪欧洲的一种独立的诉讼类型。皇室诉讼则是与教会诉讼和采邑诉讼相鼎立的一种诉讼类型。而皇室诉讼产生的根据和背景则在于侵害皇室或邦君利益的冲突的存在。解决这类冲突的需要导致了皇室诉讼的

---

〔23〕 参见周枏等:《罗马法》,第325~330页。

〔24〕 《马克思恩格斯全集》(第19卷),第365页。

形成和适用。中世纪末叶,地中海沿岸国家商事贸易的发达,带来了商事、海事冲突的频繁发生,这一事实又引出了专门受理和管理商人间商事、海事冲突的新的诉讼类型——海事诉讼和商事诉讼。

近代法典编纂运动后,随着实体法体系的逐步完善,各种违反实体法的社会冲突的类型也主要集中于民事、刑事两方面。诉讼则相应固定于民事诉讼、刑事诉讼两个类型。在民商实体法合一趋势下,独立意义的商事冲突已不存在,因而商事诉讼也随之消失。海事诉讼由于海事冲突通常被划入民事冲突的畛域之中,因而独立意义也不如先前突出。而在另一方面,近代以来,民主政治的建立,使政府行政行为广泛受制于社会成员及社会机构的制约,由此酿成了各种形态的行政争议和冲突,适应解决这类冲突的需求,独立的行政诉讼在各国相继创设。

(二)诉讼程序与社会冲突

诉讼机制的特征还表现于诉讼程序不断更新,藉以逐步适应解决社会冲突的需要。这种更新既包括程序的不断改进,也包括设立新的程序,丰富诉讼程序的内容。诉讼制度的演进史,很大程度上正是由程序的不断更新和发展构成的。

总体上,诉讼程序的变化趋势是:由仪式化、教条化、武断性向实用、有效、民主方向发展;程序本身的目的也逐步由象征、惩罚转向有效查明事实,恰当适用法律。在这种趋势下,诉讼程序越来越符合或贴近自己的本质使命:有效且恰当地解决社会冲突。

古罗马根据冲突内容的不同而形成了五种诉讼程序形式,即:提供誓金式(包括对物诉讼的提供誓金式和对人诉讼的提供誓金式);实施拘押式或拘禁式、拿捕式;实施扣押式;通知返还式;请求指定承审员式。在这五种形式中,提供誓金式(legis Acfio Sacramenti)是最基础的形式,后期的形式都是在此基础上发展起来的。而提供誓金式诉讼自始至终充盈着仪式的特征。罗马法法学家盖尤斯(Gaius)列举并为后人一直引用的典型例子是:在一个争执奴隶归属的诉讼中,诉讼开始后原告手持一根象征着枪的竹杆前进,并抓住被争执的奴隶,用法定的语言陈述自己的主张。被告进行着同样的动作。然后裁判官要求双方"放开枪",双方陈述理由和进一步的主张。如果原告提供"誓金"以决胜负,被告不愿提供,则被告败诉;倘若被告也提供誓金,承审员则判决谁的誓金为正当。在此过程中,不仅程序具有严格的形式化特征,而且所使用的语言也必须符合严格的形式规定,些许疏忽便导致败诉或丧失诉权。如将"采伐葡萄"说成"采伐树木"则使葡萄园主对偷摘葡萄者的起诉归于失败。这种严格形式主义的诉讼程序与诉讼的现代宗旨相去甚远,但却有着特定的时代意义。在社会文明程度尚不足以用证据作为判定事实基础的条件下,诉讼的全部意义不能不是弘扬国家(通过承审员的行为得以体现)的权力威望和维持统治秩序的能力,依靠这种威望和能力来平息和处置社会冲突。英国著名历史学家梅因的研究表明,盖尤斯所举的这一典型案例与荷马史诗中叙述的剧情完全相似。[25] 这就表明罗马的诉讼制度反映了人们在荷马史诗中所寄托的英雄时代典型的、理想的都市生活秩序的愿望。

严格形式主义的诉讼程序在中世纪并没有得到改变。不仅如此,5世纪日耳曼人征服罗马帝国后,"粗俗的蛮族法"还增加了诉讼的武断色彩。神示证据和决斗证据方式被普遍运用到诉讼之中,成为诉讼程序的重要内容。12世纪后,由教会诉讼程序与罗马法混合而成的罗马——教会诉讼程序普遍适用于欧洲大陆。罗马——教会程序虽然取消了神示和决斗证据方法,但引进的则是更为形式化的烦琐的程序形式。在这种程序中,一切诉讼行为都必须采用书面形式,甚至当事人的陈述和抗辩都通过书面文书进行。诉讼程序中繁复的学理规则使得非

---

〔25〕 参见[英]梅因著:《古代法》,沈景一译,商务印书馆1959年版,第211~213页。

专业律师无法问津或参与诉讼。证据效力也由法律预先加以规定,而这种规定的根据是作证主体的身份、地位以及取证的形式。证据的实质意义是通过法定的形式价值来推断的。中世纪晚期,罗马——教会诉讼制度的书面化发展到了顶峰,以至于法官的全部工作都是同"羊皮纸"(各种诉状)作伴。审判也秘密地进行。形式主义几乎统治了5世纪以后、近代法典化运动和诉讼程序改革以前的欧洲诉讼制度及诉讼实践的整个过程。

在18世纪法典编纂运动中出现的诉讼程序的改革,核心内容是实现诉讼的口头化、集中化和公开化。理性主义和自然法思想为这种改革提供了有力的哲学基础。近代具有代表性的诉讼法典都较好地反映了这一改革的积极成果。自近代以来,各国诉讼程序变异的程度和完善的进程不尽相同,但是,更好地适应解决冲突的需要,是各国诉讼程序发展着意追求的目标。某些象征意义的、烦琐的程序正逐步被取消。

对诉讼程序演进过程的概略分析所得出的结论,在微观层次上同样可以获得证明。几乎在各种不同时期所有的诉讼程序中,都能看到具体程序与诉讼冲突某些特征的对应性。从冲突主体看,多个有牵连的主体为一方而与他方形成的冲突的存在,导致了共同诉讼形式或共同诉讼人制度的创立;非为一方但有牵连的多个主体的冲突的存在,又为创设诉讼第三人制度提供了根据;而群体性纠纷的出现则是选定当事人、选定代表人、集团诉讼和团体诉讼制度产生的事实前提。此外,未成年人犯罪现象的大量出现还促使各国创立了独立的未成年人审判程序。从冲突内容看,除了一般冲突在普通诉讼程序中得到解决外,特殊内容的冲突又导致了特别的审理程序的创设和发展。这在民事诉讼领域中尤为突出。解决涉及专利、破产、票据、产品责任、赡养和抚养、婚姻等内容冲突的需要,相应形成了专利诉讼、破产诉讼、票据诉讼、产品责任诉讼、赡养和抚养费诉讼以及婚姻诉讼等诉讼形式。再从冲突的强度来看，诉讼对不同强度冲突的适应性反映则是程序也有简有繁。简易程序、独任审判、小额法庭审判、轻微违警案程序以及刑事自诉以及即席判决等，都是适用于烈度较低，易于化解和处理的冲突的程序制度；而烈度较强、较为复杂的冲突，则由普通或其他特别程序加以解决。

总之，如果创设或发展诉讼程序的努力脱离解决社会冲突的实际需要，那么，由此而形成的程序至多只有学理上的审美价值。诉讼程序完善的功利评价只能依据于该程序在解决社会冲突方面的实际效果。尽管在诉讼程序的发展和进化过程中，许多程序的产生和变化带有偶然、随机色彩，并且在某一历史时段中还出现过某种倒退现象，但是，解决社会冲突的实际需要至少可以给予立法者和法学家以某种有益的直觉和悟性，而长期积累的解决冲突的经验则使诉讼程序的改进和完善有了更可靠的依据。这一点对于人们的现实启示是：在完善诉讼程序的进程中，与其信奉诉讼学理中的某种原则和逻辑，不如实际分析具体的诉讼程序到底在何种程度上能使冲突得到解决。

（三）诉讼适用与社会冲突

诉讼机制的作用和特性不仅反映在诉讼类型和诉讼程序对解决社会冲突需要的变化性适应，同时又体现于在具体适用中对解决社会冲突的动态适应。如前所述，解决社会冲突的手段是多样化的，作为多样化手段之一，诉讼有其特定的适用范围，这种范围也决定于解决社会冲突的需要。

从形式上看，诉讼适用范围决定于两个因素：一是立法的规定。任何社会中，立法都要为诉讼划定适用的范围，在此范围内的社会冲突，排斥其他手段的适用；二是冲突主体的要求。这部分冲突并非专由诉讼解决，可由诉讼和其他手段交叉、随机地使用；并且不妨碍各种手段的重复使用，诉讼则是最终使用的手段。在不同时期和不同国家中，立法为诉讼所划定的专门主管的范围并不一样。相同的冲突在不同立法中既可以成为诉讼的对象,也可以相反。在日尔曼立法中,因侵权行为所引起的冲突不必由司法程序处置,[26]而在近现代立法中,侵权行为所引起的冲突则是民事诉讼的主要对象。对于非由诉讼专门主管的社会冲突,是否实际由诉讼加以解决,则完全取决于冲突各方或一方的主观愿望。通行的"不告不理"的原则决定了审判者在对这类冲突适用诉讼手段方面反而具有被动性。那么,立法确定诉讼专门主管范围的根据以及促使冲突主体求诸于诉讼的深层原因又是什么?个别立法以及个别案件可能反映某些特殊的根据和原因,但一般来说,这些根据和原因主要是:

第一,冲突具有严重的反社会性质。前已述及,冲突的反社会程度是决定冲突是否应受法律评价的根据。诉讼则使这一命题进一步具体化。换言之,严重的反社会性冲突只能由诉讼而不由其他手段加以解决。严重的反社会性质在两个层次上得以体现:其一,某些冲突行为本身在性质上具有强烈的反社会性,这种行为一旦实施,不论其情节如何,甚至不要求出现特定的结果,均应纳入诉讼处置的范围,如旨在推翻现实社会制度的行为,或以侵害他人的生命为目的的杀人行为。其二,冲突行为由于达到了一定的强度,形成了某种后果,从而加重了它的反社会性。无论属于何种情况,只要冲突的反社会性达于一定的程度,就产生了运用诉讼手段的必要。统治者不允许这类冲突由当事人自决与和解,也不允许或不适于运用调解和仲裁手段。

第二,冲突的解决需要给予责任者以强制性制裁。某些冲突即使不加以排解也不会长久地存在下去。这类冲突往往表现为个人对社会

〔26〕 参见[美]孟罗·斯密著:《欧陆法律发达史》,姚梅镇译,中国政法大学出版社 1999 年版,第 29 页。

统治关系的侵害。如果司法机构不予顾及,行为上的对抗也随着冲突行为的实施完毕而消除。将这类冲突纳入诉讼范围,主要是基于对冲突主体实施强制制裁的必要。实体法所规定的若干制裁手段,都必须以诉讼程序的发生为实施前提。解决冲突的其他手段,一般均不具有强制制裁手段。因此,对冲突主体中责任方的强制制裁是诉讼适用的另一根据或原因。

第三,冲突的烈度较高,排解难度较大。诉讼在排解冲突方面所具有的某些特殊条件是解决冲突的其他手段所不具备的。这也就决定了烈度较高,排解难度大的冲突也必须通过诉讼手段加以解决。在这方面,诉讼的特殊效应体现在:其一,强制地将不愿介入的冲突主体纳入诉讼程序之中,使其无法回避冲突的解决过程;其二,通过审判组织有形的强制措施和无形的威望抑制冲突的进一步激化;其三,强制地恢复权益的原始状态,或给予合法权益者的权利行使以强制性保障,并迫使义务主体履行义务或作出补偿。最后,在诉讼过程中,还可以排除因冲突主体间社会身份和社会力量的差异而给冲突解决带来的障碍,至少在理论上可以作这种推论。

第四,冲突的事实过程较为复杂,是非真相难以判别。一方面,某些冲突行为本身具有较大的隐蔽性,查清冲突的事实过程需要有特殊的侦查手段;另一方面,冲突主体对事实过程的认定和评价存在较大差异,非司法机构的第三者无计或难于辩别真相。这些也构成了诉讼适用的根据和原因。诉讼中侦查或调查活动以及严格的证据证明过程为揭示冲突事实过程的原始面貌提供了条件。

当然,各社会中诉讼的具体适用还同社会环境的其他因素具有不同程度的联系,特别是冲突主体诉诸诉讼的动因更为复杂。本书第六章中对此将作进一步分析。能够肯定的是,虽然现象上诉讼适用的随机度很高,但这种随机性潜含着深层根据。正是这种随机特征,赋予了诉讼对解决社会冲突的适应性,在统治者和冲突主体自身对冲突的不同评价以及对解决冲突的不同要求与诉讼作用的能动发挥之间建立了某种均衡。诉讼机制的作用与特征也藉此得到了具体展示。

第三章　诉讼公正:价值、模式及实现

历史上任何一项具体的诉讼制度或程序,即便从现代文明视角看应完全予以否定的诸如神明裁判、法定证据等,在特定时期中都可能含有某种合理因素。但是,诉讼制度或诉讼程序真正永恒的生命基础在于它的公正性。罗马以来一直流行于世的格言"人不能裁判有关自己的争论",其实质意义并非仅指人在伦理境界上无法达到毫不偏私的地步,这句格言的深层含义是指对争论的裁判必须符合公正原则。公正在诉讼领域的意义始终带有根本性。

虽然诉讼公正的问题在诉讼制度中具有绝对重要的地位,但传统诉讼理论,无论是刑事诉讼理论抑或民事诉讼理论都很少直接将其作为研究对象。对具体制度或程序的评价,即便涉及公正问题,也往往被制度或程序的技术意义所淡化。诉讼公正始终是法哲学、法理学中的基本论题,不同的法哲学、法理学流派对诉讼公正亦有不同的见解。这些见解从不同意义上构成作者认识和分析诉讼公正的思想资源。

以此为基础，本章拟就诉讼公正的价值、诉讼公正不同目标模式以及诉讼公正的实现方式进行探讨。

一、诉讼公正的价值

尽管公正是表征社会进步的一个普遍性范畴，但法哲学家们通常认为公正在解决冲突这一特殊过程中具有更高的价值。[1] 正因为如此，社会需要把诉讼公正纳入到解决冲突的制度设计之中。在有关法院或诉讼的若干定义和概念以及理想模式的设计中，无不包含着对公正原则的考虑和尊重。英国法学家西奥多·贝克尔（Theodore Becker）对“适合于一切法院的一般功能”要素的设计包括以下内容：“法院是（1）一个个人或人的团体；（2）他或他们具有对争讼作出裁决的权力；（3）诉讼当事人或其代理人向他或他们提出争讼的事实，引证现行的、明示的、先存的规范规则（制定法、宪法、规则、判例）；（4）上述引证的规范原则是由那个人或那些人所适用；（5）他或他们坚信应当倾听事实的陈述并且可以公正、客观或不偏不倚地适用这些规范原则；（6）并认为他或他们可以公正地、客观或不偏不倚地作出裁决；（7）并且在行使权力中作为一个独立的主体。”[2]贝克尔所设计的这些要素，除了法院的形式构成和行为条件外，都直接同公正的目标相关。贝克尔把公正视为法院得以存续所不可缺少的“司法程序的心脏”。马丁·查比罗（Martin Shapiro）用当事人双方与法院的“三方组合”关系来说明法院的“社会逻辑”。[3] 这种“三方组合”关系的实质也在于强调法院居中的公正地位。黑格尔把“不带对特殊利益的主观情感”而在特殊场

〔1〕 参见［美］戈尔丁：《法律哲学》，第232页。
〔2〕 转引自［英］科特威尔：《法律社会学导论》，第236页。
〔3〕 转引自［英］科特威尔：《法律社会学导论》，第237页。

合“认识和实现法”视为法院的基本使命,[4] 显然,黑格尔所重视的依然是法院活动亦即诉讼的公正性。公正同诉讼活动的本质联系或许产生于这样一个最原始的逻辑：任何社会冲突都包含着对某一社会公正原则的扭曲,因此,矫正这种现象必须有公正的意识、公正的评价和公正的力量。在另一种意义上说,任何冲突主体都不能不在形式上强调自身行为和要求的正当性,而对这些对立的“正当”作出判定,不能没有真正公正的标准。诉讼公正是确定这种二律背反的“正当”的根本前提。当然,从理论上分析诉讼公正的价值,更应注重的是以下几个方面。

（一）诉讼公正与法律的正义

法律的抽象评价是以正义为尺度的,尽管正义本身犹如“普洛透斯”的脸,变幻不定,在理论上的确定性仅限于各学者特有的理论体系。柏拉图的“和谐”、亚里士多德的“平等”、赫伯特·斯宾塞(Herbert Spencer)的“自由”、托马斯·霍布斯(Thomas Hobbes)的“安全”以及当代正义理论集大成者约翰·罗尔斯(John Rawls)的“自由与平等”都曾被视为正义的定在,但是,具有某种积极内容的正义总是人们对法律内在精神和基本功能的追求。

然而,法学家们在对某一具体实存法律的正义程度进行判断的过程中,所运用的材料通常仅限于作为立法规范的法典或判例。立法规范的条文或判例所显示的原则往往成为佐证该社会法律正义程度的全部根据。规范或判例所维护或倡导的正义一般被假定为已经在社会中实现了的正义。这种观点包含着一个极其乖谬的命题：立法中体现的正义等于实现了的法律正义。

黑格尔最早注意到立法与法的实现之间时序上或逻辑顺序上的差

---

〔4〕［德］黑格尔著：《法哲学原理》,范扬、张企泰译,商务印书馆 1982 年版,第 229 页。

异。他认为:“法首先以实定法的形式而达到定在,然后作为适用而在内容方面也成为定在。”[5]但黑格尔没有进一步说明在适用中成为“定在”的法律与形式上的定在究竟有无距离。现代美国法律现实主义者以激进的立场揭露了法的适用过程对法律规则的反叛,为人们描绘了一幅令人极悲观的法律适用虚无主义的图画。美国法律现实主义代表人物卡尔·卢埃林(Karl Llewllyn)指出:“那个根据规则审判案件的理论,看来在整整一个世纪中,不但是把学究给愚弄了,而且也把法官给愚弄了。”[6]卢埃林认为,真正的法律并不是立法或判例,司法人员在解决纠纷时的所作所为就是实际上的法律。杰罗姆·弗兰克(Jerome Frark)表现出更为激进的态度。他认为,法律规则不是法官判决的基础,决定司法判决的是情绪、直觉的预感、偏见、脾气以及其他非理性的因素。[7] 美国法律现实主义理论风靡于世的原因并不在于它具有很充分的现实根据,而在于它以激进的言辞唤起人们放弃对立法中形式正义的膜拜,而把观察的视角转向于:立法内容中的正义在法律适用中究竟得到何种程度的实现。

忽视法律适用过程中立法正义实现程度的倾向缘自于多方面的因素。首先,法律本身的权威性不允许人们怀疑法律适用的充分可能。特别是19世纪以后的法治化运动强化了人们对法律权威的信赖。其次,司法组织的特殊性质,使人们忽视了构成司法组织各个成员的个人行为倾向的影响。司法机构在形式上的完善以及司法机构间的制约机制进一步造成了司法行为必定忠实于法律的表象。最后,由于司法过程一定程度的封闭性,法律适用过程的复杂环境以及各种偶然因素对法律适用准确性的影响很难受到人们的重视。同时,由于司法过程中

---

[5] [德]黑格尔:《法哲学原理》,第222页。
[6] [美]卢埃林:《作为制度的宪法》,载《哥伦比亚法律评论》第34期(1934年版)。
[7] 参见[美]弗兰克:《法律与现代精神》(英文版),第100~117页。

个案裁决的准确性和恰当性并非仅限于一种十分确定的结果,法律适用的幅度决定了人们接受多种裁决结果的可能。即便人们对个案裁决的偏误表示不满,也往往认为这种结果产生于法院组织中法官的个别失误,而不会对整个法律的正义性产生怀疑。因此,在相当程度上,法律的正义尽管不是社会成员的实际感受和认识,但也是一种被坚持着的信念。

事实上,法律的正义唯有通过诉讼程序的公正才能真正得到实现。

在诉讼程序中,无论是极为明确、细致的法典化规范,还是内含原则十分具体的判例,对于诉讼中所要解决的冲突的规范力都有一定局限性。法典通常不可能细微地描绘具体事实情境并给予这种情境以十分确定的法律后果。对同一冲突事实,法典所能够给予的是可供选择的多种处置方式以及较为宽泛的处置幅度。法典对丰富的社会冲突事实的涵盖力也正源于此。相对法典来说,判例所给出的法律适用的事实情境要具体得多。然而,正如世界上没有完全相同的两片树叶一样,完全相同的社会冲突事实上也是不存在的。即便外在形态极为相似,相关主体对冲突的实际感受及冲突的社会影响也不会完全相同。“服从先例”或“不违先例”的判例法适用原则的实施同样必须依赖于司法者主观选择的正确性。

诉讼的公正是正确选择和适用法律,从而也是体现法律正义的根本保障。首先,诉讼公正可以排除在选择和适用法律过程中的不当偏向。舍去适用法律过程中无过错的失误不论,诉讼公正至少可以保证司法者在最大的可能上选择最贴近冲突事实的法律条文加以适用,或援引最有比照价值的判例作为解决的法律依据。其次,公正的程序本身就意味着它具有一整套能够保证法律准确适用的措施和手段,并且由此能够形成保障法律准确适用的常规机制。

一种经验性的事实可以逆向证明诉讼公正与法律正义的关系。当某一案件的判决结果符合社会成员普遍的正义感觉(这种感觉不单纯建立于对立法规定的熟悉和掌握,更主要是对司法实践中各种判例的经验性感知),那么,人们通常认为审理该案的诉讼是公正的。反之,则会对该案诉讼的公正性作出否定评价。如果说法学家对法律公正性评价的依据主要是立法规范的内容,那么其他社会成员对法律公正性的评价,则主要根据由诉讼所体现出来的个案的裁决结果。

(二)诉讼公正的社会导向意义

诉讼公正的价值又在于它能够对社会产生积极的导向作用。

新行为主义学习论的研究表明,如果对某一行为或事实的权威性评价具有很高的合理性,那么,该评价所内含的判断将产生这样的效果:为判断所肯定的行为或事实将引起众多的学习行为;而为判断所否定的行为或事实则降低人们的学习动机。[8] 这种评价客观上对学习行为产生奖励或惩罚作用。诉讼公正的社会导向意义也多少与这一原理相关。

首先,诉讼公正对社会冲突具有重要的抑制和预防作用。诉讼公正是裁决结果公正的前提。而公正的裁决结果则有助于社会成员建立恰当的行为预期,消除实施冲突而又能逃避制裁的侥幸心理,从而正确选择自己的行为,力求避免发生冲突。在一个法制健全的社会中,公正的裁判结果所产生的导向意义只能是积极的,而不会是消极的。一个简单的事实是:人们不会因实施违法行为将得到公正的处罚(不至于被滥施惩罚)而选择违法行为。除非法定的惩罚给违法行为设定的成本过低。相反,公正的裁判结果使具有违法动机的人所形成的感知是:如果实施违法行为,将会受到足够的(而不是过于轻微,更不是侥幸可

〔8〕 参见[美]葛漱里(Guthrie):《条件作用:用刺激、反应和联系来说明学习的学说》,载章益编译:《新行为主义学习论》,山东教育出版社1983年版,第212页。

以逃脱的)惩罚。

从实践中看,违法行为倾向或曰冲突行为倾向是否实际表露或外化,除了取决于具体情境对主体的激发力或抑制力外,再就是行为者对行为后果的预期。这种预期往往不是产生于对立法规定的知晓,而产生于对可能在将来的诉讼中会出现的裁决后果的估计。即便行为主体通晓立法规定,对行为的选择也不能不根据自己的经验而考虑现实诉讼程序中通常对待这类行为的态度。因为唯有在诉讼程序中所体现出处罚冲突行为的一般立场和原则,才是法律对行为的实际评价,也是行为者所可能承受的实际后果。在这方面,诉讼的公正程度对于主体违法或冲突行为倾向外化的影响力是十分强烈的。

诉讼公正对于社会冲突的抑制作用还可从另一角度加以考察。一般来说,诉讼公正是社会机体健康的重要表征。无数史实表明,在统治秩序良好,社会运行较为正常的状态下,诉讼的公正度也比较高;而统治秩序混乱,社会趋于衰朽时,诉讼的公正度也明显降低。罗马帝国时期,审判权由皇帝独揽,诉讼中武断色彩极浓,越来越失于公正,这种状况显然同罗马帝国色厉内荏、濒于崩溃的局面相关。虽然不能逆向推导出诉讼公正能够完全保证社会秩序稳定的结论,但诉讼公正对社会秩序的积极影响作用是不容置疑的。诉讼公正能够在一定程度上启发社会成员的良知,增加统治阶层的社会凝聚力,提高和强化统治者的权威。而所有这一切都是抑制冲突行为所不可忽视的因素。

其次,诉讼公正可以增加诉讼的感召力。冲突主体对诉讼手段的选择同他们对诉讼程序的信赖程度相关。在任何社会中,诉讼功能的发挥都需要借助冲突主体求诸诉讼的动机。这种现象在实行对抗制诉讼的英美法系中尤为突出。庞德就曾指出:"所有的法律制度都苦于需要依靠个别的人来使法律机器进行运转和对它进行操纵。我们英美社会的政治制度更是如此。我们已经比其他民族更多地依赖别人的主动性来保障法律补救和执行法律训令。"[9]促成冲突主体求诸诉讼的动机是极为复杂的。在本书第二章及以后的论述中对此已经并将进一步作出分析,但可以肯定的是,诉讼公正对这种动机的形成有较大的影响。

在"不告不理"的诉讼发动机制下,试图提出起诉的冲突主体一方通常是争议权益的享有者,至少该主体主观上对自己权益的享有抱有较为明确的信念。诉讼公正的感召意义就在于它能够使冲突主体对权益享有的主观信念转化为获得胜诉,从而使这种权益通过诉讼程序得到实现的信念,不至因顾忌程序不公而放弃求助诉讼的欲望。同样,公正的诉讼也减少了被诉主体应诉的心理障碍,使其能够从容地介入诉讼,并运用法定的程序手段维护自己的合法权益,包括提出反诉。

肯定诉讼公正对于诉讼感召力的提高并不意味着诉讼适用频率越高,诉讼公正的价值就越大。在假定冲突发生机率不变的情况下,一个社会中诉讼适用频率也应当保持在一个恰当的水平上。过高地适用,只能说明滥诉未得到控制。科特威尔根据理查德·莱佩姆特对诉讼功能的研究,曾极端地指出:"一般而言,法院的审判作用最不受重视的时候,它对解决争讼的作用的重要性也就最突出。"[10]但是,冲突主体完全冷漠或畏惧诉讼以至放弃对之运用的现象也绝不是理想的状态。对诉讼适用频率的适度性或许只能作这样的表述:需要适用诉讼解决的冲突,事实上都已成为诉讼的对象。诉讼公正的感召力与这种适度性是相一致的。一方面,如前所述,诉讼的公正能够消除冲突主体对诉讼的不良预期;另一方面,诉讼公正对寻衅滥讼也无疑会产生重要的抑制作用。因为"恶人先告状"的滥讼现象是以"原告居优势"的实践倾

---

〔9〕［美］罗斯科·庞德著:《法律的任务》,沈宗灵、董世忠译,商务印书馆1984年版,第130页。

〔10〕［英］科特威尔:《法律社会学导论》,第246页。

向和习惯观念为背景的,而诉讼公正在本质上否定着这种倾向和观念。

最后,诉讼公正对解决冲突的其他手段的公正性以及全社会公正观念的强化具有重要的倡导意义。在解决冲突的诸种手段中,诉讼的示范效应是不言而喻的。这不仅是因为同类社会行为彼此的比照和模拟效应在任何社会中都普遍存在,诉讼的公正能够给予其他手段以趋势性影响和经验性启示,同时也在于,"司法最终解决"的原则决定了诉讼公正对其他手段的适用过程必然产生重要制约作用。

更值得重视的是,诉讼公正还有助于全社会公正观念的形成和强化。在任何审判组织体制中,司法者在诉讼中的行为都是国家政治组织的行为。而司法者所直接体现出来的这种特殊的国家政治组织的行为对全社会其他各主体的行为都会产生影响。中国历史上传奇多于真实的包拯、海瑞也由此成为公正的偶像。马克斯·韦伯曾强调,一个合法的社会秩序的核心是规范性取向的系统,它影响社会控制和对权威性指挥的服从。〔11〕 不仅如此,在现代社会复杂的国家政治组织结构中,司法者的权力又高于其他行政权力,并且前者是后者的制约和评价手段。因此,如果司法者实施权力的过程,亦即诉讼过程失于公正,其他国家政治组织也不可能公正地实施其行政权力。"司法至上"或者其他推崇司法的信念和观点,一方面产生于启蒙思想家对司法公正形象所作出的理想化的描绘和渲染,另一方面也缘于近代以来西方法治化国家对诉讼公正的强调和坚持,尽管实践中司法公正的程度与人们的理想要求相去甚远。所以,诉讼程序公正所产生的指导、示范和影响作用远远超出个案得到公正判决的意义。其他国家社会政治组织,以至于一般社会成员都能够通过程序公正而建立和强化自己的公正意识与公正观念。

---

〔11〕［德］马克斯·韦伯:《社会和经济组织的理论》,纽约牛津大学出版社 1957 年版,第 124 页。

(三)诉讼公正与冲突的解决

诉讼公正与冲突解决的关系最为直接。仅就从形式上排除冲突来看,诉讼公正与否的意义并不突出。即便是最野蛮、最偏私的诉讼程序也能达于这一目的。中世纪最不公正的领主审判并未妨碍领地和采邑秩序的维持。然而,现代文明对诉讼所提出的要求已不仅限于冲突的形式排除,而更强调的是解决冲突的质量以及在保证这一质量前提下个案解决的速率。诉讼公正的价值也体现于它在提高这种质量与速率方面具有积极的效应。

无论诉诸审判的冲突内容怎样,也无论主体间对抗如何强烈,一般来说,诉讼公正是冲突主体的共同愿望。尽管主体往往自觉地把是否合于自己感觉和要求的诉讼行为或措施以及冲突权益处置办法作为判断公正的依据,但毕竟公正在冲突主体的观念中具有极高的理性价值。因此,相对来说,在公正程序中所产生的意向性和判断性处置意见,最容易得到主体各方的认同。首先,司法者公正的劝导性提议能够引起冲突主体各方的重视,并可能由此成为调解或和解的基础。许多诉讼前剑拔弩张,势不两立的冲突主体在诉讼中很快消除对立,取得共识,这很大程度上同司法者公正的劝导相关。司法者的公正,既是引导冲突主体趋向统一的必要前提,也是诱导和启示冲突主体的良知,从而合理地权衡自身权益要求的重要因素。其次,对冲突公正的裁决容易得到冲突主体的自觉遵行。在存在调解程序的诉讼中,裁决的产生意味着主体一方甚至各方对执法机构所作出的权益处置及补偿办法表示不满。但是,更具体地分析,这种不满既有实际的、真正的不满,也有形式上的不满。而两者都同诉讼的公正与否直接相关。冲突主体实际、真正不满的主观根据无非是裁决缺乏公正基础,或者在事实认定,或者在法律适用方面失于公正。冲突主体形式上的不满则意味着:裁决的公正性已经为主体在心理上所接受,但主体间情感上的对抗尚未完全消除,对自我尊严的维护和考虑使主体不愿作出妥协的姿态,从而用形式上的抗拒——这种抗拒一般表现为放弃提出上诉或申诉——来表达情感上的对抗,同时又借此掩饰对裁决结果的实际认同。毫无疑问,这种不满所以仅具表象性,根本原因还在于诉讼程序以及裁决结果具有公正性,至少与冲突主体的主观公正的内涵相吻合。因此,公正裁决的自觉履行程度大大高于非公正的裁决。

从另一方面看,在公正的诉讼中,作为当事人的冲突主体具有表达自己主张以及陈述事实的充分自由和条件。同时公正的诉讼也意味着司法者的职务行为与解决案件的实际需要相一致。既不存在滥施职权的现象,也不失于懈怠。因此,公正的诉讼中司法者以及冲突主体的行为是有序、有效且恰当的;而所有这些行为的轴心或目的都在于提高冲突解决的质量与速率。

实质上,在解决社会冲突这一特定领域内,诉讼的公正性与诉讼的科学性是同一实指的不同概念。诉讼科学性不仅是对诉讼的一种技术性功能的评价;诉讼的公正性也不只是诉讼程序的政治特征。本章后面的探讨将进一步表明,诉讼的公正需要相当多的技术性因素的支持;常常被诉讼理论诩为一门“特殊艺术”的程序设计以及依此程序所实施的活动,深层的理性根据正在于它的公正要求。离开公正性便没有理由谈论诉讼的科学性。为体现专制主义或其他反文明的统治要求而设计的程序,即便匠心颇具,也只能是非科学或反科学的,因为其缺乏公正的基础。一方面,在现代诉讼程序中,保留着相当一部分自古巴比伦、古罗马以来历史上逐步形成的程序内容;另一方面,不同时期统治者、法学家们所创造的并曾一度盛行的诉讼制度已逐步被抛弃。保留与抛弃的价值依据就在于它与诉讼公正要求的背向程度。

总之,诉讼公正的价值几乎可以证明诉讼这一特殊社会实践的基本意义。也正因为如此,现代各国诉讼立法或诉讼实践都将诉讼公正奉为首要原则。

二、诉讼公正的模式

如同"正义"、"自由"这些范畴一样,诉讼公正不仅在实践中不可能有明确而固定化的内容,在理论上亦取决于不同的理解。个案审判中诉讼公正与否则在很大程度上受制于主体的主观感受与评价。尽管如此,无数次重复进行的审判实践所形成的经验以及反映社会进步趋势的理性原则依然为人们构画了诉讼公正的概念性轮廓。在理论分析上,可将诉讼公正概括为多种不同的模式。罗尔斯把程序正义分为三种,即"纯粹的程序正义"、"完全的程序正义"以及"不完全的程序正义"。"纯粹的程序正义"是指不管结果如何,而在程序上确立和适用某种规则;"完全的程序正义"是指在程序之外设定某种决定结果正义的规则,并且使程序满足这种结果实现的要求;"不完全的程序正义"是指尽管程序之外存在着衡量正义的标准,但程序并不能完全达到这种标准。〔12〕罗尔斯的这种分类已成为论述程序正义的经典。在此,我仅依照自己的理解对程序公正的类型作出描述。

(一)理想化的公正

理想化的公正是诉讼公正的最高形式。其基本含义为:在诉讼中,把正义的法律和法律所应有的正义精神现实地用于冲突的解决。这一含义的派生命题有二:其一,诉讼程序中适用于解决冲突的法律是具有公正价值的法律;失于公正的法律,即便是对冲突事实情境有拘束力,也不作为适用依据。其二,在法律规范未曾涉及的领域,或者具体法律规范虽已涉及但与法律所应有的正义精神相悖的情况下,适用正义精

---

〔12〕[美]约翰·罗尔斯著:《正义论》,何怀宏等译,中国社会科学出版社1988年版,第80~83页。

神解决冲突。显然,这里又一次引出了法哲学中法律的正义基础与实际适用价值这一传统论题。

在立法层次上对正义的坚持,是每一法哲学流派所共同倡导的原则。然而,在法律适用层次上,尽管任何法学家都无法否定实存法律规范在正义方面的不完善性,但对于实存规范的遵循态度,学者间始终存在着不可消除的分歧。19 世纪兴起的法律实证主义否认抽象价值对于法律的研究和分析意义,主张把对法律的一切认识都建立在实存的、由国家所确立的法律规范之上。同时主张把实在法与伦理和社会关系严格区别开来,并主张"坚持了合法性就是坚持正义"。相反,无视某一实在法的做法即便从纯粹道德角度看可以得到认可,但这种行为也不被认为是正当的。纯粹法学派的代表者汉斯·凯尔逊(Hans Kelsen)更为明确地认为"正义就是合法性",正义就是把某个一般规则确定地适用于据其内容所应该适用的一切场合。"正义意味着忠实地适用实在秩序以保护其存在。"〔13〕从"恶法亦法"这一原则前提出发,凯尔逊认为,在司法程序中,司法者没有任何理由,包括根据"正义"或其他道德伦理准则而超越实在法的规定去处理或应受法律评价的问题。

与法律实证主义和纯粹法学派的观点相反,更多的法学家主张司法者在司法过程中对正义的信奉高于对实在法律规范的墨守。柏拉图曾竭力反对用固有的法律规范去限制司法程序的活动,而希望法官约束于其理想国中的社会哲理和道德哲理。自然法的传统思想都一直坚持把正义作为衡量实在法价值,从而决定其可适用性的内在依据。美国法学家约翰·迪金森(John Dickinson)指出:"我们所需要的不只是一个具有固定的一般规则的制度,我们还需要该制度中的规则是以正

---

〔13〕［奥］凯尔逊:《纯粹法律理论与分析法理学》,载《哈佛法律评论》第 55 期,第 49 页。

义为基础的,换言之,是以对人性的某些要求和能力的考虑为基础的。否则这个制度就会行不通;而且由于它违反了根深蒂固的判断倾向和标准,所以它会不断被人们所违反。"〔14〕英国著名法官普洛登在艾斯特诉斯塔德一案的注解中则更为明确地指出:公正即"依据自由裁量为扩大或缩小文字(指立法——引者)的含义,……经验告诉我们,没有一个立法者能预见即将发生的一切,因此,如果法律存在缺陷,恰当的立法是依公平正义来改进。"〔15〕以正义的精神而非纯粹的法律规范作为司法诉讼过程中适用根据的主张产生于这样两个判断:其一,实在法律规范具有不可避免的缺陷。富勒就一直认为,法律中"存在一种纯粹任意性因素"。弥补这种缺陷的方式只能是依据符合法律最高价值的理性范畴——正义来处置和解决司法程序中所面临的问题。其二,违背正义的法律规范在根本上丧失了被遵循的价值。博登海默认为:"如果一个社会制度根本无视正义观念所具有的实质性价值中的任何一个价值,同样也会妨碍它成为一种法律制度。"〔16〕古斯塔夫·拉德·勃鲁赫更为激进地指出:"实在法与正义之间的悬殊差别是如此不可容忍,以致作为虚假的实在法就必须服从于正义。"〔17〕

与这种观点相近,带有折中意义的主张认为,在司法程序中对法律规范的普遍执行应当同在个别情况下根据公正原则而解决冲突结合起来,亦即在遵循法律规范一般要求的同时,允许为了个别或为了保留行政与司法裁量权领域的需要而背离一般法律规则与原则。庞德认为,"可以有法司法,也可以无法司法。"前者指"根据权威性律令、规范(模式)或指示而进行的司法。""它意味着在一般适用的律令所可以保护

〔14〕[美]迪金森:《行政执法和法律的权威》,剑桥大学出版社 1922 年版,第 122 页。
〔15〕转引自[英]鲁伯特·克罗斯勋爵:《法律解释》,伦敦 1976 年版,第二章第三节。
〔16〕[美]E. 博登海默:《法理学——法哲学及其方法》,第 309 页。
〔17〕同上书,第 435 页。

的范围内不受个人情感影响的、平等的、确定的司法”。后者则指根据个人的意志和直觉,通过行使广泛的自由裁量权,而不受一种固定规则约束的司法。庞德认为,“历史始终是在推崇广泛的自由裁量权和坚持严格细致的规则之间来回摆动。”一个制度成功的标志在于它“成功地达到并且维持了极端任意的权力与极端受限制的权力之间的平衡”。[18] 现今,尽管英美法系国家对自由裁量权的滥用已成为司法制度中的痼症,由此不断招致社会的非议和谴责,但一个为人们所广为接受的认识是:司法程序中不能不考虑法的社会因素和经济因素,不能不考虑社会政策的影响,而这种考虑不言而喻地包含着对墨守法律规范的否定。

以正义精神的本质要求,而不以既往形成与先前背景或仅与某种典型事实状态相吻合的法律规范作为司法程序中解决冲突的根据,这无疑是诉讼公正的理想状态。其“理想性”反映在:一方面,它最能体现法律的正义,最充分地把正义原则贯彻于诉讼程序之中,使诉讼过程对社会冲突的评价有了最恰当的依据。另一方面,这种理想性又反映了它在实践中可行程度较低。十分清楚,在司法程序中,即使司法者能够保持一种极为纯洁,甚至是对正义顶礼膜拜的心态,但对正义的不同理解也将会导致在适用法律方面的偏差。信奉亚里士多德的“平等正义”的司法者与推崇斯宾塞“自由正义”的司法者对法律适用的取向不会相同,从而对同一社会冲突可能会提出不同甚至截然相反的解决办法。即便司法者的正义观能够统一到博登海默所说的综合正义——自由、平等、安全并在最大程度上与共同福利相一致——上来,那么,人们能够看到的只是司法者在司法程序中主观上恪尽职守,并且没有偏私动机与行为,而不能承认“自由、平等、安全、人类共同福利”这一串炫

---

〔18〕 [美]E. 博登海默:《法理学——法哲学及其方法》,第142~143页。

目的概念能够激发并保证司法者在每一解决冲突的诉讼中都使正义原则得到充分体现。更值得重视的是,如同实在法与自然法的差距具有永恒性一样,现实中的司法者与理论中的司法者始终不会一致;把司法者设想为忠实的正义的守护神,这对于任何社会来说都是不恰当的。本书第五章的探讨将表明,无论采取任何种审判组织体制,司法者个人的社会身份、心理素质以及与此相关的行为倾向都将对诉讼程序产生影响。

理想化的诉讼公正模式所能够给予人们的是某种启示,而非实际规范。提出这一模式的意义在于揭示诉讼公正的发展趋势,或者说在诉讼领域中重申法律正义的崇高价值。

(二)形式的公正

形式公正的"形式"意义在于它不考虑被适用的立法正义价值如何,而严格地依照现行立法解决社会冲突。形式公正的判别标准可以概括为一句话:冲突解决的结果符合现行立法的规定。形式公正模式所内含的两个基本原则是:其一,现行立法是解决冲突的唯一适用根据,诉讼中形成的各种判定必须同现行立法的规定相一致;其二,冲突的解决结果符合现行立法的规定。

形式公正模式的核心在于对现行立法的忠实遵行。这并不意味着因此而回到凯尔逊的哲学体系之中。深刻地分析,凯尔逊以及实证主义的倡导者强调实在法律规范价值的真正目的并不在于简单地维护法律规范适用的权威,而是旨在说明法律的哲学本原,即统治者或主权者的命令,并为其赋予天然符合正义的属性,藉以同自然法或理性法相对抗。司法程序中对立法的绝对服从则是对法律本原的一种验证,或者说法律本原的必然派生。与之不同,形式公正模式中对现行立法的遵守并不基于对法律本原的考虑。内含于这种模式之中的逻辑或机理是:诉讼程序既然是由司法组织适用法律解决社会冲突的过程——这也是诉讼程序同其他手段解决冲突过程相区别的根本标志,那么,对现行法律的遵行只是服从诉讼这一实践的本质而已。同时,形式公正模式并不承认“合法性自然具有正义性”的命题,它强调对现行立法秩序和立法效力,而非法律正义的尊重。

(三)实质的公正

实质公正是形式公正的进一步延伸。与形式公正相同,实质公正并不着意于立法是否符合正义的要求;但与形式公正所不同的是,实质公正不仅注重法律规定的形式含义,而且注重法律的实质意旨。

实质公正模式下,对法律适用的具体态度可以表述为以下方面:

第一,重视对立法本旨的探究,而并不拘束于规范条文的字面表述。一般来说,立法规范的条文表述,应当是立法本旨的符号现象。但是,无论是法典中的条文,还是判例中所援用或体现的具体规则都有可能偏离立法的本旨。这不仅根源于人类文字在表述思想过程中所无法避免的缺陷,还缘于立法过程的多个环节容易使立法者的真正意旨失真。〔19〕至于对作为法律规范的文字符号的不同理解更是一种极为普遍的现象。现今时兴的学科之一解释学以及作为它的分支的法律解释学正是在这种现象基础之上产生的。因此,在形式公正模式中,对立法的服从应当指对立法本旨的遵循。丹宁就一再强调,法官的任务在于找出立法者——国会的意图。〔20〕对于立法规范来说,某些条文的意蕴较为清楚,同立法本旨的相符程度甚高,而另一些条文则相反,通常需要经过一定的分析和理解过程才能恰切地把握。在司法程序中对立法本旨的探究主要是指后一种情况。

但是,探究立法本旨不是指由司法人员主观地猜测立法者制定某

---

〔19〕人们常常把立法规范的起草者(通常为法学家)视为立法者,这是十分错误的。立法规范的起草者的作用仅是表述立法者的思想。

〔20〕参见[英]丹宁著:《法律的训诫》,杨百揆等译,群众出版社1985年版,第7页。

一规范的心理状态和主观目的,甚至也不指司法人员分析制定具体规范当时的社会情境。探究立法本旨的基本内容在于司法人员适用法律规范时,考虑整个立法的基本任务、基本原则,亦即根据立法的基本任务和基本原则来确定具体规范的实际内涵,并将之适用于对具体冲突的解决。一般来说,立法的原则能够较为直观地体现立法的本旨。因为"原则是用来进行法律论证的权威性出发点。"[21]从立法适用的规则看,原则通常并不能直接被援引为具体案件的判决依据,但是,原则的价值就在于它能够为执法人员提供推测立法本旨的依据。因此,可以认为,在法律适用中对立法原则或立法基本任务的注重就是对立法本旨的尊重。

第二,在法律规范之间内容不相一致,甚至彼此对立的情况下,既注重各种不同性质规范的效力层次,又考虑规范对具体冲突情境的最适用性。不管是大陆法系,还是英美法系,法律的渊源都是多重的。任何社会中都无法避免和杜绝由不同法律渊源以及不同立法背景所带来的立法内容在个别场合下彼此矛盾的现象。解决这一难题的技术(但不仅仅是技术)手段主要是规定不同法律规范的效力层次。如宪法规范的效力高于一切制定法;而特别法律的效力又优于普通法。在大陆法系中,法典、法规、法令以及其他规章、规则的效力地位都不一致。因此,在实质公正的模式下,当适用于同一事实的法律规范之间的内容彼此龃龉、互相矛盾时,司法者对规范适用的选择首先应当考虑的是规范本身的法定效力层次,特别是尊重宪法这一根本法的规定,同时注重特别法规定的特殊规范力。在规范效力层次相同,而内容相悖的情况下,对具体情境的最适用性则是规范适用选择的基本依据。在判例法体制下,具体情境的最适用性容易通过冲突事实同既往判决事实的比较而

---

〔21〕[美]罗斯科·庞德:《通过法律的社会控制》,第24页。

得到确定。但在实施成文法的环境中，则需要具体分析各规范的实际内涵以及冲突事实的本质，并参照法律原则的要求，在规范与冲突事实之间找出最佳的对应。

第三，严格地将冲突主体的处分行为限制在法律所许可的范围之中。基于对立法规范要求的绝对尊重，实质公正模式在倾向上并不支持或鼓励冲突主体的处分行为，更不允许超出法律规定的范围而实施处分。

冲突主体在司法程序中对权益作出一定的处分，常常是冲突化解的捷径。从权利主体角度看，恰当的处分行为是其在诉讼程序中实施（往往表现为放弃）权利的特殊表现形式。然而，从法律秩序的总体要求看，权利的处分并非是一种理想的行为。这是因为，在权利的处分背后往往相应存在一种不恰当欲望得到合法形式满足的事实。问题并不在于个别权利未得到实现，而在于过多的处分行为无疑会降低违法侵害权益行为的机会成本，客观上对这类行为产生鼓励作用。虽然权利的本质（可行使可不行使）排除限制主体处分自己权益的可能，但理想的权利秩序决不把放弃权利作为权利行使的最佳方式。至于主体的违法处分行为（包括规避法律的处分行为）更为法律秩序的要求所不容。因此，依照实质公正的宗旨，司法者在司法过程中虽然不限制冲突主体的合法处分行为，但并不倡导这种行为，甚至不过多地为冲突主体提供实施这种行为的程序机遇。或许从另一角度上看，这有可能损害权利主体行使权利的意志，但诉讼实质公正模式的立足本位是既定的法律秩序，而非个人权利。

（四）主观的公正

主观的公正，是指冲突主体对于冲突事实的真实感受和自认正当的权益要求与诉讼裁决结果（包括诉讼内和解与调解结果）相一致。

对具体诉讼公正与否、感受最为深刻的是置身于诉讼之中的冲突主体。与前三种模式不同,主观公正的实现虽然在一定程度上与诉讼裁决结果合于正义、合于立法相关,但并不同一。即便是合于正义或合于立法的裁决也可能受到冲突主体的否定评价。不仅如此,冲突主体各方对诉讼公正的认识也不尽一致。一方视为诉讼公正的根据,或许正是另一方诅咒诉讼不公的原由。权益要求的对抗冲突往往演化为对诉讼裁决结果公正与否的不同评价。冲突各方对诉讼公正共同予以肯定的情况并不具有普遍意义。因此,主观公正是以主体一方的主观认识为基础的。

冲突主体对诉讼公正的主观判断产生于两个方面:第一,诉讼裁决对事实的认定与冲突主体感觉中的冲突经历相一致。这种经历并非指冲突客观真实的事实过程,因为主体的感觉并不等于,至少不完全等于客观真实。主体反映和认识过程中的缺陷,尤其是在对抗情绪下所形成的感觉,容易出现倾向性的偏差。另外,这种经历又不完全等同于冲突主体在诉讼程序中所作的事实陈述。诉讼过程中故意作出虚假陈述的情况并不影响冲突主体在心理上对裁决所认定的合于其真实感觉的事实的接受。第二,诉讼裁决中实体权益的处置结果与冲突主体自认为正当的权益要求相吻合。同样,这种权益要求既非客观正当的要求,也并不完全等同于冲突主体在诉讼中通过诉讼文书或其他形式所表述出来的权益要求。

在这两方面中,后者对冲突主体"公正"判断的形成更为重要。因为冲突主体所关注的主要方面依然是自己在诉讼裁决结果中的权益地位。除了个别情况外,裁决所认定事实的正误(尤其是次要事实认定的正误)只有在与权益裁决结果联系起来认识,才会受到特别的重视。对实体权益的满足使得冲突主体往往并不顾及裁决所认定事实中的某些不实之词。可以用于证明的实例是:极少有对实体裁决部分表示认同而仅就事实表述不当提起上诉或申诉的。相反,对事实认定的异议总是被用于佐证实体裁决的不公。但是,在冲突主体对实体裁决的法律根据不够谙熟或缺乏了解的情况下,裁决认定事实与冲突主体主观感觉的一致,也容易导致冲突主体对错误的实体裁决的盲目认同。特别是在涉及法律规则较多,法律关系较为复杂,或者法律适用的选择幅度较大的诉讼中,这种“饰误”效应更为突出。这主要是因为,对有关冲突事实认定的正误,冲突主体凭借自己的实际经历即可作出评价,并且主体对自己的感觉通常都有很高的自信程度。与之不同,对裁决的实体内容,冲突主体往往由于缺乏必要的法律知识,只能凭借自己对实体上的权益得失的感觉以及依靠其作为社会一般成员而从个别判例中获得的经验加以权衡。对裁决认定事实的服膺很容易转化为对实体裁决内容公正的首肯,即便裁决内容中包含着实际的不公。不仅如此,对司法者品格的信任或对其权威的尊崇还可能进一步强化这一倾向。正由于诉讼的主观公正产生于冲突主体的主观感受,因此,冲突主体的律师以及司法者的劝导、解释、支持或怂恿都起能够到重要作用。特别是对于直接受托于冲突主体,并为委托者所信赖的律师来说,他们对诉讼公正与否的主观评价在相当大程度上接近,甚或等同于冲突主体的感受。即使在两者不相一致的情况下,律师的意见也会对冲突主体产生重要感染,并影响着冲突主体的有关诉讼行为(如提出上诉或不上诉)以及对待诉讼裁决的态度(对抗或服从裁决的履行)。在这方面,英美法系的律师由于通常把委托人的利益视为最高行为功利,且受委托利润的驱使,因而对作为委托人的冲突主体影响更大。相对来说,“倾向于保持具体的职业价值与事务委托人价值之间区别”的德国等大陆法系律师由于极少被委托人所认同,[22]因而能够产生的作用也略为逊色。

---

〔22〕 参见[英]科特威尔:《法律社会学导论》,第210~220页。

从形式上看,诉讼主观公正的价值是较低的。但是冲突主体对诉讼公正的感知所产生的影响却是不应忽视的。本章前面所表述的诉讼公正对于消除冲突对抗的效应,正是以冲突主体对诉讼"公正"的主观感受为前提的。不仅如此,对若干诉讼公正的主观认识,能够积累为一种普遍性的社会评价,进而形成一种具有信念价值的共识,并因此使社会统治的整体威望得到提高。

(五)过程的公正

过程的公正是最直观意义上的程序公正。过程的公正意味着在整个诉讼程序中公正地对待作为当事人的冲突主体,保证冲突主体能足够和充分地表述自己的愿望、主张、请求的手段及行为空间。如果说诉讼公正的前述几项模式的主要立足点在于诉讼裁决结果,那么,过程公正模式所注重的则是诉讼活动过程本身。过程公正既产生于立法上对冲突主体必要权利的充分肯定,更与司法者在程序中为冲突主体所创造的实际境遇相关。

过程公正的意义在于冲突主体在诉讼过程中具有平等的地位。"平等是空间上的,而不是时序上的",平等是在一主体与其他主体的境遇比较之中被感知的。在任何多主体的社会行为中,公正都与平等直接相联系,或者说平等在很大程度上体现着公正。

诉讼过程在一定意义上可以被视为冲突在特殊空间的延续,冲突主体的诉讼行为是一种特殊的对抗方式。为了保证这种对抗不至受冲突主体的社会身份、支持者的人数以及其他因素的影响,就必须赋予各方相同或者相对应的手段。相同的手段指各方可以行使的共同诉讼权利,既包括各方可以同时行使的权利,如为证明自己主张而提出证据的权利,也指某些共同的权利机遇(一方行使后则排除另一方行使,如民事诉讼中的起诉权);对应的手段则指为抗辩或其他需要而与他方行为相对应的手段,如针对起诉权的答辩权、反诉权。

从保障平等的要求出发,首先必须在程序立法中把握两个基本点:一是有利控诉;二是不歧视被告。有利控诉并不意味着偏护控诉方,因为在“不告不理”的制度中,控诉的机遇是均等的。实体权益享有者固然有更强烈的控诉愿望,并且能够为实践所证明的是,由于控诉方多为实体权益享有者,因而其胜诉的概率通常高于被控诉方,但是实体权益的侵害者或者实体义务的承担者同样具有控诉的动机。不歧视被告的原则既为实践所需要,也有观念方面的意义。无论是在对抗制诉讼,还是在质问制诉讼中,通常都有将被告推测为不当行为实施者的倾向。“有罪推定”就曾广泛实施于封建司法程序之中,刑讯逼供制度或现象正是“有罪推定”原则的实际体现。即使在民事、行政程序中,对被告行为正当性的否定估计一般也甚于对原告的推测,因为原告胜诉率较高已成为人们的一种生活体验。因此,程序设计中不歧视被告,甚至在某种意义上给予被告更为充分的抗辩手段,这是体现诉讼过程中冲突主体平等的必然要求。

除了在程序立法中为冲突主体设定平等的地位外,司法者在诉讼程序中还应力求为冲突主体创造一种平等的境况。这主要体现在保证冲突主体法定权利的行使。诉讼中冲突主体的法定权利有两种类型:其一,非经司法者许可由冲突主体自己决定行使,并直接产生法律后果的权利,如上诉权。其二,需经司法者斟酌和许可,受司法者意志制约,不能直接发生某种法律后果的权利,如诉讼保全请求权、先行给付请求权等。此外,某些法定权利的行使也需要司法者安排一定的机遇,如主体在庭审中的答辩,依法庭规则需要在审判主持者的安排下进行。诉讼权利行使的这种特殊性给予司法者较大的自由斟酌余地。司法者的任何偏向或疏忽都可能使诉讼过程失于公正。不仅如此,由于对司法者这种斟酌行为的正误通常缺乏明确的判断依据,冲突主体也不具备足以改变司法者相关决定和行为的对抗手段,因而,司法者的良好意识以及行为过程中的慎重对于保证冲突主体的平等,从而体现诉讼过程的公正尤为重要。

尽管冲突主体的平等地位可以通过赋予不同主体相同或相对应的诉讼权利来体现,但在任何条件下,诉讼过程的平等也仅具有形式意义。这主要同冲突主体参与诉讼活动的实践能力相关。主体对法律知识的掌握程度,收集证据的能力,表达事实的能力以及法庭辩论的技巧等都对其在诉讼对抗中的力量产生影响。是否延请律师以及律师的尽责程度和职业水平更是决定诉讼对抗力量的重要因素。由此所反映出来的主体对抗力量的强弱,将实际造成主体间在程序中的不平等。此外,对某些诉讼手段运用的主动程度的差异也可能使主体的平等地位发生实质性变化。例如,请求回避权、请求诉讼保全或先行给付权、申请强制执行权、上诉或再审申请权等权利行使与否,客观上将使主体实际享有权利的多寡产生差异。而在许多情况下,放弃这些权利对于冲突主体来说并非是因为没有行使的必要,纯然是因为对抗的主动性不强。

刑事诉讼过程的公正,除了自诉刑事案件外,一般都不是通过冲突主体的平等来体现的,因为立法并不认为国家公诉人与被告处于完全平等的地位。公诉人与被告也不是一般意义上的冲突对抗主体。即使在实行对抗制诉讼的英美法系国家中,检察官与被告之间的不平等也是为实践所认可的。因此,刑事诉讼中的程序公正主要体现在给予被告人和被害人以恰当的境遇。被告人恰当的境遇可以概括为:(1)人身强制措施具有充分的根据,并且措施的选择与实际需要相符,尽可能采取强度较低的措施;(2)杜绝任何为获取口供为目的的体罚或其他间接性惩罚手段;(3)在拘禁中提供基本的生活待遇和一定的行为自由;(4)尊重被告的基本人格,不对其施加侮辱性行为或语言;(5)给予其真实的陈述,并证明事实和反映要求的机遇和心理环境;(6)允许并支持被告聘请律师或其他人为其作辩解;(7)提供不服终审前实体或程序裁决而申辩上诉的机会,以及给予其不服终审裁决的申诉或请求再审的手段。对被害人,程序公正则体现在:(1)允许被害人或者在法律上具有代表被害人资格的人通过恰当的手段协助被害人进行控诉;(2)尊重被害人的名誉,避免诉讼中对被害人人身和人格权的进一步损害;(3)为被害人提出并证明其赔偿要求提供手段和条件。

严格来说,刑事诉讼中诉讼过程的公正还应包括侦查、检察权的充分行使,甚至还包括上级法院公正地对待下级法院的司法审判行为(在其他类型的诉讼中也应如此)。在刑事诉讼中,侦查、检察人员既是程序公正的主持者,从而对保证程序公正负有职责,同时又应是程序公正的受益者,需要在程序活动中受到公正的对待。

诉讼公正的上述不同模式体现了诉讼在不同视角中的某种理想状态。事实上,尽管不同模式的侧重点不同,但主要效应是重合的。实践中,对诉讼公正的追求并不受制于某一先验的模式,对个案公正程度的评价也不藉助于这些模式的参照。然而,不容否认的是,这些模式的主要内涵已深深地溶化在现代法律意识之中,并深刻影响着社会成员的社会观念。这些观念又反向对诉讼制度的不断进化和完善产生积极影响。

三、诉讼公正的实现

在对诉讼公正的论述中,事实上已经比较多地涉及了诉讼公正的实现问题。因为诉讼公正的判断依据或具体形态都是通过直观的实践行为表现出来的。西方法学家通常也将诉讼公正的标准同实现手段结合起来加以考察。戈尔丁认为诉讼公正的标准,亦即实现途径同下列三个方面、九项规则相联系:

第一,中立。包括:

(1)任何人不能作为有关自己案件的法官;

(2)冲突的解决结果中不含有解决者个人的利益;

(3)冲突的解决者不应有对当事人一方的好恶偏见;

第二,冲突的劝导。包括:

(4)平等地告知每一方当事人有关程序的事项;

(5)冲突的解决者应听取双方的辩论和证据;

(6)冲突的解决者只应在另一方当事人在场的情况下听取另一方的意见;

(7)每一当事人都应有公平的机会回答另一方所提出的辩论和证据;

第三,裁决。包括:

(8)解决诸项内容需应以理性推演为依据;

(9)推理应建立于当事人作出的辩论和提出的证据之上。〔23〕

戈尔丁所列举的这些规则大致可以反映诉讼公正的一般标准和实现手段。然而,列举的规则即便再详尽,也无法综合而全面地反映诉讼公正的实现途径。对诉讼公正的实现在理论上或许仅能提出一些原则性的方向。我认为,诉讼公正的实现决定于这样三个要素:冲突事实的真实回复;司法者中立的立场;对冲突主体合法愿望的尊重。

(一)冲突事实的真实回复

不难发现,戈尔丁关于诉讼公正的标准都是围绕主体行为而展开的,而并没有直接涉及诉讼活动的核心内容——查明冲突事实的实际发生过程。事实上,如果脱离对冲突事实真实状况的揭示,诉讼公正就失去了事实前提。真实地回复冲突事实的过程与经历,是实现诉讼公正的首要条件。

---

〔23〕 参见[美]马丁·P. 戈尔丁:《法律哲学》,第 240 页;张文显:《当代西方法律哲学》,吉林大学出版社 1987 年版,第 204 页。本书引用时参考了戈尔丁著作的原文。

更具体地说,真实地回复冲突过程的意义在于两个方面:一方面,为法律的适用提供确定的事实情境,因为一定的法律后果必须以相应的事实情境为形成前提。没有确定的事实情境,也就失去了法律适用的对象。另一方面,更为重要的是,冲突的形成常常缘自于主体之间对冲突事实的认识和主张上的差异,对事实的不同认识本身就足以构成冲突的全部内容。不仅如此,强烈的利己动机常常使冲突主体自觉或不自觉地用虚假陈述来掩饰事实的真实过程。冲突主体所描绘出的往往是虚假或彼此矛盾的事实图像。这也要求回复冲突事实的过程具有辩伪的功能。

从哲学意义上讲,时间的不可逆性决定了任何事实都无法完全恢复其原始状态。但是,事实过程在特定环境中所留下的痕迹,包括通过经历者感受所形成的印象,依然可以为再现这一过程的主要内容提供凭借。科技发展所形成的视听和其他手段,更增加了人们再现既往事实过程的能力。诉讼过程中对冲突事实的回复正是建立在人类这一能力之上的。

真实地回复冲突事实过程决定于三个要求:其一,以形象或符号反映冲突事实过程的物质性证据的充分和可靠。形象和符号所蕴含的意义越清晰,越是能够直接反映冲突事实的主要过程,其证据价值就越高。其二,冲突主体在诉讼过程中的陈述、辩解以及彼此间的驳诘。尽管主体的言辞表达能力以及辩驳技巧能够产生一定影响,但以真实事实为依托的陈述、辩解或驳诘往往更具有逻辑力。同时,掌握真实事实的主体一方所具有的心理基础和正气,也能够强化其陈述、辩解或驳诘的份量。其三,司法者的正确判断。从实际效果看,司法者的正确判断尤为重要。内容相悖的证据材料的取舍、对冲突主体事实主张的认可与否定,都决定于司法者,尤其是法官的认识和行为。在一定意义上说,诉讼裁决中所描绘出的冲突事实,实际上总是法官以一定证据为基础而形成的主观感觉。回复冲突事实的真实程度,决定于法官这种感觉对证据基础的偏异或贴近。

对诉讼中冲突事实回复问题需要进一步把握:

第一,需要回复的是有特定法律意义的冲突过程中的某些事实,而并非冲突自始至终所出现的一切事实。同一过程中的诸多事实在不同观察角度和认识目的中价值并不相同。诉讼所关注的是与冲突的特定性质相联系,且具有法律意义,适合法律规定中某一特定情境的事实。对事实的摄取通常以符合产生某一法律后果的确定构成为依据。诉讼理论中用“证明对象”或“待证事实”来表述与冲突过程全部事实的外延并不相同,但属于其中一部分的事实内容。

第二,在诉讼中所回复的冲突事实并不完全等同于实际冲突事实。尽管诉讼公正从本质上要求完全真实地回复冲突事实的原始面貌,但由于诉讼中回复事实的过程主要是通过证据活动来体现的,而证据活动又直接同冲突主体及司法者的证明责任和证明能力相关,因此,证明责任的履行情况和证明能力的强弱直接关系到所回复的冲突事实与冲突事实的原始状态相符的程度。证明责任(包括举证责任)的分配并不是以冲突主体或司法者实际感知冲突事实过程的程度为根据的,而是从法律机理或事实逻辑出发作出的推断。“谁主张事实谁举证”即是以法律机理为根据而确立的一般原则;而在产品责任等诉讼中的“举证责任倒置”,或一般诉讼中适用的“主张消极事实者不负举证责任原则”则体现了事实逻辑。实践中,冲突主体或司法者的证明能力受制于多方面局限,而一旦这种能力与其在法律上所应负的证明责任不相符合,相应的事实主张则不能得到认可,即便所主张的事实确实存在过。最常见的案例是:一个债权人因无法找到充分的证据而不能证明同债务人存在过债权债务关系,则债权人所主张的事实不为判决所认可。这种现象或许会引致“不公正”的非议。但是,相反的驳诘是:

在债权人不能证明债权关系确实存在过,亦即不能用证据来回复冲突事实的事实过程的情况下,认可其事实主张将更失之于公正。在这方面,公正的要求仅体现于“谁主张事实谁举证”以及其他证明责任的原则对于一切主体来说都平等适用;同时,法律为各主体所提供的证明手段同其证明责任的要求相适应,而无法保证事实上的绝对公正。

第三,回复冲突事实过程并不能直观地再现冲突主体在冲突中的主观动机和情感状态。包括诉讼在内的任何再现既往事实的活动都只能是粗糙的。作为适用法律重要因素的冲突主体的主观动机和情感状态,如故意或过失,实施某一行为的实际追求以及冲突行为对被害人心理所造成的伤害等,都无法直观地得到再现。诉讼对冲突主体主观状况的认定只能借助于一定的客观事实加以推断,在不能以其他特别有效的证据给予反证的前提下,常识、经验和逻辑对于这种推断起着决定作用。例如,根据行凶者所使用的工具、实施的部位而推断其行为的目的在于剥夺受害者生命而不是侵害身体健康,或者相反。又如根据主体的社会阅历或特定职责身份,推断其是否应当预见某种行为所可能发生的后果,从而确定其是否具有过失。

总体上说,在诉讼中所回复的只是法律意义上的事实,而非原始状况的实际事实。后者如果不通过一定的法律形式加以体现就不产生法律上的后果;而前者则是事实因素与法律推理共同结合的产物。诉讼中所回复的冲突事实必须符合于法律形式上的规定,并且受制于法律的评价,在此基础上所认定的在法律上“真实”的事实,就是程序公正所仰赖的冲突事实。

(二)司法者的中立

司法者中立原则的确立同诉讼现象一样悠久。无论是仪式化色彩十分强烈的古罗马诉讼实践,抑或《尚书·吕刑》中所描绘的“两造俱备,师听五辞”的中国古代诉讼格局,司法者的中立至少在形式上一直是诉讼的基本特征。对抗主体各置一端,而法官居中的法庭几何结构,也直观而形象地表明了法官的中立地位。中立与公正在诉讼程序中几乎具有相同的意义。

戈尔丁把司法者(冲突解决者)中立的标准建立于司法者与冲突的事实过程以及冲突解决的后果没有任何直接或间接的利害关系。强调事实和利益上的非关连性对于保持司法者的中立无疑是必要的。然而,事实和利益的非关连性并不是司法者保持中立的充分必要条件。影响司法者行为动机的因素决不仅限于事实或利益上的联系与否。对行为心理规律的研究表明,决定主体行为态度和行为倾向的因素还包括主体的价值取向、社会政治见解、禀性情操、情绪感觉等〔24〕。司法者直接置身于冲突解决过程之中,不能不受到冲突事实及主体情绪的感染,并由此形成某种情感倾向。同样,司法者的价值取向和社会政治见解也对其在诉讼中的思维和行为产生一定影响。因此,司法者中立的实现不仅决定于他同冲突事实和利益的非关连性,而且也必须使其个人的价值取向、情感等因素不产生偏异倾向。

司法者中立的具体标志有三个方面:其一,在对冲突事实全面了解和掌握前,不对冲突及解决方式形成先验的结论或倾向;其二,对冲突主体各方的请求或主张予以相同的重视;其三,在了解冲突事实过程中所形成的义愤、同情或其他情感不直接体现在对冲突事实的解决之中,尤其不表现为诉讼过程中对冲突主体一方的歧视或偏爱。

但是,没有理由将司法者的中立理解为在任何诉讼中对冲突主体各自的请求或主张做折中的裁决。事实上,司法者的中立只是表明司法者不能毫无根据地或者基于某种不正当、不恰当的原因和理由而偏向或歧视冲突主体一方。司法者的中立立场与法律的立场必须保持一

---

〔24〕 对法官职业行为的分析,参见本书第五章。

致，依照法律给予冲突主体一方的否定或肯定评价丝毫不影响司法者的中立立场。不仅如此，司法者的中立性也不排斥给予某些冲突主体特别的程序救助手段或者为冲突主体提供行使诉讼权利的帮助。例如，给予请求支付赡养费的生活无着者以先行给付的裁定；为聋哑被告提供翻译；为未成年被告指定辩护人，或者提示或告知某些冲突主体行使其应行使的诉讼权利，不致使其失却可运用的诉讼手段。司法者的这些行为不应被视为中立性的丧失，相反，恰恰是维护程序公正的必要措施。最后，司法者的中立性与其在诉讼过程中对冲突各方或一方作劝导性调解和说服的行为也不相左。每一起诉讼中，司法者对各冲突主体作劝导性调解和说服的偏重是不一致的，而且，调解和说服在技巧上往往还要求司法者假借一方的立场而对另一方作劝导与说服。总之，对司法者中立立场的理解应同其法律职责和诉讼程序活动的特点结合起来，而不能停留在中立的表象意义上。

（三）对冲突主体合法意志的尊重

前已述及，对诉讼公正的评价在一定意义上依赖于冲突主体的主观感受。同时，冲突的解决过程又直接受制于冲突主体的意志，主体对诉讼实体结果的认同是诉讼公正的判别标志之一。因此，在冲突过程中对冲突主体合法意志的尊重也是实现诉讼公正的重要方面。

对冲突主体合法意志的尊重首先体现于冲突主体合法的程序行为有充分实施的自由，包括：其一，冲突权利的行使与放弃取决于冲突主体的自愿；其二，有关特别诉讼程序或诉讼手段适用的请求，在符合法定条件的前提下，得到司法者的充分许可；其三，冲突主体以及他们之间有关改变冲突解决方式或程序的要求或合意，如果不与法律的明确规定相违背，也能够得到司法者的支持。从立法比较角度看，英美法系中冲突主体的意志对冲突程序的进展与存续影响较大，而大陆法系国家的立法则把程序进展与存续的决断权更多地交给司法者。这种差异既根源于不同的司法传统,也与社会文化相关。近几十年来,英美法系国家诉讼中当事人滥用诉讼权利、缠讼或规避诉讼义务的现象已引起了社会的许多抱怨,而大陆法系国家司法者过于专断的现象又招致了广泛的批评。融合两大法系的特点,消除各自的病弊已成为程序改革的重要内容。此外,相比之下,各国立法对刑事诉讼被告人、被害人控制或影响诉讼程序能力的限制远比对民事诉讼中当事人的限制突出。

尊重冲突主体的合法意志其次又体现于冲突主体解决冲突的合法的实体处理意向与要求能够得到司法者的承认。民事诉讼中,冲突主体之间自愿达成的和解协议在不损害第三者和社会利益的前提下应当得到批准,冲突权益享有者依法处分的行为也为司法者所认可。在刑事诉讼中,被告通常无权选择自己所接受的制裁,但被告具有充分事实和法律根据的无罪或罪轻的主张,也应受到法庭的重视。行政诉讼中,由于被告的行政权力具有不可放弃的性质,因而被告通常不能处分自己的实体权利,但这并不妨碍其在诉讼过程中认诺控诉者的某些实体主张。至于控告者放弃或行使权利的意志,一般都应得到尊重。

自然,无论是冲突主体对于程序行为的意志还是实体处理方面的愿望,都必须以合法为基本前提。现行立法的规定是主体意志的效力界域。诉讼公正的要求从根本上否认冲突主体任何违法主张的实际效力,包括冲突主体间规避法律所形成的合意。

第四章　诉讼成本与诉讼效益

如果说公正是诉讼的最高价值,那么效益或许应被视为诉讼的第二价值。

对法律效益的重视是近几十年来西方法律学的重要趋势。这一方面是因为资源优化配置越来越突出地成为人类社会生活的根本主题,另一方面也同西方法律学与经济学的融汇以及在此基础上法律经济分析方法的运用直接相关。当“帕累托最优”、“交易成本”以及“投入产出”这样一些经济范畴被怯生生地引入对法律现象的分析时,曾引起一些法学家们的愠怒。然而,法学固守罗马法文化遗产而孤芳自赏的时代毕竟已经过去,法律同社会经济生活的密切联系使其无法回避经济功利规则的支配。现今,“以效益作为法律分配权利和义务的标准”已不再仅仅是个别学者的一种倡导,而已融入现代立法精神之中。实在法以及法律行为和活动也更多地受制于效益评价。尽管在法学理论中对法律经济分析方法的争议尚未平息,但美国著名法理学家艾克曼(B. A. Ackermen)

的中肯评价差不多代表了西方法学界的共识:“这种思想路线(指运用效益原理解释和评价法律制度的思想路线——引者)提供了一个分析结构,使我们能够对由于采用一个法律规则而不是另一个法律规则的结果而产生的收益的规模和分配,进行理智的评价。这种分析是特别重要的,因为它常常揭示出,法律规则的潜在影响可能与推动制定该规则的立法机关或法院的目标(至少在表面上)不大相同。所以,只要不把经济学作为唯一的评价原则误用,而是理智地运用它,就能使学生揭开修辞学的帷幕,抓住躲在法律问题背后的真正的价值问题。”[1]因此,在对诉讼程序的公正作出探讨后,需要进一步涉及诉讼成本与效益问题。

一、投入产出:诉讼所无法回避的规则

决定人类社会行为选择的根本因素,在于预期与估计中的行为结果在功利上(不单纯是经济功利)大于实施行为所支付的代价。社会发展的进步性体现在这种预期与估计越来越借助于科学与理性,而不简单依赖悟性与经验。同时支配行为的动因也越来越脱离原始和低层次功利。不仅如此,对个别行为代价与效果的权衡也逐步转向对全社会行为或者全社会个别行为之间代价与效果的相互影响的分析。个别行为的代价与效果被置于社会总体评价体系之中。这种进步性首先反映在经济生活之中。经济行为代价与结果的可计量性以及功利结构的单一性为直观地进行分析,从而作出合理选择提供了条件。由此进一步形成了经济理论中的基本范畴:投入与产出。

作为人类特定实践的诉讼,无论是在客观上,还是在冲突主体以及

〔1〕[美]艾克曼:《财产法的经济基础》,1975年版,第14页,转引自张文显:《当代西方法哲学》,第263~264页。

统治者的主观认识中,都是一项能够产生一定效果,同时又需要支付一定代价的行为。但是,或许是因为诉讼在维护正义方面的功能过于突出,人们往往热衷于对诉诸审判的社会冲突作伦理、政治和情感上评价,而忽视对诉讼耗费与实际收益之间关系的分析。然而,当人们的思维不仅仅局限于个案诉讼中谁胜谁负,而进一步思考主体在诉讼中付出了多少而又得到了什么,当社会不再完全无视解决冲突的物质代价时,不难统一的认识是:投入产出——诉讼所无法回避的规则。

对投入与产出的评价是以不同主体为本位的。因此,对诉讼的投入产出评价,必须具体地分析冲突主体的诉讼成本与效益、国家(社会)的诉讼成本与效益以及它们对主体行为的影响。

(一)冲突主体的诉讼成本与效益

冲突主体的诉讼成本与效益主要涉及两个价值体系:一是经济价值体系,亦即诉讼中的经济成本与经济效益;二是伦理价值体系,[2]亦即诉讼中的伦理成本与伦理效益。

在经济价值体系中,构成经济成本的因素有:(1)支付法院的诉讼费用(包括诉讼规费或案件受理费和其他诉讼费用);(2)延请律师或其他代理人支付的报偿;(3)参与诉讼活动所作出的物质支付和时间耗费;(4)搜集证据的费用或请人作证所作的工资支付;(5)共同诉讼或集团诉讼中为形成整体控告或抗辩力量而榷商所作出的花费;(6)由诉讼保全、先行给付、假扣押、假处分以及被查封、扣押、冻结等强制措施的实行所作出的花费或直接与间接利润和利息损失;(7)强制或非强制执行所支付的费用;(8)其他与诉讼活动直接相关的费用。相比之下,构成经济效益的因素则较为简单:(1)由诉讼裁判所确定能够实

---

〔2〕 事实上,不仅限于伦理价值因素,这里姑且舍象其他因素,用伦理来概括非经济价值的各个方面。

际执行的实体财产利益。既包括财产补偿或财产权利回复所得利益,又包括在罚金、违约金等其他惩罚性制裁措施中所得到的利益。这部分为正效益(效益)。(2)诉讼裁判所确定的实体财产义务,包括补偿义务和惩罚义务,以及蕴含于其中的可得利因素。这部分为负效益。

冲突主体的伦理价值体系中,成本因素包括:(1)因诉讼的发生而使冲突事实晓于社会一定范围之中,基于社会对冲突事实的一般消极评价而导致的名誉损失。这一成本并不取决于冲突主体各方的正义基础,只要诉讼发生,成本即发生。(2)在诉讼中,因受对方正当或不正当的控告、驳诘、攻讦而受到名誉损失。伦理效益因素包括:(1)负效益:诉讼裁判对于主体事实主张或权益要求的否定评价或部分否定评价而形成的名誉损失;为履行裁判所确定的义务而波及其他主体,由此产生的名誉损失。如为返还已经售给他人的非法侵占物而终止先前的买卖契约,由此所带来的信誉损失。(2)正效益(效益):主要指在诉讼过程中,陈述自己的正当、合法主张和要求以及在胜诉后这种行为和主张在法律上、道义上所得到的认同与赞誉。此外,主体在诉讼中利他性的处分和公正的承诺也是其获得伦理效益的重要因素。

与经济价值体系不同,伦理价值体系中成本和效益因素的确定性极低。这是因为,伦理的价值很大程度上取决于知晓冲突的社会范围和相关主体的道德评价体系。同时,社会对冲突主体冲突行为的伦理评价,常常还同既往对冲突主体的主观印象相联系,对主体在冲突中行为的肯定或否定评价分别能够强化或淡化其先前建立的积极或消极印象。同样,先前的印象又会反向强化或淡化对主体冲突行为的伦理评价。不仅如此,伦理性成本和效益还同冲突主体自身的感知相关。对自身行为感知的强烈或淡漠直接关系到伦理成本或效益的高低。

伦理价值体系与经济价值体系是密切联系的。在多数情况下,伦理成本或伦理效益与经济成本或效益是同向的。例如,冲突主体获得胜诉即可以获得经济效益,同时也得到伦理效益。反之,败诉所导致的结果是冲突主体经济和伦理负效益的同向增加。但是,在一些例外情形下,经济成本效益同伦理成本或效益则呈彼此消长状态。例如,实施权益处分的利他行为能够为冲突主体赢得伦理效益,但处分行为中放弃权益的结果则使主体经济效益降低。

因此,冲突主体诉讼的综合效益在不同情况下则表现出以下几种函数关系:

条件(1)经济成本高:

结果(1)A. 经济效益高;经济负效益降低;

B. 伦理效益高;伦理负效益降低。

条件(2)经济成本低:

结果(2)A. 经济效益低;经济负效益高;

B. 伦理效益低;伦理负效益高。

条件(3)伦理成本高:

结果(3)A. 经济成本高;经济负效益高;

B. 伦理效益低;伦理负效益高。

条件(4)伦理成本低:

结果(4)A. 经济效益低;经济负效益低;

B. 伦理效益高;伦理负效益低。

例外:条件:伦理收益高;结果:经济收益低;

条件:经济负收益低;结果:伦理成本高、伦理负效益高。

毫无疑问,这些函数关系的成立需要一系列假定前提。首先,假定冲突主体在诉讼过程中的经济投入(包括物质和人力的投入)能产生有利于自己的裁判(包括增加经济和伦理效益或减少经济负效益和伦理负效益),并且,在一定的阈值内,这种投入越多,所作出的裁判就越为有利,反之亦然。其次,假定伦理的感知和评价环境是一致的,亦即对不同冲突的诉讼过程以及诉讼结果知晓范围和道德评价体系以及冲突主体的自我感受状况相同。最后,假定所有诉讼的裁判都能够得到实际执行。显然,在现实生活中,这种假定前提都不可能同时存在。在这种设定的纯粹、典型环境中所进行的分析,旨在揭示冲突主体诉讼成本与效益的一般关系。

不难发现,我对冲突主体诉讼成本与效益关系的分析舍象了刑事诉讼因素,或者说这种分析并不能完全适用于以公诉程序形式出现的刑事诉讼。在刑事诉讼中,作为被告人的冲突主体,同样存在诉讼成本与效益问题,且效益通常均为负值。其价值体系所涉及的主要是经济、伦理成本以及包括伦理在内的人身,甚至生命的负效益。某些情况下,也包括经济负效益。舍象刑事诉讼因素也许降低前述分析方法的意义,但是,作出这种舍象同投入产出的分析目的相关。对成本与效益或者投入产出的分析是为主体行为选择提供依据的。因此,只有在主体具有实施行为的选择自由的情况下,这种分析才有意义。如果主体不能够根据产出或效益预期来决定是否投入成本(实施某项行为),对成本与效益或投入产出的分析,至多只能是一种状况的描绘,而不能成为选择行为的根据。在除自诉以外的刑事诉讼中,被告人介入诉讼并非出自其主观愿望。这同民事、行政诉讼中的被告可以在诉讼前与他方协商或通过其他手段解决冲突而避免诉讼的情况完全不同。刑事诉讼中,能够明确反映成本投入与产出效益关系的是延请律师的行为。是否延请律师,延请什么样的律师以及律师投入的状况,既直接关系到被告人诉讼的经济成本,也可能影响到诉讼的实体结果。在这方面的投入产出机制与民事、行政诉讼大致相同。

(二)国家(社会)的诉讼成本与效益

与冲突主体相同,国家实施审判和诉讼行为同样需要支付一定的成本，并获得一定的效益。从总体上说，国家的诉讼成本与效益也涉及两个价值体系：一是经济价值体系；二是非经济价值体系。

国家在诉讼中的经济成本投入主要指为审理案件，亦即在运用诉讼解决冲突全过程中所作出的物质耗费（包括人力耗费和物质耗费）。国家在诉讼中所获得的产出经济效益有：(1)通过裁判而挽回的经济损失（通常应扣除发还给受害者部分）；(2)通过没收财产、罚金、罚款等形式获得并直接作为国家财政收入的财产；(3)广义上说，国家通过诉讼维护和恢复经济秩序，亦能够产生相应的经济效益。

一般来说，国家在诉讼中不直接投入非经济性成本，在司法人员依法实施诉讼行为，诉讼过程符合公正原则的前提下，国家的诉讼行为总是具有积极意义的。同时，国家在诉讼中的非经济性产出效益也是十分突出的。一方面，冲突主体在诉讼中所获得的积极效益全部包含在国家行为的效益之中，表现为国家行为的非经济效益（或社会效益）；另一方面，诉讼对国家法律秩序的维护，对合法社会关系的保护，对冲突行为的预防和抑制作用等，都可以视为国家在诉讼中所获得的非经济效益。

国家诉讼行为的经济价值体系与非经济价值体系也有密切的联系。对于同一社会冲突的解决，在程序既定并且诉讼行为合理的前提下，经济投入成本越高，裁判的公正效果越好，所获得的经济或非经济效益则越高。反之亦然。但是，与冲突主体的成本和效益关系所不同，国家的诉讼成本与效益关系具有以下特点：

第一，国家对诉讼成本投入量的变化并不完全基于对效益量的预期，而主要决定于冲突解决的难易度，如冲突事实的复杂程度、冲突的对抗烈度和强度等。在不少情况下，对诉讼标的价额或金额很低、社会影响很小的案件，国家为此作出的实际耗费可能高于诉讼标额很高、社会影响很大的案件。

第二,虽然国家可以把冲突主体在诉讼中所获得的经济效益视为自己诉讼行为的非经济效益(通常所说的社会效率),但这种经济效益并不直接归属于国家,因而不能用于抵冲国家在诉讼中所作出的成本投入。在多数诉讼中,国家只是为冲突主体之间确定经济权益分配办法,而并不由此而获得经济效益。

第三,国家可以通过提高冲突主体经济成本的途径来降低自身的成本支出,但在一定的限度下,并不因此而降低其产出效益。在诉讼成本支出方面,冲突主体与国家之间可能呈此消彼长关系。冲突主体支付的诉讼费用越高,相应国家的成本就越低。冲突主体所负的举证责任越大,国家为调查所支付的成本则越少。在这种关系中,冲突主体处于被动状态,无权改变诉讼费用的收取标准,也不能推卸法定的举证责任,但国家在限定的前提下,却可以通过一定手段改变彼此在成本支付中的关系。

(三)成本与效益关系对主体行为的影响

既然存在成本与效益的比值函数关系,那么,这种关系就必然对主体行为为产生一定影响。事实上,虽然存在着程度上的差异,但无论是冲突主体,抑或国家司法者的诉讼行为,都不能超脱对成本与效益的考虑。投入产出规则的作用也体现于此。

首先,对投入成本与产出效益的权衡,制约着冲突主体实施或放弃诉讼手段。如前所述,在“不告不理”的原则下,诉讼手段的运用是以冲突主体主动自觉地求助于审判的行为为前提的。诉诸审判这一行为不可避免包含有一定的情感,但是,合乎理性的选择则主要根源于对诉讼产出效益的预期与诉讼成本投入之间的权衡。情感冲动因素以及诉讼经验的缺乏或许使冲突主体较少地考虑成本投入,但产出效益必定是冲突主体所无法忽视的。在经济性冲突中,冲突主体诉诸审判的主要目的也是经济性的。同时,诉讼结果中所获经济利益的预期直接表现为一定量的财产所得;诉讼成本支出的预期也直接表现为一定量的财产支付。对财产所得与支出可能的直接量的比较在很大程度上决定着冲突主体对诉讼手段的选择。在非经济性冲突中,虽然成本投入(主要是经济性的)与产出效益(非经济性的)之间由于存在质上的差异,因而无法进行直接的量上的比较,但社会经验以及社会一般价值体系也能够使主体形成得与失的概略判断。特别是在诉讼费用较高,律师报酬昂贵的条件下,成本投入则更能引起冲突主体的关注。没有理由认为,在正常情况下,冲突主体愿意用较高的物质耗费通过诉讼去赢得较低的裁判上的利益。[3] 这种分析,不仅仅适用于作为控告方的冲突主体;对于被控告方来说,诉讼中的投入与产出规则,同样能够制约其行为的选择。对自身在可能发生的诉讼中的综合效益的乐观估计,往往使其从容、自如地接受应诉;而对综合效益的不良预期,又无疑将促使其采取其他手段而阻止诉讼程序的发生。西方国家司法统计资料普遍表明,诉讼费用的高低对于诉讼的适用率具有直接的影响。莱姆佩列举法院在解决诉讼方面的七个基本功能时,把"适当的提高诉讼费用,以增加个人协商解决的可能"视为其中之一。[4] 如果认为诉讼在广义上也是一种"交易行为",那么,莱姆佩的观点与冲突主体的交易选择特性是相吻合的。

其次,成本投入与产出效益制约着冲突主体在诉讼中的具体行为。冲突主体在诉讼程序中的行为与其诉讼的终极目的,亦即对诉讼效益的追求相关;而追求效益的过程,又直接受制于为此而作出的成本投入。积极效益的预期值越高,或者降低负效益的可能性越大,投入成本的愿望也越强;而尽可能以最少的成本投入获得最大的诉讼效益更是

---

〔3〕 实践中,有因为微小利益(如一元钱)而诉诸法院的情况。但这种情况如果不是特例,那么诉讼中必然包含有主体的特殊追求,如主体通过诉讼提高社会知名度等。

〔4〕 参见[英]科特威尔:《法律社会学导论》,第245页。

每个冲突主体的行为目标。延请律师、收集证据、请求特殊诉讼手段的运用以及实施实体或程序上的处分等,几乎所有包含着成本因素的诉讼行为的实施都产生于主体对成本与效益的权衡。

不仅如此,冲突主体的功利偏好不同,对诉讼行为的选择也不同。对伦理效益的注重,既可能促使主体投入更多的经济成本,以获得更大的伦理效益,也可能驱使主体放弃某些实体经济利益而提高伦理效益。同样,对经济功利的注重,也可能使得冲突主体放弃对伦理效益的顾忌,采取有损名誉的手段而获取经济效益或减少经济负效益。一般来说,冲突主体减少人身制裁负效益的愿望最为强烈。因为人身制裁既是对人格的一种深刻的否定,同时也会影响到冲突主体的经济收益。因此,避免受到人身制裁的动机可能导致冲突主体不惜投入大量的经济成本,通过延请律师等手段提高在诉讼中的抗辩能力。但是,对承受一定的人身制裁与投入大量的经济成本,贫困者或富有者的功利偏好并不完全相同,因而各自对诉讼行为的选择取向也不尽一致。概言之,冲突主体在诉讼中的行为受制于由一定功利偏好所决定的成本投入与效益产出间的比值关系。

最后,国家对诉讼手段的运用以及诉讼行为的实施,也在一定程度上同诉讼的综合效益相关。从现象上看,国家司法机关对诉讼手段的适用或诉讼行为的实施并无选择性。“不告不理”原则的蕴含意义必然是“告诉则理”或“告诉必理”。对于具有刑事犯罪性质的社会冲突,司法机关的使命和职责则决定其不能因避免成本支付而放弃诉讼手段的适用,或放弃必要诉讼行为的实施。然而,从实质上看,无论在立法层次上,还是在法律适用层次上,诉讼成本和效益对于国家司法机构行为的选择,都不是毫无影响的。从立法层次上讲,许多国家的诉讼或实体立法,都为由诉讼解决的社会冲突规定了最低的构成条件。在民事诉讼中,通常规定诉讼标的达于一定数额的纠纷,才能向法院起诉。由行政诉讼解决的行政争议,许多立法规定必须以行政复议为诉讼的前置程序。这种规定,并不简单是出于对行政管理权限的尊重,也包含着对诉讼成本的考虑。刑事诉讼立法则更明确地规定,只有符合犯罪构成的社会冲突,才具有受到刑事诉讼评价的对象意义。

在法律适用中,对成本投入的考虑既表现在对程序类型的适用选择,也体现于对某些程序方式的放弃。一般来说,能用简易程序或者某些成本较低的审判方式解决冲突的,则尽可能避免普通或特别程序以及成本较高的审判方式的适用。对于某些成本较高的特别程序手段,如专业技术鉴定、强制执行措施,也只是在具有充分适用必要的前提下才选择适用。不仅如此,由于冲突主体的综合效益包含于国家的综合效益之中,因此,尽可能降低冲突主体的诉讼成本也是国家司法机构选择程序及审判方式的基本出发点之一。

二、影响诉讼成本与效益的诸因素

从广义上说,诉讼行为的成本与效益同社会经济文化环境具有重要联系。经济成本和效益受制于社会的物价水平和人力价格;而非经济性成本则决定于社会的道德文化水准。另外,诉讼行为的成本与效益又同实体法的规定直接相关,因为实体法所规定的法律行为的经济或非经济后果,在诉讼中将具体表现为个案的诉讼产出效益。然而,在特定的社会经济文化环境下,在实体法规范既定的前提下,诉讼成本与效益则决定于诉讼过程本身的一些因素。这些因素为:

(一)诉讼周期

诉讼周期指诉讼程序发生至终结的时间延续过程。诉讼周期既是各主体参与解决冲突过程的时间界域,也是冲突在社会中的最后滞留期间(以“案结事了”为基本假定)。诉讼周期分为法定一般周期与个案实际周期。法定一般周期决定于下列因素:(1)立法为各诉讼阶段或诉讼环节所规定的期间最大值;(2)立法规定的某些诉讼行为实施期间的最大或最小值;(3)立法允许在某些特殊情况下期限变通的水平。个案实际周期是指受制于立法周期影响,但并不等同于法定周期的个案的实际诉讼周期。理论上说个案实际周期通常都短于法定周期。这主要因为:(1)在各诉讼阶段和环节中所耗费的时间未达到法定期间的最大值;(2)个别诉讼行为所耗时间既满足了法定期限的最小值要求,且又未达最大值;(3)个案的解决经历了必经程序,但又未经历所有的诉讼环节,或者未实施某些诉讼行为和诉讼手段。然而,现实中,不少案件的审理周期大大超过法定周期。无论是法定一般周期,抑或个案实际周期,都对诉讼成本和效益产生影响。

首先,诉讼周期的长短,关系到各主体在诉讼中的实际耗费。如果说在经济意义上"一切节约都归结为时间的节约",那么,在诉讼中的各种耗费都直接或间接地同诉讼时间耗费相关。一方面,时间的耗费意味着诉讼对冲突主体以及司法机构人力价值的相对耗用;另一方面,时间的耗费,又必然同物质财产的耗费相联系,因为在诉讼延续过程中,各主体的诉讼行为通常都伴以一定的财产占有和使用。因此,在一般情况下,诉讼周期的长短可直接用于表达诉讼中各主体经济成本耗费的高低。

其次,诉讼周期的长短关系到冲突所引起的社会震荡周期。如前所述,诉讼周期是冲突在社会中的最后滞留期间。冲突的存续必然伴之以一定的社会震荡,至少局部地影响某些社会关系的稳定。不同冲突的存在,都将产生相应的消极社会后果。例如,经济冲突引起相应的经济联系的中断;与冲突相关的某些物质财产因冲突而不能投入社会使用,在一定时间内不能参与社会资源的配置和交易过程。刑事性质的冲突又会间接地影响人们的社会情绪,危及人们的财产和身体生命的安全感。行政性冲突的存在虽然不完全中断行政行为的实施,但至少对行政行为的实施产生了某种制约，并且由此带来相应的不良社会影响。尽管冲突的社会震荡周期与冲突的存续周期并不完全一致，震荡的余波一般都延续至冲突在形式上解决以后，但是，缩短冲突存续期间，亦即缩短诉讼周期依然是减少社会震荡的必要措施。

诉讼周期的缩短，对于抑制冲突的消极影响还有另一方面意义：心理学的研究表明，冲突行为对行为责任者的制裁过程越短，制裁所产生的威慑功能就越为强烈。制裁的节律直接关系到制裁的效果。〔5〕不仅如此，由于制裁节律间接地反映着维护社会稳定的能力，因而提高制裁的节律，尽快地体现法律对冲突行为的评价，还将提高法律秩序的威望，增加社会对司法行为的信心。由此进一步强化诉讼的社会效益。

此外，诉讼周期同冲突的社会知晓度具有直接联系，周期的长短与社会知晓度的高低呈正相关效应。因此，诉讼周期对于冲突主体的名誉成本与效益也会产生重要影响。但是，影响的性质决定于社会对冲突主体行为的肯定或否定评价。

（二）诉讼费用水平

直接在量上体现冲突主体的诉讼经济成本，从而影响其诉讼经济效益的因素是诉讼费用水平。诉讼费用包括案件受理费和实施诉讼行为所应缴纳或提供的其他费用。广义上，还可以将延请律师的支出纳入诉讼费用构成之中。在冲突主体的感觉中，为实施诉讼而必须作出的这些支付都是诉讼费用，不论这类费用的实际流向如何。

案件受理费的法律性质曾经是诉讼理论中长期争议的问题。而对性质的不同认识又直接关连到案件受理费的数额，因为这种费用的性质是界定其应有数额的重要理性根据。古东方国家早期的诉讼受理费带有明显制裁性质。缴纳这种费用（通常为实物财产）体现了冲突行

---

〔5〕 参见［日］森武夫著：《犯罪心理学》，邵道生等译，知识出版社1982年版，第184页。

为发生这一事实所应当受到的物质性制裁。中国西周奴隶制诉讼中,类似于现今民事纠纷的冲突的诉讼,以“束矢”(一定数量的箭)为受理费用,而类似于刑事案件的“杀人及盗”等冲突的诉讼,则以“钧金”(30斤铜)为诉讼费用。这多少体现了对不同冲突的不同制裁。但是在罗马,诉讼费用主要是用于证明冲突主体具有某种正义根据,诉讼受理费以誓金形式缴纳。《十二铜表法》第2表第1条规定:“诉讼标的在1000亚士以上的交誓金500亚士,标的不满1000亚士的,交誓金50亚士,关于自由身份之诉,不论其家产多少,一律交50亚士。”这一规定使案件受理同冲突的性质及标的额直接发生联系。

现代诉讼理论对诉讼受理费性质的认识集中于三个方面:其一,准税收。主张者认为,税收既出自国家财政收入的需求,同时也带有调节社会行为的功能。案件受理费则体现了税收的这种作用与功能。受理费的收取既可以增加财政收入,亦可以抑制滥讼行为。其二,司法机构诉讼行为的补偿。这种性质的认定根据在于,司法机构为解决冲突需要作出相应的物质耗费,因此,案件受理费是冲突主体补偿或部分补偿这种耗费所必须作出的支付。其三,手续规费。这一性质的实践依据是,诉讼如同其他社会活动的手续一样,需要收取一定的规费以表明手续或程序的开始,并显示主体对实施该行为的慎重。对性质认识的差异,又进一步导致了案件受理费数额水准的不同。依照准税收性质,案件受理费势必应同国家财政水平相适应,并且应反映财政行为的总体功效;把案件受理费视为司法机构诉讼行为的报偿,相应案件受理费就必须同诉讼的实际进展状况,尤其是与审理的难易度(不仅取决于冲突标的的大小)相联系;而从手续规费角度来认识案件受理费的性质,该费用的量则应决定于手续(诉讼)的繁简以及冲突主体的一般支付能力。事实上,现代国家中的案件受理费差不多是综合了前述诸种性质的因素,并参照了社会生活的一般水准,且受制于人道主义原则的考虑而具体确定的。尽管各国立法所规定的受理费数额的绝对差距很大,但确定的基础大体是相同的。

冲突主体在诉讼中除应缴纳受理费以外,通常又应支付司法者以及其他主体实施某些诉讼行为的费用,同时还要承受某些诉讼手段所造成的损失。这些也是直接影响诉讼成本的因素。这方面的费用主要包括两类:其一,为实施特殊调查手段以及其他旨在查明冲突事实所作出的耗费。毫无疑问,司法机构在程序中的调查行为并没有商业性质,在多数程序中的多数调查行为,是其审判职责的派生,因而不仅调查行为不能获得报偿,耗费的开支也不应由冲突主体承受或分担。但是,这并不排斥司法机构对其实施的某些特殊诉讼行为收取必要的费用,如鉴定费、证人的工资、有关诉讼文书和资料的复制费用。各国立法或诉讼实践对这类费用的构成及收取方式不完全相同,但由冲突主体分担部分司法机构诉讼行为的费用则是一种通例。这既是基于现代社会对讼事日增,甚或“诉讼爆炸”现实的一种适应,又在一定程度上带有“私力救济”的古代遗风。其二,在诉讼程序中,冲突主体还应承受某些特殊诉讼手段引起的财产损失。如冻结或扣押措施适用所带来的资金利息或实物使用上的损失;因诉讼保全所提供的保证金利息的损失;等等。

延请律师的费用在当今西方国家冲突主体的诉讼成本构成中居于越来越主要的地位。这显然同律师职业地位的特权化以及律师的职业发展倾向相关。一方面,近代以来,律师在社会科层中的地位从不曾有过大幅度的跌落。当今律师阶层内部的分化(在美国主要表现于为大型企业代理的律师与一般开业律师社会地位及经济收入重大差距的形成)在某种意义上说不仅没有降低律师的整体阶层地位,由“律师精英们”所代表的律师职业团体还强化了它们的特权地位。社会舆论对律师行为的非议和指责也丝毫未能影响公众对律师的需求。“没有律师就没有诉讼”,这略显极端的判断,既反映了社会对律师兴讼的抱怨,同时也可以视为社会对律师重要作用、诉讼对律师依赖状况的肯定。这就决定了律师始终以昂贵的“价值”存在于永不萧条的“法律市场”之中。正如特伦斯·约翰森和M. S. 拉森所揭示的那样,律师组织已成为一种特殊的手段,这种特殊的团体“凭借这种手段在市场中为其自身利益控制各种服务的供应”。[6] 另一方面,律师职业发展倾向越来越偏离其“法律维护者”的职业立场,而更多地受制于经济利益的支配,由此又进一步导致了律师诉讼费用的提高。

(三)诉讼程序的繁简

诉讼程序的繁简同诉讼周期有一定联系,但并不完全等同。一般来说,过长的周期固然可以反映出程序的繁复,但在较短的诉讼周期中也可能贯穿着烦琐的程序。诉讼程序在直观上所体现的是各主体的活动,至少是司法机构同冲突主体一方的活动以及司法机构之间的共同活动,因此,程序的繁简程度与各主体的诉讼成本及效益的变化也具有重要的对应关系。

诉讼理论中一个有趣的现象是:程序的繁琐既是大陆法系和英美法系某些学者的各自抨击他方质问式程序或对抗式程序的重要根据,也是两大法系另一些学者抱怨各自程序的某些方面不及他方的缘由。事实上,要对大陆法系的质问式程序或英美法系对抗式程序的繁简作总体评价是困难的。因为各种方式中都内含着一些相对繁复或相对简化的内容。同时,两大法系的程序制度始终处在不断变迁和改革之中,以某一时期两大法系中某一国家中的诉讼程序的某些特征来概括两大法系各自的状况难免失之偏颇。然而,可以肯定的是,与大陆法系相比,英美法系在程序改革——由繁到简——方面的进取精神更为强烈,大陆法系诉讼程序的变迁则显示出浓厚的保守特征。

---

〔6〕 参见[英]科特威尔:《法律社会学导论》,第210页。

无论是何种类型的诉讼程序,判断其繁简度通常有以下三方面的依据:

第一,程序活动和程序行为的实质意义。"程序"一词本身就含有"形式"的意蕴。但是,各种诉讼程序中,依然包括有纯粹属于形式的程序和具有实质意义的程序。前者对于解决冲突的作用在于这些程序活动的象征性、仪式性,而后者则对解决冲突产生直接和实质性影响。誓证行为是一种较为典型的非实质意义程序行为。尽管誓证行为在西方有着深厚的文化传统基础,但在物欲横流的现代西方社会中,誓证对于虚假作证的警戒意义已经趋于式微。无论是借助于对上帝神力的膜拜,还是以法律的惩罚作为对不诚实作证的威胁,誓证对于司法人员或证人来说都只是一种出于对约定俗成的尊重,而并非是具有实质意义的手段。与誓证相类似的非实质性程序在许多诉讼程序中都有一定保留。没有理由认为这些程序与冲突的解决纯然无关,但至少从有效解决冲突这一最终目的看,某些程序是可有可无的。这类程序在整个诉讼程序中所占的比重大小可以直接反映出诉讼程序的繁简。

第二,书面程序和行为的适用量。书面程序或书面形式的诉讼行为在最原始的诉讼程序中即已出现。很难考证这种现象的文化根据,但肯定同诉讼的严肃性以及冲突主体在诉讼中的对抗特征相关。罗马以后直至中世纪晚期,在教会和皇室诉讼制度中,书面程序充斥了整个诉讼过程。冲突主体以及司法者的诉讼行为无不借助书面形式进行。以至于近代诉讼制度改革的重要内容,就是把法官和当事人从"羊皮纸"书状中解脱出来。但是,近代以后的英国普通诉讼程序中,书面形式依然占有重要地位。这种状况在19世纪末期和20世纪中期得到了根本性改进。

适度的书面程序和书面行为对于待诉冲突的明确化、法律行为的确定化都无疑是必要的。但是,书面程序和书面行为过多,则增加了程序的烦琐性。最明显的是,书面表达在信息的传递上远不如言辞直接,尤其是在辩论程序中,主体言辞辩论达意的灵活性以及一般主体使用言辞的能力都明显优于书面形式的辩论。不仅如此,书面程序的过度适用还将客观上形成律师强制代理的后果,从而又进一步增加了程序适用的繁复性。〔7〕 相比之下,言辞程序和言辞行为的运用越是普遍,程序就越显得简便。

第三,诉讼请求与诉讼行为的相对集中程度。判断程序繁简的另一个根据是:诉讼程序是否为诉讼请求和诉讼行为的相对集中提供程序上的可能。诉讼请求的相对集中是指若干主体彼此有事实或法律上联系的请求以及特定主体之间多个有联系的诉讼请求集中于同一诉讼程序之中。其实质是用同一诉讼程序解决若干个不同的社会冲突。虽然,在这种程序中各个冲突的审理依然需要分别进行,但许多程序行为已合一实施,审理上的简化和经济是显而易见的。诉讼行为的相对集中则是指各主体的诉讼行为尽可能合一进行,避免无价值的重复。庭审是各主体诉讼行为集中的典型形式,除了庭审以外,询问行为、调解行为等都可以集中进行。诉讼行为的集中在另一层意义上还指冲突主体在法院或其他执法机构的一次性集中,能够同时实施多个诉讼行为,产生或形成多个效果,以便减少在个案中召集冲突主体的频率。

此外,诉讼制度中是否设定有易行简便的解决冲突的诉讼方式,也是判别程序繁简的依据。

(四)裁判结果的公正率

经验表明,无论社会成员对该社会审判制度的评价如何,也不管冲突主体对将要实际解决冲突的司法机构的评价怎样,裁判的公正率问题通常都很少被计入诉讼效益的预期值之中。对能否胜诉或败诉可能的预期仅仅是以主体自身在实体法关系中的主观责任或主观权益为基

〔7〕 在律师代理的诉讼中,程序的适用较之无律师代理的诉讼通常更为复杂。

础的。与此同时,冲突主体对诉讼管辖机构的选择余地极小,只是在某些诉讼的某些案件中才有很小的选择权。因此,管辖上的这种被动地位又进一步淡化了冲突主体对裁判结果公正率的考虑。然而,可以认为,在影响或决定诉讼成本与效益的所有因素中,最有意义的依然是裁判结果的公正率。必要成本的投入与产出效益恰当的比值关系都必须以裁判结果的公正为前提。然而,人们又不得不承认的事实是,在任何审判制度下,裁判结果的公正都只是一个概率性因素,区别仅在于公正概率的高低。

裁判结果公正率通过两个负面而得以体现:一是在个案中裁判结果的偏失程度;二是具有偏失的裁判在全社会诉讼裁判总量中的比率。

个案中裁判结果的偏失度既反映为对冲突主体诉讼正效益的扩大或减少,也可以表现为主体诉讼负效益的扩大或减少。这种关系如下式:

实际效益(±)=公正裁判所应得效益×(±)裁判结果偏失度%。

在上式中,裁判结果偏失度越高,对冲突主体的实际产出效益(包括正效益和负效益)的影响就越大。在主体双方权益争议的对抗性冲突中,由于偏失所引起一方的负效应扩大必然是另一方的正效应扩大;而一方正效应的偏失性扩大,也必然是另一方偏失性负效应的相应增加。彼此间存在逆向损益关系。

偏失性裁判结果与全社会裁判总量比率的高低取决于个案偏失的存在与否;而个案的偏失度的高低将强化偏失裁判率的影响。偏失裁判率主要反映以国家(社会)为单位的诉讼效益。对于国家(社会)来说,特定社会中裁判偏失率对于诉讼实际效益的影响如下式:

实际效益=公正裁判所应得效益×(1-裁判偏失率%)。

很显然,在此式上,裁判偏失率越高,诉讼的实际效益则越差。

自然,用数值关系来反映裁判结果公正率的内容并不十分恰当,因为裁判结果的偏失度,通常不可能以计量手段来表达;与此相关,偏失裁判率在实践中也无法得到统计,并且理论上、制度上通常推论一切终审的裁判都是公正的。但是,揭示这种数值关系可以表达裁判结果与诉讼效益的一般联系以及彼此间影响的总体规律。

在审判实践中,裁判的偏失除受个案因素的影响外,往往还同社会政治、经济形势的总体变化相关。这种形势既可能使裁判结果出现对冲突责任者补偿或惩罚要求过严的偏失,也可能使裁判结果出现有利于冲突责任主体的偏失。而与形势变化相联系的偏失通常并不认为具有偏失的一般意义,因为这种偏失在多数情况下被认为是法律适用政策的应有内容。所以,这种偏失尽管有悖于立法的严格意旨,但可以不作为裁判结果公正率的影响因素。

三、主体间诉讼成本与效益的边际影响及综合优化

18 世纪后,特别是 19 世纪后期,经济学理论的重大发展之一,在于边际主义的出现和广泛运用。这一发展意味着对经济现象的线性思维方式由此终结,人们不再把任何经济现象视为单一行为的结果,也不再认为经济行为的结果具有单一或纯粹的性质。尽管边际主义从其问世以来就一直伴随着烈度不同的争议,但它对经济学理论的革命性影响("边际革命")已为社会所公认,特别是边际主义理论所揭示的行为"相关变量关系"被广泛地运用于认识经济和非经济现象。

如前所述,将成本与效益范畴以及投入与产出机制引入对诉讼领域的分析,目的在于揭示诉讼中各种行为之间在因果律上的相互联系,因此,边际理论无疑为这种分析提供了一个较好的方法。边际理论启示我们把分析的范围进一步扩展到诉讼各主体间成本与效益的边际影响及综合优化。

（一）主体间诉讼成本与效益的边际影响

前面我曾概略地涉及冲突主体与国家（社会）诉讼成本和效益的一般关系。根据边际分析分法，这种概略涉及是不够的。边际理论的运用一方面要求把分析的对象具体到利益主体的最小单元，另一方面又要求这种分析细及变量关系的具体内容。

依利益关系划分，受诉讼影响的利益主体有三类：(1)在实体冲突中权益受到损害的一方，姑且称之为"权利方"或"受害方"。这类主体是诉讼裁判结果的直接或间接受益者。(2)在实体冲突中侵害权益的一方，姑且称为"侵权方"。这类主体则是诉讼裁判结果中义务或制裁的直接承受者。(3)国家或社会。审判机构虽然代表国家进行审判，但并不是国家或社会利益的人格载体。任何一项诉讼行为或诉讼裁判的任何内容，都直接或间接地涉及这三者的诉讼成本与效益。

诉讼成本和效益的变量关系最为明显地体现于权利方或受害方与侵权方之间。由于彼此间存在直接的对抗，因而，两者间的成本与效益通常呈逆向损益状态。假定在成本与效益同步变化的前提下，权利方或受害方的成本、效益越高，侵权方的成本与效益则越低。设若诉讼成本为P，效益为R；权利方或受害方的成本为P_1，效益为R_1；侵权方的成本为P_2，效益为R_2；二者间的关系如下图所示：

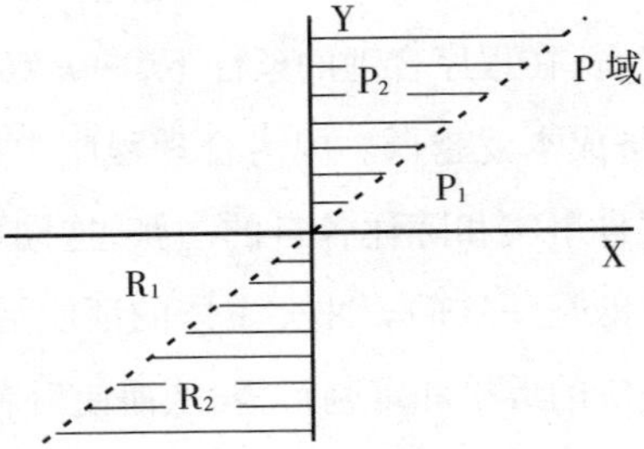

这种变量关系最适用于民事侵权诉讼分析。在侵权诉讼中，冲突

双方各自为证明自己的主张所花费的诉讼成本越高,相应胜诉的可能就越大。同时,权利方诉讼效益越高,侵权方所承受的损失(负效益)就越大;反之,权利方诉讼效益越低,侵权方的负效益也相应等量地降低。

在刑事诉讼中,受害方除了在附带民事诉讼中获得一定的经济补偿外,通常不能得到直接的经济效益,但无论受害者是否直接参与诉讼活动,都可以从对侵害者的审判制裁中获得相应的伦理效益。并且,从一定意义上说,对侵害者的刑事制裁越重,受害者的伦理效益就越高。在某些情况下,受害者也可能作出伦理成本的支付或承受一定程度上的伦理负效益。最典型的例证是,侵害者犯罪行为的发生起因于受害者不道德的行为。在这种案件的诉讼中,虽然不直接对受害者的行为作道德评价,但贯穿于诉讼中的冲突事实展示过程以及判决对事实的认定,无疑会使这类受害者承受伦理成本和伦理负效益,有时甚至受害者的伦理负效益超过侵害者的实际承受。但是,即使在这种情况下,侵害者与受害者的伦理成本和伦理负效益依然处于此消彼长关系。尽管两者所承受和获得的都是伦理上的否定评价,但否定评价的程度呈逆向损益状态。

国家或社会的成本和效益不仅与侵害者或权利者、受害者一方发生联系,而且与冲突双方的成本、效益存在变量关系。

从诉讼成本来看,在程序合理的条件下,冲突双方所支付的经济成本越高,国家的经济成本就越低。因为合理程序中冲突双方的成本支付主要用于证明案件事实和陈述各自的主张,这同司法机构在诉讼程序中经济支出的目的是一致的。冲突主体的证明活动越是有效,就越能省却司法机构相应的诉讼和审判行为,从而使后者的耗费相对减少。至于冲突主体缴纳诉讼规费所形成的成本,更是与国家经济成本呈反向增损关系。

从诉讼效益来看,国家的经济或非经济效益决定于冲突主体双方的效益(包括负效益)的恰当程度。国家既不可能人为地增大一方的效益或负效益来提高自己的效益,也不可能在人为地减少一方的效益或负效益中获得积极效益。恰恰相反,如果冲突双方不能获得适当的效益或负效益,国家的诉讼效益也会相应降低。总之,国家诉讼效益的最大化取决于冲突主体诉讼效益的恰当化。

在对国家与冲突主体间诉讼成本和效益的影响关系方面,还需要注意这样两点:第一,如果诉讼程序不合理,或者冲突主体的诉讼行为不恰当,那么,冲突主体与国家的诉讼成本将会同步增加;不仅如此,倘若冲突主体的诉讼成本耗费不能用于正当的目的(如用于逃避犯罪或收买证人、法官等),冲突主体诉讼成本的增加,非但不能使国家的成本支出相应降低,而且还会影响到国家的诉讼效益。第二,国家虽然可以通过提高诉讼费用(增加冲突主体的诉讼成本)相应减少自己的成本支出,但诉讼费用的提高有一定的阈值。因为当诉讼费用的增高使冲突主体预期中的诉讼投入与诉讼产出之间不能平衡或使告诉方无力投诉时,诉讼手段的整体功能将无疑因之而下降,从而使国家整体诉讼效益降低。

(二)边际影响中的取向

前述分析表明,受诉讼影响的各主体的诉讼成本与效益在多数情况下呈此消彼长状态。在这种边际影响关系中,特定社会往往保持着一定的价值取向,亦即在程序的设计和适用中,适当地偏向于某一方,以使其在诉讼中的成本相应降低。各社会中的偏向或取向不同,边际影响的效果也各异,由此进一步形成了几种不同的程序模式。

第一,权利主体或受害者取向模式。这种模式的核心在于降低权利主体或受害者的诉讼成本。其内容主要有:(1)减少案件受理费,并简化起诉或控告程序;(2)举证责任分担中有利于控告方,减少控告方的举证责任;(3)对被告方实行有罪或有责推定,减弱对控告方控告力量的要求;(4)免却诉讼保全等强制措施的担保责任;(5)在涉及受害人隐私或其他有可能使受害人承受伦理成本支出的诉讼中,尽可能不使被害人进一步受到程序行为的损害;(6)为受害人求偿提供充分的机遇和手段。

第二,侵害者取向模式。与前一种模式截然相反,对侵害者的偏向集中体现于为侵害者提供较为充分的自我正当保护的手段。在这方面的具体表现形式有:(1)慎重地适用诉讼强制,特别是尽可能避免适用人身强制;(2)实行无罪或无责推定,把举证责任更多地分担给控告方;(3)免费为侵害者提供辩护人;(4)尽可能避免影响侵害者人格和名誉的诉讼程序,或尽可能减轻这种影响的程度;(5)在程序中避免任何株连侵害者亲属的行为;(6)承认刑事被告的沉默权、保释权;(7)最为重要的是,为侵害者提供更多的辩护机遇。

第三,国家或社会取向模式。这一模式的立足点在于尽可能减少国家或社会的诉讼成本。这一模式既可以通过简化程序,而使国家与各主体的成本同步减少来实现,也可以在国家与冲突主体的成本逆向损益关系中,通过直接提高冲突主体的成本来实现。后者的主要方式有:(1)在一定前提下,尽可能提高诉讼受理费用;(2)加大冲突主体的举证或证明责任;(3)尽可能依靠冲突主体自身力量执行诉讼裁判;等等。

在特定历史时期,各国对不同模式的选择取决于特定社会中与统治意识和民主化水平相联系的法哲学观念。在历史发展的过程中,三种模式各自在不同时期中分别被突出和强调。罗马时期的诉讼制度受古代同态复仇遗风的影响,较为重视受害者权利的补偿,因而,诉讼程序对权利者或受害者的偏向较为明显。中世纪,无论是教会诉讼抑或世俗诉讼,国家或社会取向模式更受到重视。这无疑同中世纪统治方式的专横、武断特征相关。书面程序和秘密审判程序在中世纪的大量适用即可充分证明国家对冲突主体诉讼利益的忽视。大革命胜利后的资产阶级,由于重视私权的绝对化和神圣化,因而权利者或受害者取向的模式再度被西方国家的诉讼程序所广泛采用。但战后西方国家诉讼程序,特别是刑事诉讼程序的重大变革之一,则在于侵害者取向模式逐步为实践所接纳,这在程序立法上也有明显反映。以“无罪推定”和“当事人追诉主义”为原则及指导思想的英美国家刑事诉讼程序,明显有利于作为假定“侵害者”的刑事被告人。对被告人在诉讼中权益的重视已成为英美民主制度在诉讼程序中的重要体现。在民事诉讼中,除产品责任等少数类型的纠纷外,控告方的举证责任更多地被强调,诉讼强制措施的担保责任也受到重视。避免不当控告而使被告人受损,已成为程序完善的一个基本指导思想。

对不同模式的功利评价同样受制于作为评价依据的法哲学观念,但从更高的理性要求出发,可以认为,任何偏向性的程序尽管有其特定的形成和适用根据,都难免偏离公正原则的要求。理想的状态应当是对各主体利益的兼顾。尽可能降低各主体的诉讼成本,并提高诉讼的综合效益,更应成为诉讼程序改革和发展的方向。事实上,这一点已经引起了现今各国立法者和法学家们的重视,问题仅在于:在技术措施上如何实现各主体诉讼成本与效益的综合优化。

(三)诉讼成本与效益的综合优化

对诉讼成本与效益综合优化的考虑还须回到边际分析方法上来。

边际主义理论倡导者对最优化行为的分析,影响最大者莫过于洛桑学派创始人之一帕累托(V. Pareto)所建立的原理,即“帕累托最适”和“帕累托最优”。

帕累托对集体成员之间利益欲望与实现关系最适、最优化的认识,集中体现在这样一段分析中:“一个集体的各成员,处在一定条件下便会享受最大限度欲望满足;这种条件是,不可能发现任何一种稍微离开这一状态就使他们所享受的满足增加或减少的方式。这就是说,任何偏离这一状态的微小变动,必然造成一些人乐于接受,而另一些人难以接受的后果,即一些人享受的满足增加了,另一些人的却减少了。"〔8〕帕累托对此所作的进一步解说是:"假如我们稍微离开了某种状态,集体中的每个人的福利增加了,那么,很明显,这个新的状态对每个人是更有利的;相反地,如果每个人的福利减少了,这个新状态就较少有利了。其中一部分人的福利可能维持原样,这不会改变上述结论。但是,另一方面,如果这个微小变动增加了一些人的福利,而减少了另一些人的福利,那我们就不能再肯定地说,这个变动对整个集体是有利的了。这些观察导致了把最大满足状态定义为这样一种状态:这种状态不可能有一点微小的变动,否则,每个人的满足(除了维持不变者外)全部会增加和减少。"〔9〕

帕累托的前述分析表达了静止状态的多元主体利益关系间的最适或最优格局。依此分别派生出帕累托适宜和帕累托最优原理:

第一,帕累托适宜原理。在下列情况下,一种情况(S1)比另一种情况(S)适宜:在S1中没有任何人的境况(或利益)比在S更为不利,并且至少有一人比在S中更好。由于在实践中个人只能根据自己的功利偏好来判断自己的境况,同时,也只有自己才能最准确地判断出自身境况的优劣,因此,这一原理也可以表述为:没有任何一个人宁愿选择S而不选择S_1,就可认为S_1比S更为适宜。换言之,至少在S_1下有一个人的境况好起来,而没有任何一个人的境况坏下去,才能说S_1比S适宜。

〔8〕[意]帕累托:《政治经济学讲义》,第261页,转引自晏智杰:《经济学中的边际主义》,北京大学出版社1987年版,第316~317页。

〔9〕同上,第452页。

第二，帕累托最佳原理。如果不存在比 S_1 更为适宜的 S_n，S_1 就是最佳状态。换句话说，当条件的变化在不可能使任何一人处境变坏的情况下，而使任何一人的处境都变好，这种变化后的状态就是最佳状态。

英国当代著名经济学家约翰·希克斯（John HicRs）用“边际替代率递减法则”对帕累托的“边际效用递减法则”进行了修正，进一步形成了一个新的原理，对帕氏前述原理作出了有益的补充。这一原理是：在 S 向 S_1 的转变中，得益者能使受损者得到足够的补偿，从而在没有任何人的境况比他在 S 中更坏的条件下，至少有一人比在 S 中更好，S_1 也比 S 更为适宜。这种补偿并不一定是真实的，只要得益者的所得大于损失者的损失，综合效益就会提高，而这种提高能够为受损者的实际补偿提供潜在的后续条件。

将这些原理引入对诉讼成本与效益的分析，我们可以建立起各主体诉讼成本与效益综合优化的下述几项定律：

第一，诉讼程序的变化（包括程序形式的变化和诉讼手段的变化）和适用在下列情况中是恰当、适宜的：（1）冲突主体双方以及国家（社会）任何一方的诉讼成本降低，而其他各方的成本不发生增加，且诉讼效益保持在先前的水平；（2）冲突主体双方以及国家或社会任何一方的诉讼效益提高，而其他各方的诉讼效益以及所有各方的成本保持不变；（3）任何一方诉讼成本的增加低于其效益的增加，其他各方诉讼成本和诉讼效益不变。

第二，诉讼程序的变化和适用在下列情况中是最佳的：（1）冲突主体以及国家或（社会）各方的诉讼成本降低，其效益并不因此而降低，甚至有所增加；（2）冲突主体以及国家或社会的诉讼效益都有提高，而诉讼成本并不因此而增加，甚至有所减少。

第三，诉讼程序的变化和适用在下列情况中也是适宜的：（1）冲突主体双方以及国家或社会任何一方经济成本下降,而使他方的经济成本相对上升,但他方可从非经济因素中得到一定的补偿(包括非经济成本的下降和非经济效益的增加);并且,受偿者认为这种补偿是足量的;(2)冲突主体双方以及国家或社会任何一方非经济成本下降,而他方的非经济成本上升,但他方可从经济因素中得到补偿(包括经济成本的下降和经济效益的增加),并且,受偿者认为这种补偿是足量的;(3)冲突主体双方与国家或社会任何一方的诉讼成本降低,他方诉讼成本相应增加,但诉讼效益亦相对增加;(4)冲突主体双方与国家或社会任何一方的诉讼成本降低,他方的诉讼成本相应增加,成本增加的量小于其成本降低的量,各自的效益不变。

实践中,程序制度的变化以及具体诉讼程序的适用都很难达到前述最佳状态,同时,由于冲突主体间边际逆向损益特征十分明显,因而一方成本的降低或效益的增加通常都要相应影响到另一方的成本增加或效益的降低。但是,各主体成本与效益之间,以及经济成本、效益与非经济成本与效益之间的互补却是完全可能的,所以,第三种定律的实践价值更大。

从前述定律中还可以看出,诉讼成本与效益的综合优化实际取决于多个方面:首先,立法者在程序立法中应尽可能使程序兼顾各主体的共同利益,在保证审判质量的前提下简化程序,并缩短诉讼周期。其次,司法者在实施诉讼和审判行为过程中,应根据综合优化的定律确定具体程序和手段的适用。尤其是在降低冲突主体诉讼成本方面应保持明确的意识,避免不合理、不经济的诉讼手段的适用。最后,冲突主体对诉讼行为的选择也实际影响到综合优化的程度。不恰当的选择不仅可能增加自己的诉讼成本,降低诉讼效益,而且还对他方以及国家或社会的诉讼成本和效益产生消极影响。对综合优化定律的研究,其意义正在于为各方面行为的选择提供理性化的启示。

第五章　法官职业行为分析

尽管历史上曾出现过杰费里斯（Georga Jeffreys）[1]这样声名狼藉的法官，但并未影响法官这一职业的整体社会评价和社会地位。“法官”一词常被引用于表达社会生活中某种公正判断的渊源，这也间接说明了即便在现代社会中，法官的偶像意义也没有完全丧失，至少概念上的“法官”依然是社会公正的典型化的人格载体。

在诉讼活动中，司法者的范围并不限于法官，但法官的地位和作用具有不言而喻的决定性。同时，在法律职业团体中，虽然由于各国立法为法官所提供的职业特殊条件不相一致，因而对法官所位居的层次很难作出界定，但法官在法律职业团体中的代表意义却是普遍而突出的。因此，法官职业行为在法哲学和法社会学中常常被作为分析的对象。本章试图在介绍

---

〔1〕 17世纪英国法官，著名的“血腥巡回审判”案的制造者，以凶狠残忍和贪得无厌而留名于历史。

法哲学或法社会学理论对法官行为的不同观点的基础上,从多种角度对法官行为作进一步分析。

一、走下圣坛的法官

与社会一般观点所不同,法哲学或法社会学理论对法官行为或形象的认识并没有固定或统一地停滞在一定的概念化判断上。这种认识通常与不同流派理论体系的总体建构相一致,而流派的不同相应带来了对法官行为或形象的"已然"评价和"应然"设想的殊异。直至现今,这种差异依然是判别不同流派的标志之一。然而,从法哲学或法社会学理论对法官行为或形象的认识中,人们都可以看到一个总体趋势,这就是逐步抛弃古典主义为法官所树立的偶像,把理论分析的触角和视角扩及法官职业行为的社会背景和具体人格特征以及行为的心理过程,把法官还原到人本意义上加以认识,从而完成了法官从圣坛走向世俗生活的过程。

(一)古典主义的偶像

对法官的概念化崇奉根源于古典主义所建立的偶像。这一偶像的内涵包括:(1)法官行为的权威性。由于法律需要通过法官的具体行为得到实施,因而,法律的社会权威便在实践层次上衍化为法官行为的权威,并且法律的神圣不可逾越又为法官行为的权威性披上了神圣的灵光。(2)法官行为的公正性。法律的正义基础以及法官的法律立场使人们无须怀疑法官对待法律事务的公正无私的态度。(3)法官行为的合法性。与前相联系,法官行为还具有天然的合法性,法官永远是法律评价的主体,而不受制于社会的合法性评价。

不难发现,古典主义对法官形象的描绘是建立在一系列假定前提之上的。首先,法官人格中的自然特征完全不存在,法官是由社会塑造出的特殊的纯粹社会化了的主体。其次,法官行为与立法或立法者的要求不存在任何偏异，立法或立法者的要求自然地内含于法官的整个行为动机之中。最后，法官的任何社会联系对其都不产生变异性影响，法官职业团体在社会阶层中的地位也不影响法官的职业行为。

古典主义为法官所树立的偶像及其赖以存在前提的虚妄性和非现实性是显而易见的。然而，这种偶像及前提却得到了诸多因素的支持。

首先是古代法官制度及司法实践为其提供了历史实证。古代法官制度和司法制度的重要特征之一，在于司法审判权被认作神权或是王权的构成部分。从《苏美尔法典》断片的记载中可以看出，古巴比伦早期，掌管诉讼并不认为是世俗的事情，而是神力所及，祭司作为天神意旨的传播者而独司审判之权。汉穆拉比即位后的改革，虽然使祭司之权旁落，取代神权审判的却是比神权更有物质强制性的皇权。古巴比伦的三级审判中，国王作为最高审判官而居于其首。《汉穆拉比法典》序言一开头便宣称："我，汉穆拉比，这位光荣的敬畏神的君主，应大阿奴与爱利尔（指天神和诸天与地的神——引者）之召，使正义在国内昌明起来，锄奸去邪，不许强者欺凌弱者，像沙马斯（太阳与司法之神——引者）一样升临在黔首，普照全国，以求造福人群。"[2] 在此前提下，审判的神圣性自然是不容置疑的。古罗马的司法制度虽然神的色彩并不太浓，但在古罗马的法文化中，皇权依然是司法审判权的渊源。上古时期，罗马的司法与行政权直接合一；迄至帝国时期，皇帝已独揽司法大权。不论刑、民诉讼，皇帝均享有最终裁决权。皇权直接体现于司法制度之中，且皇帝直接充任（或由其代表充任）司法审判者。这就为法官的原始形象中注入新的神圣基因。罗马以后的欧洲诉讼制度曾经历过诸多变化，但直到近代资产阶级革命的成功，皇室或皇帝的

---

〔2〕［俄］N. M. 贾可诺夫等著：《巴比伦皇帝汉谟拉比法典与古巴比伦法解说》，中国人民大学出版社 1954 年版，第 152 页。

审判权未曾失落过。

法官偶像的建立在近代又得到了自然法理论的后续支持。虽然近代自然法理论完全否认行政权力包括最高行政权力对司法行为的直接参与,但自然法理论对法治社会的推崇在新的意义上为法官的神圣地位找到了支撑点。在洛克、孟德斯鸠等人的理论中,自然法的意义就在于预防政府权力独裁和专横。以自然法为依据,司法可以否定丧失自然法基础的任何行政权力行为。因此,如果说古代法官司法权来自于皇权或者与皇权合一,那么在自然法理论中法官的司法行为则比最高行政权更有效力价值。另外,自然法理论对于法治社会中社会秩序的理想化设计,也倾向性地忽视对法官行为实践效果的分析。法律实施被视为一个"自动"的过程。法官司法行为对法律的耗损或偏异并未纳入自然法理论的视野之中。

对法官的偶像崇拜还同英美法系的造法体系以及法律适用方式相关。英美法系国家强调法官造法。一方面法官受"不违先例"原则的约束,另一方面在制度和理论上又都承认法官创造先例以及在司法实践中"衡平"的权利。这就使"法官中心论"在英美法系得以形成并牢固确立。美国法学家约翰·亨利·梅利曼(John Henry Merryman)在《大陆法系》一书中概括地描述了法官在英美普通法系国家的地位:"生活在普通法系国家中的人们,对于法官是熟悉的。在我们看来,法官是有修养的伟人,甚至具有父亲般的慈严。普通法系中有许多伟大的名字属于法官:科克(Coke)、曼斯菲尔德(Mansfild)、马歇尔(Marshau)、斯托里(Story)、霍姆斯(Holmes)、布兰代斯(Brandeis)、卡多佐(Cardozo)。普通法系的最初创建、形成和发展,正是出自他们的贡献。"[3]英

---

〔3〕 参见[美]梅利曼著:《大陆法系》,顾培东、禄正平译,知识出版社1984年版,第37页。本书2004年由法律出版社再版。

国最著名的法官、法学家威廉姆·布拉克斯通（William Blackstone）则宣称法官是“法律的保管者”、“活着的圣谕”。20世纪初美国最高法院法官奥列佛·温德尔·霍姆斯甚至还把法律定义为“是法院要作出的判决的预言”。霍姆斯本人曾被美国社会公推为“民族英雄”，并成为各种著述颂扬和研究的杰出人物。英美法系国家厚重法官的传统司法实践更加强化了法官的地位。美国曾授权具有权威性的最高法院9位法官负责解释根本大法——宪法的法律意义。英国传统以来的实践也努力为法官塑造法律创造者以及法律传统和理想捍卫者的崇高形象。同时，法律学说中的原则和概念也体现出法官创制法律这一普通法传统。此外，英美法系国家严格的法官遴选制度，又使法官这一法律职业者阶层的特权地位得到了现实化的肯定。

（二）行为主义的尖刻

20世纪中叶风靡于美国的司法行为主义运动无情地撕毁了罩在法官脸上的“法律保管者”的面纱。司法行为主义并不否认法官在司法实践中所具有的创制法律的作用，但承认这种作用的动机并不出自于对法官地位的尊崇，而在于“使法学家们从自鸣得意的状态中惊醒，并提醒他们应该承认，法律规则的分析并不能对关于法官‘实际上’怎样决定案件以及他们‘应该’怎样决定案件的、极其重要的道德和政治问题提供答案”。〔4〕司法行为主义注重把法官个人的价值观和社会态度作为对法官行为分析的真正基础，并具体地运用电子计算机等手段对法官宗教倾向、政治观点、教育和社会背景的资料进行分析，从而“把法官个人的特性或观念同他们在法院的判决联系起来”，在法官个人的特性或观念中寻找法院判决的真正基础，藉以揭示“法律原则作为判决的决定因素的假象。”

〔4〕［英］科特威尔：《法律社会学导论》，第250页。

司法行为主义的重要贡献在于它不再把历史实践与传统理论学说为法官树立的抽象概念作为认识法律现象的出发点,从而不再把法治国家的希望建立在主观逻辑所推演出的假象上。相反,司法行为主义注重的是法官作为自然人,或者作为一种“政治行为者”在司法程序中的实际行为,以及由政治社会观念和价值所决定的法官行为的基本倾向。在司法行为主义者的视野中,“法官仅仅是人——我们在人的统治下生活,而不是在法律的统治下生活——以至于不再把法官看作是法学家所公认的,明确意义上的法官”。

司法行为主义的出现无疑同20世纪以来人们对司法实践的不满情绪相关,同时也与哲学和心理学中行为主义的普遍发展和运用有直接联系。计算机的运用以及计量手段在社会现象研究中所取得的成功都对司法行为主义的出现产生了一定影响。然而,司法行为主义对法官行为的分析并未对司法实践产生更为深刻的影响。因为它只是尖刻地揭露了法官行为中个人倾向的影响,而并未给人们构画出抑制和克服这种倾向的手段或者提供更好的司法改造方式。并且,司法行为主义在对数据的定量分析和处理基础上所建立的结论也未能由此建立起新的司法职能理论。司法行为主义者极其悲观地告诉人们,改变法官行为的主观倾向以及消除法官个人价值观和态度对司法判决的控制因素的努力,完全是徒劳的。因此,司法行为主义的价值至多只能体现于它对人们在认识和评价法官作用方面的某种启示性。

(三)现实主义的信心

现实主义就其形成时间看,先于司法行为主义。司法行为主义的很多认识得援于法律现实主义的结论。与司法行为主义相同,法律现实主义所注重的,也是法官在司法程序中的实践行为以及这种行为与法官个人社会价值、政治态度以至于法官情绪感受的联系。激进的法律现实主义者杰罗姆·弗兰克(Jerome Frank)在其很有影响的著作

《法律和现代精神》中指出,"法律规则并不是法官判决的基础,司法判决是由情绪、直觉的预感、偏见、脾气以及其他非理性的因素所决定的。因此,法律规则方面的知识在预测某个特定法官所作的判决时几乎不能提供什么帮助"。[5] 弗兰克后期更为务实地把分析的目标集中于法院的具体事实调查过程,并由此揭示了在审判过程中可能会导致法官适用法律错误的若干主客观因素,从而进一步说明法官行为的非规则性。

然而,与前述司法行为主义所不同的是,法律现实主义并不悲观地看待这些现象,而是把问题进一步提到如何注重法官行为的现实并适应这种现实去完成法治社会的目标上来。卢埃林在他著名的《普通法传统》一书中既肯定了司法实践中法官个人主义的行为倾向,更强调了上诉法院中大量的对司法判决发生作用的"稳定因素"。除了"服从先例"原则的制约外,还有:(1)法官的一般训练和经验所产生的影响;(2)严格遵循法律辩论和法律分析的技巧;(3)由多名法官审理和裁决上诉案件的集体判决;(4)渗透法官工作的司法价值观——某种正直、公平的专业技术标准;(5)以及特定时间和地点的法律文化对应该怎样履行审判职责的普遍期望,亦即法官行为的"时代风格"。[6] 相同的观点在庞德的理论中也可以看到。庞德并不否认一种似乎过于激进的认识:"法官和审判官的客观和公正在心理学上是不可能的。"但是庞德更愿意相信,法律能够通过多种方法避免影响法官公正审判的因素。这些方法是:(1)不把最后的裁判权委之于单独一个法官,而委之于合议庭的全体法官。这样,个人的癖性和偏见就能够得到消除。(2)防止任何人在他自己的案件中或与他有利害关系的案件中充当法

---

〔5〕 [美]E. 博登海默:《法理学——法哲学及其方法》,第 150 页。

〔6〕 参见[英]科特威尔:《法律社会学导论》,第 250 页。

官。(3)把全部审判活动与经过权威性程序所适用和发展形成的那些权威性规则、原则、概念和标准相对照,而律师在成为法官之前就已长期接受过这些东西的训练。(4)使法院的一切行动都公开化,从而使人们有办法恰切地知道法院做了些什么,根据什么事实和具有什么法律根据,并使法官们注意听取律师界、法学杂志和法学界对其判决所提出的批评。庞德认为:“许多世纪以来,人们一直在设法尽量缩小个别法官对审判活动的个人影响,而法律的历史和经济秩序进程都说明他们的努力,如同我们能够期待于任何人类活动的情形,已经取得成功。”〔7〕

法律现实主义恢复了对法官行为积极功能的信心,从而在一定程度上把社会对法官虚幻的偶像崇拜引回到制度现实之中。然而,司法实践对法律现实主义这种信心的佐证效果似乎是二律背反的:一方面,近现代以来的法官行为从总体上仍然受制于公正原则的制约,纯粹由情感因素支配的法官专横擅断的现象并不具有普遍的意义,社会对法官阶层的信任和依赖仍然是司法信念的重要组成部分。但是,另一方面,法律上的各种制约因素也并未能排斥法官个人行为倾向对于案件判决的影响。事实上,无论是卢埃林所说的稳定因素抑或庞德所提到的若干方面,都不能对法官行为产生绝对的保障作用(这一点也曾是司法行为主义用作攻击现实主义的口实)。现实似乎总是法官的规范行为(符合法学理论推断的行为)与法官受个人倾向支配的行为的一种综合体,尽管前者往往居于主要地位。不仅如此,后面的分析将进一步说明,法官个人行为倾向对于法律的实施并不完全是一种消极性因素。最富有意义的任务或许正是如何把这种个人行为倾向引导到合乎正义和公正原则的轨道上来。

---

〔7〕[美]罗斯科·庞德:《法律的任务》,第79页。

(四)法官:双重人格的载体

对法官行为和形象的分析如果仅仅停留在法官司法行为的表象上,这无论如何都是不够的。在哲学和社会学意义上,法官司法行为的更深层根源在于法官作为社会角色所具有的双重性格特征。古典主义和司法行为主义的偏颇正在于各自认识了法官行为中性格特征的某一侧面,而忽视了另一侧面的制约。法律现实主义注意到法官行为的个性自然特征,并力图证明司法程序或其他制约对个性自然特征的影响和抑制作用,但也未能从社会角色的双重人格,或角色的社会组织本质与角色个性本质之间的关系去把握法官行为的哲学和社会学本原。这种缺陷决定了这些理论在揭示和说明实践方面的非恰切性。

从哲学和社会学意义上看,与社会生活中的任何主体一样,法官一方面作为社会统治秩序的特定维护者,另一方面同时也是社会生活中的自然人。前者决定了法官的社会组织本质,后者则决定了法官的个性自然本质。法官的社会组织本质与个性本质共同构成了法官这一特定社会角色。

根据社会学理论,社会角色的社会组织本质是由三个方面规定的:其一,"剧本"的规定,亦即社会为特定社会角色所制定的规范,"剧本"规范着角色的活动范围、基本权力、主要功效以及角色的特征等。"剧本"的规定,是角色行为的主要社会依据。其二,其他"演员"的期望,亦即同类角色对特定角色的要求和愿望,它制约或规定着角色在互动过程中的协调与配合,同时对角色产生类比性制约。其三,"观众"的要求,亦即知晓角色行为,并受角色行为直接或间接影响的其他社会角色对特定角色的要求与愿望。这些要求与愿望是对角色行为评价的参照依据,因而也对角色的行为产生影响。在现实生活中,任何角色的社会组织本质都决定于这三个方面的实际影响作用。

与社会本质相对应,角色还具有个性本质。角色的个性本质体现在两个方面:一是自我相关性,亦即角色对自我的各种利益(包括观念偏好、情绪偏向以及个人的禀性特征等)的注重或角色行为受自我利益的影响;二是角色扮演的技能,亦即角色在按照"剧本"规定、其他"演员"的期望以及"观众"要求而实施角色行为时个人的展示能力。在自我相关性不变的情况下,这种能力越是突出,角色的扮演就越是成功。

社会生活中,角色的实际行为是由其社会组织本质和其个性本质共同决定的。社会组织本质只是规定了角色行为的应然趋势,而实际行为则是社会组织本质的各方面规定与自我相关性以及角色的扮演技能相互作用的综合结果。

依此原理,决定法官社会组织本质的因素则是:(1)立法规定。各种实体和程序法是法官行为的基本依据,是法官角色行为的"剧本"。法官行为的功能、权力、特征等都决定于生效立法的规定。(2)法律职业团体的期望。这既包括律师、检察官、警察等其他法律职业者个人对法官的主观评价和要求,又包括法律职业团体,特别是法官团体的职业道德要求。(3)社会公众的要求,特别是涉讼的冲突主体的愿望和要求。社会公众对法官行为的舆论评价以及他们对法官行为的职业形象要求,是法官感知其社会价值的重要参照因素。法官的自尊与自卑都同公众的评价与要求相关。

同样,法官的个性本质也决定于两个方面:一方面,法官个人的利益要求、主观偏好和情感禀性倾向。法官的利益要求并不是单值的经济或权力要求,而是各种要求的综合体,并且,各种要求在经历过若干次盘算或下意识的权衡后才能反映出来。例如,经济利益欲求往往受制于权力升迁和维护或名誉声望提高要求的制约。同时,利益要求与主观偏好、情感禀性倾向之间也产生相互制约作用。总之,法官的利益要求等并不是无抑制的欲望的任意发泄或流露。另一方面,法官个人的行为能力,包括在司法审判程序中实施一切行为的能力,如精通法理能力、判断能力、理解能力、劝导能力、辩论能力、协调能力、控制能力等。法官能力对于法官司法审判行为既产生质的影响,又有量的影响。

法官的社会组织本质与个性本质的联结,在实际司法过程中,便体现为法官的实际司法审判行为。法官角色的双重本质与这种行为的因果关系如下图所示:

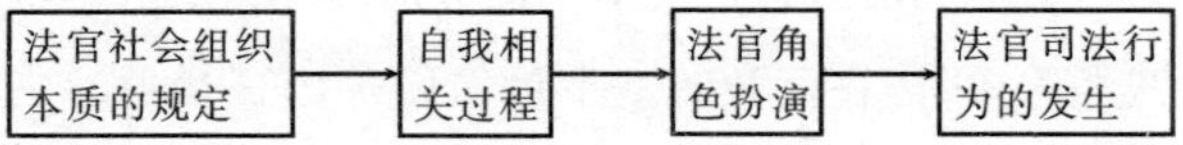

更具体的图示为:

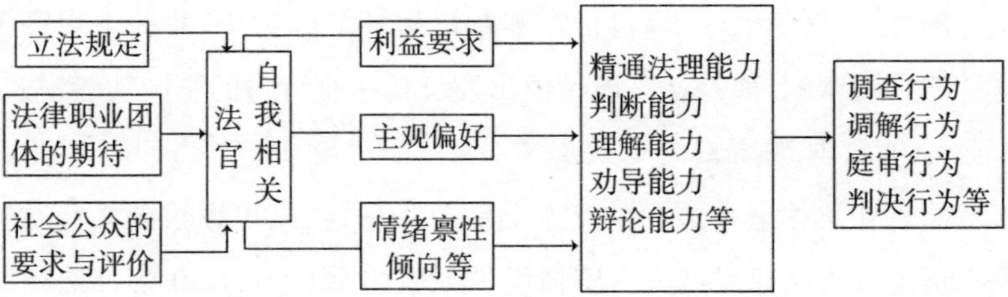

从上图可以看出,尽管法官社会组织本质的规定对法官行为能够产生重要决定作用,但这种作用只有在法官自我相关因素的制约下,并且依靠法官实际行为能力才能够得到真正体现。法官自我相关过程以及角色扮演能力是社会组织本质的决定作用扩大与减少或发生其他变异的基本因素。积极的利益要求、恰当的主观偏好、健康的情绪禀性倾向以及较强的角色能力,将会使法官的社会组织本质得到淋漓尽致的体现。相反,消极的利益要求、不恰当的主观偏好、不健康的情绪禀性倾向以及能力的低弱,则可能使法官的行为远远偏离其社会组织本质。因此,仅仅根据法官的社会组织本质对法官行为或形象作理想化的推论和评价,或者只是注意到法官行为与其自我相关过程以及角色扮演能力而否定法官行为理性化的可能,都是一种认识论上的片面性。公允的结论应当是:法官既非圣坛中的偶像,也并非都是杰费里斯之辈;法官只是社会组织结构中具有双重本质的一种特定角色,如同日常生活中的任何自然人一样。更明确地说,法官是受规则和理性支配而又具有自身独立利益,并且有能力差异的个人。

二、法官行为的功能分析

对法官行为的功能分析旨在揭示这样的问题:在立法规范、学理研究以及司法经验中,法官行为的基本价值以及法官行为的主要方向是什么? 毫无疑问,对法官行为的功能分析将受制于不同历史时期不同国家,特别是不同法系的立法、法学以及司法经验对法官行为规定或认识上的差异。但是,这里,包括在本章以后各节分析中,我并不想突出这种差异的影响,而是从一般价值出发分析法官行为的不同功能模式。

(一)宣告、解释还是创造法律

法官在法律适用方面的基本功能并不确定,既可以根据某一冲突事实情境宣告法律对这一事实情境的处置结果;也可以在解释法律规范的本旨与内涵的基础上,将这种解释意义作为冲突事实的处置根据;还可以体现为创造性地确定某种冲突事实的解决办法,并由此形成新的法律规则。在"适用法律"或"实施法律"的标题下,法官所能够作出的是各种内容不同、风格迥异的文章。

较为流行的观点认为,法官的功能应局限于"宣告"法律。英国杰出的法官拉德克利夫(Radcliffe)勋爵指出:"如果法官喜欢采用这样一种程式——实际上这就是一种可取的程式——法官只宣告法律,而不是制定法律,只不过表明他们自己在司法活动中是深谙法律的人。法官所作的分析可能是有懈可击的,但是他们对法律性质的看法还是正确的。法律的发展越是不易觉察,人们就越是对它肃然起敬。""法官不应该宣扬他们的立法功能……在我的信仰中,法官作为客观、公正、博学的法律宣告者的形象，比提出公然认为是人类行为准则的法律制定者的形象，更深地蕴藏在文明社会的意识之中。”[8]英国法学家摩利恩·凯因在对英国郡法院的司法实践作出研究后得出了类似的结论：“实际上，法官所进行的工作就是不断反复地阐述规则，重申在我们社会构成使用权（所有权）法律基础的权利和义务。按照原告的观点来看，如果没有这种反复的法律宣告，就会（或可能）被认为是放纵被告恣意行为，而无须付出代价，这种许可就等于构成使用的法律规则实际上的变化。”[9]

用“宣告”法律来解释法官适用法律这一基本功能与其说是依据于法哲学基础，莫若说是根植于一种务实的考虑。在普遍的社会愿望中，人们并不超出现实法律规范而对法官行为提出什么要求。与法哲学家的理念所不同，人们既不苛求也不企望法官在法律规范以外寻找更为公正的原则来解决他们的冲突。冲突主体对现实冲突的法律处置的最佳预期也仅仅以现实法律规范的最大权益容量为基础。相反，人们惧怕的是，一旦法官超越现实法律规范的限制，在“正义”的幌子下就有可能使各种擅断行为合法化。不仅如此，法律发展史也给予了人们相同的启示。在延续数千年的法律发展史中，司法制度最为黑暗的时期正是法官擅断专权，僭越法律的时期，而近代文明的重要标志则是包括法官在内的一切社会成员严格地依照法律行事。这一历史经验总是不断地提醒人们不要把正义的希望寄托在任何人的主观决断上，即便他是值得信赖的法官。况且，人们对法官的信赖，实际上产生于法官与立法立场的一致性，而不基于对法官超越法律能力的敬佩。

用“宣告”法律来表达法官的功能，还带有一种修辞色彩。因为事

---

〔8〕 转引自［英］科特威尔：《法律社会学导论》，第258～259页。

〔9〕 转引自［英］科特威尔：《法律社会学导论》，第244页。

实上,任何法官在诉讼程序上都不可能把自己适用法律的行为仅仅局限于"宣告",作为宣告前提的是对法律的选择。"宣告"一词的修辞意义在于它表明了这样一些原则:(1)法官无权用自己所建立的原则或自己认为更合于正义的原则代替现行法律规范来处置冲突;(2)法官应当根据立法规范的真实精神,选择最适于具体冲突情境的法律加以适用;(3)法官在诉讼裁判中应当明确地表明解决冲突所适用的法律依据。概括地说,"宣告"既意味着法官对立法规范的绝对服从和尊重;也意味着所适用的法律依据明确和公开。但是,"宣告"并不意味着法官只是机械性地把立法规范套用在冲突事实之上,在法律选择过程中,法官的理解和判断依然需要高度的智慧和丰富的经验。

法官的法律解释功能在大陆法系国家曾是学理和立法上的争议热点之一。严格的分权理论从本质上排斥着法官解释法律的可能。大陆法系的教条者们通常认为,唯有立法者的权威性解释才具有效力。为了避免法官在没有解释权的情况下得心应手地引律据典,大陆法系一些国家曾试图制定出"明晰、完整而逻辑严密"的法典以备适用。近代史中最典型的例子是18世纪末腓特烈大帝为制定《普鲁士民法典》所作的努力。在腓特烈大帝的主持下,普鲁士通过了这部长达16000余条的法典。然而,这部法典的详尽罗列并未能囊括一切社会事实。腓特烈禁止法官解释法律的企图也未能取得成功。对法官法律解释作用的否定导致了司法实践对立法解释的仰重。因此,大陆法系国家立法机关实际面临的困境是:既希望避免那些来自各个法院如同潮水一般的法律解释要求,但严格的分权理论和原则又不能允许法官对法律作解释。这种状况导致了一个折中的方式出现:即允许法官作解释,但通过撤销(Cassation)制(法国)或复审(revision)制(德国)对依据错误解释而作出的判决予以撤销。在这种撤销制或复审制中,上级法院并不对法律作出新的解释,而只是撤销原判决,由下级法院法官重新作出解释。20世纪以来,大陆法系有关法官能否解释法律的争议随着立法对法官法律解释权的肯定而消失。但是,由此而进一步形成的对立法至上与分权原则的挑战,则引起了不少大陆法系学者的忧虑。

对于法官解释法律的功能,英美法系法学家们则较为一致地表现出充分肯定的立场。边沁对法官解释法律问题陈述过一种十分具有代表性的、简朴的理由:法官们厌烦立法机关制定的补救,因此,他们赋予另一种他们喜欢的,从他们的角度看来是更好的补救。

在法学家们看来,法官的法律解释功能至少有三个方面:第一,探究立法者的真正意图。布拉克斯顿在其名著《英国法释义》中指出:"要理解法律必须解释立法者的意图,而要解释立法者的意图,最佳的和最合理的方式是探究其在制定法律时的意图,研究最自然和可能的参见物(Signs)。"因此,法官在适用法律时对法律加以解释有助于把握立法的真正精神,而不致局限于立法的字面意义。第二,消除对立法规范字面理解的偏误和疑惑。历史上一个著名的例证是:《普洛登判例汇编》记载了特德拉林诉摩根一案。该案中,由于爱德华六世王朝的一法令中对"收款人"(receiver)和"司库"(treasurer)未加限定,从而引起法律适用上的争议,需要法官作出解释。[10] 这样的实例在各国司法实践中举不胜举。法官的解释功能正在于消除立法理解中的歧义,选择恰当的意义加以适用。第三,弥补立法的疏忽而带来的对事实情境适用上的不足。奥斯丁对法官"依据立法理由"(exratione Legis)而作"自由解释"所下的定义是:"法官将法律扩充适用于被立法所忽视的情况,因为这种情况属于总的立法之中,尽管它没有实际地明确规定出来。"[11] 从这种意义上讲,法官的解释又是扩大现行立法适用范围的重

〔10〕 参见[英]鲁珀特·克罗斯勋爵(Sir Rupter Cross):《法律解释》,1976年伦敦版,第一章第一节。

〔11〕 参见前引书,第二章第三节。

要手段。

今天,人们的兴趣更主要集中于法官法律解释的合理规则之上。牛津大学英国法教授鲁珀特·克罗斯勋爵在《法律解释》一书中对英国法律解释规则作了如下归纳:

1. 法官必须适用法规一般上下文(the General Context)中的文字的通常的或(在适当之处)专门的含义,他还必须确定这一上下文的概括性文字的范围。

2. 如果法官认为适用文字的通常含义必然导致某种荒谬的结果,而这种结果又不能合理地被认为是立法机关的意图,那么,他可适用这些文字的任一次要含义。

3. 法官得将他认为必定已暗含于法律文字之中的文字,插入对这些法律文字的理解之中,并有权在一定限度内添加、变更或忽略法律文字,以免法律规范晦涩费解、荒诞不稽或毫不合理、不切实际或与法律的其余部分相冲突。

此外,适用上述规则时,法官还可以借助于辅助资料和推定。[12]

与此相同,大陆法系的一些著作对法官解释法律的规则,也从三方面作了探讨:(1)严格意义上的法律解释问题,即被解释的法律只限于不清楚的法律;(2)没有适当法律规定情况下的法律解释问题,即对法律未作规定问题的解释;(3)"扩张的法律解释"问题,即法律规范的术语未变,但含义发生了变化,对新的含义作出解释。[13] 1942年的《意大利民法典》对法官法律解释问题作了明确规定:"解释法律,必须根据条文之间的联系和立法者的意图,通过探求条文的真实意图以弄清法律的含义而不得附添其他意义。"显然,大陆法系对法官的法律解释

〔12〕 参见前引书,第三章。
〔13〕 参见[美]梅利曼:《大陆法系》,第48页。

的限定比英美更为严格。

在中国,立法和学理上都不承认法官法律解释的效力。作为法律解释渊源之一的司法解释并不是指法官在个案审判中对所适用的立法的解释,甚至也不包括除最高法院以外的其他法院组织的法律解释。司法解释仅在十分有限的意义上用于表达最高法院就审判实践中所遇到的法律适用问题所作出的指示性解释。并且,这种解释通常产生于对下级法院的个别请示的批复。司法解释权的高度集中无疑增加了法律解释的严肃性。但是,这并未能排除法官,即便是基层法院的审判人员依据自身理解而解释并适用法律的现象。只是当这种不规范的解释引起争议或疑惑时,才进一步通过有关程序逐级请示至上级法院。因此,中国司法审判中的法律解释的可靠性是依靠"纠错机制"而得到保证的。这同大陆法系国家的实践有某些相似。

法官创造法律,通常被认为是英美法系的传统。美国哈佛大学法学教授格雷(J. C. Grag)在《法律的性质和渊源》一书中所体现的中心命题就是"法律只是指法院在其判决中所规定的规则"。卢埃林更为直率地认为"官员们关于争端作出的就是法"。〔14〕但是英美法文化似乎始终未能从实践上为"法官造法"与"不违先例"之间划出明确的界线。因此,英美国家围绕法官法律创造功能的争议,并不比大陆法系和缓。然而,也正由于英美法系具有悠久的法官"衡平"和"自由裁量"传统,实践中法官创造法律的行为更容易得到理解和接受。在大陆法系,由于法官创造法律与法律的确定原则直接相悖,因而是不被允许的;法官的创造作用至多只能包容在法官解释法律的行为之中。

事实上,对法官是否具有法律创造功能的争议,是法律的适应性、实用性与法律的确定性、稳定性这一传统矛盾在法律适用领域的体现。

---

〔14〕［美］卢埃林:《棘丛》,1930年版,第3页。

庞德曾经精当地指出:“法律必须稳定,但又不能静止不变。因此,所有法律思想都力图使有关对稳定性的需要和变化的需要方面这种相互冲突的要求协调起来。”因此,“法律秩序必须稳定而同时又必须灵活”。庞德进一步认为:“有关对稳定性的需要与对变化需要之间的妥协问题,就某个方面看,变成了规则与自由裁量权之间的调整问题,变成了根据确定的规则或至多根据从狭窄固定的前提作出的呆板推论执行法律与根据多少受过训练的有经验的司法人员的直觉进行司法之间的调整问题。”〔15〕显然,庞德把协调立法稳定性与客观情势的变化性这一矛盾的任务寄托于法官的创造能力之上。

庞德的观点与其说是揭示了一种方法,毋宁说是代表了一种理念。因为问题的实质并不在于法官是否能够创造法律,而在于赋予法官这种权力将会带来什么样的境况。能够明确提出的问题是:法官创造性中含有多少合乎理性的成分?换言之,建立于法官主观判断之上的“创造”,其理性化程度是否及于严格的立法程序中所产生的法律?法官的这种创造性究竟在什么条件下以及在什么程度上发挥和运用?在法官具有创造法律之权力的条件下,社会成员对法律的适用将会产生什么样的预期?不同法官对于同一问题的“创造”不相一致时,如何判断和选择适用这种不同的“创造”?总之,赋予法官创造法律的权力,由此所带来的问题,比它所能解决的问题更多。

自然,否定法官创造法律的功能,并不否认法官在法律适用中的某种创造性精神。因为无论是否授予法官立法的权力,法官总是不能回避诉诸于他们的、在立法上没有明确具体规定处置办法的某些冲突。对此,大陆法系通行的做法是:某一规范没有规定的依同类或类似规范;同类或类似规范没有规定的依原则;原则中没有规定的依法律观

---

〔15〕 [美]罗斯科·庞德:《法律史解释》,曹玉堂、杨知译,华夏出版社1989年版,第1页。

念。1942年《意大利民法典》规定："如果一条明确的规定不足以解决争讼，则根据国家法律秩序的一般原则进行判决。"大陆法系国家既注重法官的创造性，同时又对这种创造性持谨慎和保守的态度，不赋予法官创造法律的权力。

（二）认可或发现事实

对法官行为的功能分析，进一步要探讨的问题是法官怎样将冲突事实转化为诉讼的裁判基础。在前面我曾把真实地再现冲突事实过程作为实现诉讼公正的一个重要因素。那么，在真实地再现冲突事实过程中，法官的功能又应是什么？这一问题实际上涉及两个方面：其一，法官对于冲突主体或其他诉讼参与人所提供的有关事实根据持什么样的态度；其二，为了保证冲突事实得到真实的回复，法官应有什么样的主动精神。在具体实践上，这两个方面又归结为法官认可和发现事实的功能。

无论是刑事诉讼，还是民事诉讼、行政诉讼，法官的审判行为都处于冲突解决的最后环节。因此，尽管各主体对冲突事实的认识和表述不尽一致，但他们各自都能够明确地勾画出冲突的事实过程。留给法官的主要任务是对这些相同或不同的表述加以确认。如前所述，法官作出这种确认的方式在不同历史时期和不同国家中不相一致。但总的来说，这种确认方式的变化与社会文明的发展以及政治民主的总体进程呈同步状态。迄至现今，西方国家中较为统一的方式是受法官"良知"和"公正"制约的自由心证。

从实证角度看，影响法官"心证"的因素或法官作出心证的根据在于：(1)逻辑或经验的推断。对某一冲突事实的认可与否，首先取决于法官所拥有的逻辑或经验常识，在某些情况下，则取决于法官所能够接受的逻辑或经验常识。如果冲突主体一方或其他诉讼参与人所陈述的事实与这些逻辑或经验常识不符，同时也不能作出存在某种特殊根据或原因的说明,这一事实则不可能得到法官的认可。(2)冲突主体或其他诉讼参与人之间辩论和驳结中所体现出的论证力。诉讼过程,特别是庭审过程中各主体对事实所作的口头或书面辩论通常能够鲜明地体现出彼此论证力的差异,这固然同主体思维的敏锐性和雄辩力相关,但论证力的差异对于法官的“心证”过程则能够产生重要影响。(3)冲突主体以及证人的品行状况。虽然中世纪形式证据制度中把证人身份与品行作为证据法定效力的实践已不复存在,但完全否认事实陈述或主张者的品行对法官自由心证的影响,也不符合司法程序的实际状况。英国东南巡回审判区高级律师罗纳德·沃克(Rouald Walker)在《英国法律制度》一书中明确指出:“虽然刻划证人的品行特征是困难的,但毋庸置疑,法院有权考虑证人的生理特征和品行,尤其是在评价他们的说服力时。”沃克还认为,证人的品行不应被看作口头证据的附属,而应作为实物证据的一种。(4)各主体对陈述事实所举证据的形式上的完善也是影响法官心证过程的重要因素。是否能够具备相关证据——尽管不一定真实,这关联到法官对事实的认定是否在形式上可靠。从某种意义上说,自由心证制度下的法官所主要考虑的并不是最后认定的事实是否与冲突真实过程相一致,而更主要关注的是这些事实在法律形式上是否得到完善的论证。因为后者才是决定判决有无被撤销可能的关键因素。

自由心证制度的产生是一种历史进步,但这种制度的缺陷也是十分明显的。“自由”解脱了法官心证的某些外在约束,却为法官的任意行为设定了一定的合法前提;“心证”使法官的良知和判断力得到了实际运用,但心证过程的主观性以及法官的心证能力差异无疑将削弱其对客观事实的决定力。自由心证制度是在这样两个哲学前提下而被西方国家普遍接受的:其一,没有更恰当的主体比法官更能够公正地、明智地判断冲突事实的真伪,尽管法官也并不是理想的主体。其二,诉讼中的其他多种手段能够对法官的自由心证过程和后果产生一定的制约或补救。

法官除了认可事实外,还应有发现事实的功能。即使在由陪审团负责事实审理的案件中,也不排斥法官的这种功能。问题在于,发现事实对于法官来说,是一种理性的倡导,还是职权行为中的一种义务?这主要决定于证据规则中的法官证明责任以及与此相关的法院裁判的逻辑基础。

在实行对抗制的英美国家中,相对来说,法官的证明责任并不受到特别的强调,至多只是对法官主动精神的一种有节制的理性倡导。法院裁判多采取演绎式,以裁判结果为前提,以事实叙述和法律根据作为演绎的内容。证明责任或者由冲突主体根据事实主张来分担,或者由检察官承担。尽管英美国家也允许法官走出法庭进行某种检验或对现场作勘验,但这并不是法官行为的常规内容。相反,英国证据法甚至还排斥法官在民事诉讼中传唤自己认为应当传唤的证人,法官只能传唤诉讼双方请来的证人(《伊诺克·扎利斯诉博克公司案》)。丹宁勋爵甚至认为:“法官的事情就是听取证词。只有在需要澄清任何被忽略的或不清楚的问题时,在需要促使律师行为得体以符合法律规范时,在需要排除与案情无关的事情和制止重复时,在需要通过巧妙的插话以确保法官明白律师阐述的问题以便作出估计时,以及最后在需要断定真情所在时,法官才能亲自询问证人。假如他超越此限,便是自卸法官责任。”〔16〕

与之不同,大陆法系学理上一般认为,法官或法院对其所作裁判中认定的事实负有证明责任。大陆法系的判决一般为归纳式,亦即各种裁判结果是在对已经证明的事实和法律加以归纳后得出的判断。可以认为,在大陆法系,法官主动地发现事实不只是一种理性倡导,而且是一种必要职责。法官应根据解决案件的需要,主动地收集证据,借以发

〔16〕［英］丹宁著:《法律的正当程序》,李克强等译,群众出版社1984年版,第52页。

现事实,证明由其作出的裁判的正确性。这在大陆法系多数国家的立法规范中得到反映。据此,或许可以概略作出这样的结论:在法律的适用方面,英美法系国家的法官比大陆法系具有更强的主动性和创造性;而在事实的确认方面,英美法系国家法官的惰性则明显比大陆法系突出。这种差异并不产生于两大法系法官个人素质的强弱,而根源于法文化传统的不同。

立法对法官发现事实的要求在20世纪70年代中国司法制度恢复后的一段时间中最为突出。这一方面缘于中国民事、行政、刑事诉讼程序中法官具有十分广泛的权力,主宰着整个审判过程,因而在事实的认定方面也具有很大的主动性;另一方面也直接同"实事求是"的证据理念相关。依照"实事求是"证据理念的要求,法官认定事实的方法和范围,甚至解决冲突的范围,都不受冲突主体行为和要求的局限。即使依照举证责任不应由法院提出证据,法律也要求法官从"实事求是"原则出发努力收集和调查证据。因此,冲突主体因举证责任未尽而导致裁判败诉的现象只有在法官调查和证明活动力所不及的情况下才会发生。不难看出,这种制度中包含着浓厚的政治伦理色彩,其法理前提是:人民法院对人民负责、对事实负责、对法律负责。当然,由于社会条件所限,冲突主体举证能力较弱,这也是形成这种制度和实践的重要因素。迄至20世纪80年代中期,随着诉讼量的大幅度增加,举证责任规则及其运用越来越受到学术界和司法实践的重视,特别是近年来民事审判制度的改革,当事人的举证责任逐步强化,而法官收集证据的功能则相应大大弱化。

(三)法律职业的"巴尔干化"与法官的功能

法律职业的"巴尔干化"[17]现已成为各国司法制度的共同特征。

---

〔17〕"巴尔干化"原指西方强国将某一地区分裂为若干对立的小地区,使其互相牵制,以便从中取利,如同第一次世界大战前西方强国对巴尔干半岛各国的做法那样。现喻指法律职业团体分成相互独立的部门,彼此制约。

尽管各国立法或实践对于法律职业以及各种职业内部划分的方式有所差异，但由法官一统司法、“一揽子”解决冲突的历史早已结束。显然，法律职业的这种“巴尔干化”对法官功能产生着十分重要的影响。

“巴尔干化”的影响，首先使法官的职业行为受到了其他法律职业行为的制约。法官行为与国家公诉机构、警察机构以及律师的职业行为的分开固然可以从社会分工意义上作理解，但这种分开并不完全出于专业化和高效化的考虑，因为从一定意义上说，各种法律职业合并比其分开更能够提高冲突解决的效率。法官行为与其他法律职业机构行为分开的主要目的在于建立一种彼此制约关系。而如果把法院视为解决冲突的天然机构，那么，可以认为，其他法律职业机构的行为则主要是为了制约法院法官的行为。即使像检察机构在公诉案件中所实施的“前置”行为（在法院受理冲突之前所发生的行为），其本质意义也不在于为法官的判决提供“半成品”，而是为了避免法官行为在复杂冲突的事实调查方面力所不逮，同时，也便于检察机构参加公诉案件的诉讼，在审判程序中对法官行为进行必要制约。律师的职业使命与其说是为了委托者的利益，莫若说是为了对抗法官的不当判决。律师在诉讼中所实施的一切行为或者是通过论证委托者的主张以影响法官的决断；或者是通过法定方式否定法官某种裁判的不合法性。因此，在法律职业者的行为中，流行的“法官中心论”有双层寓意：一是表明法官地位的突出；二是表明法官行为是其他各职业机构共同制约的对象。冲突的“最终解决权”为法官带来了这种双重后果。

“巴尔干化”的影响还体现于法院内部的分工和制约。近现代以来，任何国家都不再把解决冲突的全部职责（即使不包括法院所应有的职责）委诸于一个单独的法官。在英美法系国家中以法官个人名义所作的判决，事实上也不只是承审法官个人意志的结果。陪审团与法官的分工就清楚地表明了这一点。陪审制度本来源于大陆国家，但自

11世纪(1066年)诺曼王(威廉一世)带到英国后,则成为英美法系审判组织的重要特征。现今,大陆法系法院内部的分工制约已不依靠陪审制度,而借助于一个严密的呈梯形的制约体系。如下图所示:

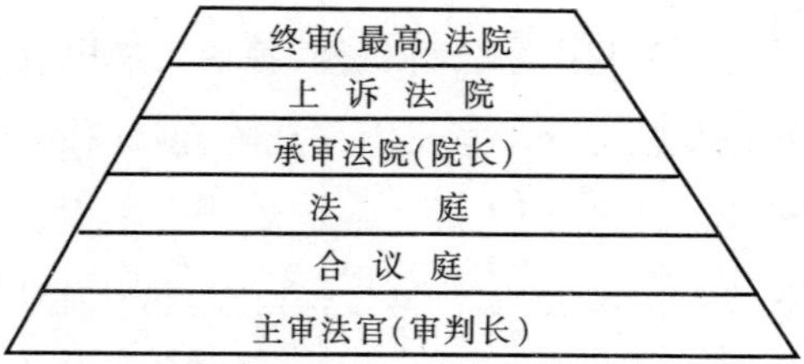

在这种制约体系中,主审法官个人的行为只有在承受或能够承受若干源自法院内部的检验后才能产生最终效力。当然,实践中制约体系的操作机制有可能限制这种制约力,这在本书以后的章节中还要进一步谈到。

从对法官行为的功能的分析中我们可以看到,诉讼制度的发展有两个基本趋势:其一,法官的创造和主动精神在近现代立法和司法实践中不断得到重视和强调;其二,立法和司法实践对法官个人行为的制约也越来越趋于强化。尽管大陆法系和英美法系对法官行为功能的立法和实践立场存在很大差异,但是,这两大变化趋势却可以在各个法系中明晰地看到。并且,有理由认为,这两大趋势将对两大法系审判制度的趋同产生重要影响作用。

三、法官行为的社会分析

在对法官行为的功能分析中,我们的基本依据是立法规范以及各种学理流派或规范化的诉讼实践,这种分析是以一种纯粹的法律环境为基础的,而并没有涉及法官行为与其在社会中的境况之间的关系,没有考虑到这种社会境况对法官行为的影响。事实上,法官在社会科层中的地位,特别是反映这种地位的诸因素都会对法官行为产生重要制约。因此,对法官行为的分析又必须进一步具体到法官行为与这些社会因素的联系。

(一)职业阶层与法官行为

现代社会结构的概貌主要是通过职业阶层加以体现的。政治学和社会学理论对职业阶层的划分以及这种划分的价值认识不尽一致,但社会主体由于职业相同或类似而在社会中形成特定的共同利益和愿望的状况,越来越明显地成为现代社会的特征。对不同职业阶层的行为加以考察和认识,并依此进行分层调节和控制,已成为现代社会管理的重要方式。帕森斯在《现代社会的结构与过程》一书中,根据各社会主体的阶层组织目标或功能,将社会分为三类:即生产组织、政治目标组织和社会整合组织。帕森斯认为,整合组织"是在社会的层次上提供效能但不是生效的组织。它们涉及调解冲突和指导动机去实现制度的期望。法官和法律职业功能的实体部分应该划归这类组织。"〔18〕显然,按帕森斯的观点,法官这一职业属于"整合组织"阶层。

分层理论的意义不仅仅是为各种职业主体作出归类,也在于界定各个不同类型阶层的社会地位,并由此观察它们的动机和行为。最为简单的界定方式是将社会各职业阶层分为:"顶部阶层",亦即具有社会统治、管理职能和权力的阶层;"底部阶层",亦即直接从事生产并受制于统治或管理的阶层;介于其间的则属于"中部阶层"。依此方式并参照帕森斯的组织分类,西方社会中,法官无疑处于"顶部阶层"之中。无论这种认识是否正确,可以充分肯定的是,从历史到今天,法官在各社会中都处于较高的社会职业阶层之中,尤其是在普通法系国家。

---

〔18〕［美］帕森斯著:《现代社会的结构与过程》,梁向阳译,光明日报出版社1988年版,第38页。

法官职业阶层的“稳定居高”特点,对法官行为的影响首先是它增强了法官的自尊感。这种自尊感不仅包含着“顶部阶层”成员所共有的对自身职业的珍惜,以及对社会交际中教养的注重,更重要的是它还内含着对自身公正、廉明形象的维护。因为在法官自身以及社会公众的感觉中,法官比其他任何社会权力精英更应懂得和做到公正、廉明。从事实上看,西方社会中政府官员行贿舞弊等现象不绝于世,而法官、特别是高级法官失于贪欲者则较为鲜见。这同法官职业自尊所产生的律己效应具有必然联系。

“稳定居高”的职业阶层特征还带来了法官职业集团的封闭性。一般来说,高层次职业阶层,为了维护本阶层的特殊利益都有一定的封闭性或封锁性。但是,法官职业的这种封闭性则更为突出。一方面,进入法官阶层的难度甚大,在英美国家,法律专业的大学毕业生往往在经历了许多年的律师生涯(个别情况下,也可以是法学教学经历)后才能在最基层的法院中求得一个席位;大陆法系的法律专业大学生虽然有在法律不同职业中择一而从的可能,但一旦选定,就很难再作职业转移。另一方面,在法律专业的诸种职业中,法官职业又具有制度或观念上的至上地位,因此,无论制度上是否允许,法官向其他法律职业转移的主观动力并不充分。这种状况对法官行为的影响进一步强化了法官对职业的珍惜感,巩固了法官行为的自我约束力。

也正是与法官职业阶层的这种特征相关,自负往往是法官自尊的伴生性特征。自负在诉讼程序中表现为过分地相信自己的主观判断力;敏感于冲突主体或其他诉讼参与人在诉讼中对自己的言辞伤害或不敬;不恰当地运用主宰法庭的权力。在英美国家中,还表现为滥用对“藐视法庭行为”的制裁。

(二)社会赞同与法官行为

法官行为与社会赞同具有重要联系,因为社会赞同往往能够体现法官公正行为的主要价值。美国著名政治学家和社会学家彼德·布劳(Peter M·Blau)认为,社会赞同是人们在社会交往中所取得的基本报酬,在许多场合下,它比某种物质报酬更为重要。[19]"人们渴望社会对他们的决定和行动,意见和建议表示赞同。别人的一致赞同有助于他们的判断、证明他们行为的合理性以及证实他们的信念",[20]因此,为了求得社会的赞同,人们不断改进和矫正自己的行为,以期与社会赞同的评价体系相一致。

如果说布劳的这种观点具有普遍适用性,那么,法官的社会赞同欲望在其行为功利结构中居于更为突出的地位。这是因为:(1)法官行为具有更广泛的社会性,社会感知环境很为宽阔,因此,社会赞同的价值比一般主体的行为更高。(2)法官解决社会冲突的行为在本质上是对某一行为或某一要求作出是非判断,这种判断要求有更高的社会赞同基础;同时,法官的这种职业行为也更能够引起社会各方面对此作出肯定或否定评价的兴趣。(3)与前述相联系,法官所作的裁判以及法官在诉讼过程中的行为不仅应受制于法律评价,而且还不可避免地受制于社会评价。法官公正形象的建立无法脱离社会对其所作的肯定评价。(4)法官行为的社会赞同度越高,该法官在后续的诉讼程序中就越有权威性,解决冲突也越是有效。(5)法官的升迁与社会赞同直接相关。在许多国家中,社会赞同中所体现出的法官个人威望和荣誉往往还是法官晋升的重要依据。

另外,法官的职业行为具有天然的社会赞同基础。从最原始的意义上讲,法官的审判行为被视为主持公道、伸张正义、殚恶彰善、击浊扬

---

〔19〕 参见[美]布劳著:《社会生活中的交换与权力》,孙非、张励勤译,华夏出版社1988年版,第19页。

〔20〕 参见[美]彼德·布劳著:《社会生活中的交换与权力》,孙非、张黎勤译,华夏出版社1988年版,第719页。

清的“善行”。无论是对受害者或弱者的合法保护,抑或在合法和符合人道的前提下对侵害者加以制裁,都带有“善行”色彩,而善在伦理功利上的重要价值决定了法官行为比其他主体的行为更容易得到社会的赞同。即使对于冲突主体来说,法官公正的裁判行为所引起的赞同不仅出自于权利受保护一方,而且也来自于实体义务的承担者。自然,对法官的社会赞同并不一定通过文字或语言直接加以表达,而主要体现为对法官个人的尊敬和拥戴,授予法官某种形式的荣誉,以及在观念中确立法官的权威。在形式上以法院而不是以法官作为直接审判者的情况下,对法院的社会赞同与对代表法院承审案件的法官的社会赞同交互影响。对承审法官的社会赞同直接体现着对所在法院整体的赞同;而对法院整体的赞同,又将惠及该院的法官。

对社会赞同的注重和追求,必然导致法官在其行为中对下列因素的偏重:(1)冲突主体对于裁判结果的接受度。由于冲突主体对裁判结果的接受是其赞同的基本前提或主要表现,因此,努力使冲突主体自愿接受将要作出的裁判结果,便成为法官的关注点之一。为此,尽可能运用调解手段,并详尽地解释判决的依据,特别是说服主要义务承担者,这些都成为法院审判行为的重要选择。(2)裁判的道德、习俗基础。在一定意义上说,道德和习俗比法律规则更容易得到社会认同,因此,在严格依照法律规则裁判有可能与道德和习俗相悖时,法官不能不考虑对道德和习俗的尊重,从而采取某种变通形式以保证裁判得到广泛的社会赞同。甚至不惜放弃对法律规则的恪守。(3)公众舆论倾向。对诉诸于审判的社会冲突,公众舆论所表现出的同情、支持或反对、嫉恨的倾向也是法官追求社会赞同所无法忽视的因素。一般来说,在没有充分信心能够使公众舆论发生逆转的情况下,法官不愿把自己的裁判建立在与公众舆论倾向完全相反的基础上。特别是新闻媒体所显示出的倾向,法官通常都予以高度的重视。因为有悖于这种倾向可能会引致对案件裁判结果,甚至对法官本人的非议和指责。裁判屈服公众舆论的现象在西方社会以及当代中国时有发生。(4)冲突的社会影响度。在既定的审级管辖制度下,法官总是希望审理那些社会影响度较高的案件,因为解决冲突的社会影响与冲突本身的社会影响总是呈正相关状态。冲突的社会影响度同冲突主体的社会身份,尤其是他们的社会知名度以及冲突后果相关。因此,审理涉及社会名流的冲突、审理后果波及面很宽的冲突往往是法官的共同偏好。当然,审理这类冲突的风险成本也是很高的。法官对由此产生的社会赞同预期一般都依据于对自己能力以及对可能作出裁判结果的估计。

(三)宗教和政治信仰与法官行为

生活于社会生活中,法官与任何社会成员一样,也可能有自己特定的宗教和政治信仰。宗教和政治信仰作为法官意识思维体系的重要组成部分,对法官行为总会产生一定影响。但是,宗教信仰与政治信仰的不同影响应当加以区别。

宗教信仰对法官行为的影响体现在宗教教义中的某些与人类文明走向相一致的规范容易被法官接纳为认识和评价以至处理冲突的价值依据。宗教所勾画的理想境界在一定程度上能够成为法官行为的自觉追求。但是,只要不是偏执的宗教狂,法官通常都不可能把宗教教义中的特别准则引入自己的评价体系之中,更不可能完全依宗教教义去实施自己的审判行为。在现今西方基督教文化中,通行的规则是“理解恺撒并不一定要成为恺撒”。实用主义者詹姆斯的一段名言代表了西方社会对待宗教的一般态度:“我们所依靠的神是我们所需要并能加以利用的神。神对我们的要求强化了我们对自己的要求和彼此之间的要求。”[21]马克斯·韦伯也一再告诫说:“宗教作为一种理想而追求的东西,和它对其信徒们生活的影响的既成的实际结果,必须被严格地区分开来。”韦伯还指出:“宗教行为的外部过程是如此的多种多样,以至于对这种行为的一种理解只能从主体的经验、观念和个人关切的目标的着眼点——简言之,从宗教行为者的‘意图’的着眼点去获得。”[22]然而,在宗教化神权政治的国家中,情况则是另一回事。在这些国家中,宗教教规本身即是法律的渊源。经书具有永恒的启示作用。法官的行为必须同教规教义相一致。在这种政、教、法合一的国度中,宗教对法官行为的支配力是在立法中得到充分肯定的,因此,法官的行为既可以说受宗教的支配,也可能认为是受法律的支配。探讨在此条件下宗教对法官行为的影响对于说明这里涉及的主题似乎已没有更多的意义。[23]

政治信仰对法官行为的影响也很深刻。但是,在西方国家中这种影响具有隐蔽性;而在社会主义国家中,则明确地承认法官行为必须同社会政治主张和政治要求保持一致。西方国家中,尽管法官对不同政治派别及其主张可以表示其多种看法和见解,并且,这些看法和见解也不一定直接影响其审判行为,但是,政府的政治主张,更恰切地说,与国家政治统治利益相一致的政治主张却始终是法官行为所不能、不会忽略的因素。为数不多的法官裁判否定政府某项规定或决议的情况,实质上是法官在总体政治利益与个别政治主张之间的选择。更深刻地看,正是由于法官行为受制于政治信仰的影响,才会有这种选择的发

---

〔21〕 转引自[美]菲力浦·劳顿等:《生存的哲学》,湖南人民出版社 1987 年版,第 190 页。

〔22〕 [德]马克斯·韦伯:《经济与社会》,第 399 页,转引自[英]弗兰克·帕金(Frank Packin)《马克斯·韦伯》,四川人民出版社 1987 年版,第 55 页及注 9。

〔23〕 神权政治国家宗教对法律的影响可参考达维德:《当代世界主要法系》,第四部分第一编。

生。社会主义国家中,政治信仰与法官行为的联系是双重的。一方面,政治信仰的坚定度通常是社会成员获得法官资格的重要条件;另一方面,政治信仰深刻地影响着法官的日常审判行为,西方学者大量的研究都表明,法官的裁判与其政治倾向之间具有明确的联系。在法律规范没有规定的情况下,政治原则通常可以成为法官处理冲突的实际依据,尽管在裁判理由中不一定明确加以引用。

(四)物质待遇与法官行为

西方社会中法官的物质待遇一般都较为丰厚。原因或许有三方面:其一,与法官的职业阶层相适应;其二,作为一种复杂劳动的法官审判行为,应当得到较高的物质补偿;其三,高薪制更有助于养廉。但是,与律师相比,法官的薪金又显得菲薄。其原因一方面在于法官行为与律师行为相比,前者完全没有后者的商业化色彩;另一方面,法官这种职业往往“被看作是超脱狭隘的自身利益的一切考虑的”。〔24〕更深刻的原因还在于,法官行为的社会期望不仅仅是物质性的。在布劳所划分的社会交往的期望类型中,薪金只是法官行为期望中的一个类型。〔25〕而且,与其他社会成员相比,法官的薪金期望更为淡化,因为薪金的不足可以在自尊、威望等社会报酬形式中得到弥补。在一些国家中实行的法官终身制,也是一种间接补偿形式。

法官的物质待遇有一个重要特点,这就是收入构成的单一性。薪金几乎是法官唯一的所得来源。职业特征排除了法官从所有其他途径中获得收益的可能。这不仅是因为法官不能从他的当事人获取任何报酬或其他形式的物质利益,而且也在于,法官参与任何以赢利为目的交往,将会相应限制他的职业活动范围,法官与由他解决的冲突所具有的

---

〔24〕［英］科特威尔:《法律社会学导论》,第262页。

〔25〕参见［美］彼德·布劳:《社会生活中的交往与权力》,第六章。

经济联系(即便是很间接的联系)足以成为要求该法官回避的充分理由。

因此,物质待遇与法官行为的关系似乎应有一个均衡点:其上限应当同法官的清廉形象以及作为官员可能在其他社会职业中得到的报偿相适应;其下限又应保持法官较为优裕、足以养廉、与其职业阶层和实际劳动状况相适应的薪金水平。同时,法官的薪金水平又应与其在审级中的地位、社会威望等因素相一致。

四、法官行为的心理分析

著名刑法学家贝卡利亚曾说过,法官的一顿早餐将影响到他对案件的判决。这种显然失之极端的说法意在揭示一种事实:法官行为与其在审判程序中的心理活动有一定的联系。对于不同条件的不同法官来说,心理活动的内容及其对审判行为的影响程度不相一致,但是,几乎没有任何审判行为不受到法官个人心理状况的影响。

(一)法官心理特征的影响因素

在大量的生物理化分析和行为实验分析的基础上,现代心理学和行为科学描绘了人的不同心理特征类型,从而使古希腊以来的心理归类方式从直感推理走向科学测定。概括地说,先天遗传性因素(如血型、胆汁等),以及后天习得性经验都对人的心理特征的形成产生重要影响。不仅如此,人的某一方面行为的心理倾向还与某些特定的因素相关。研究与经验共同表明,影响法官职业行为心理特征的因素主要有:

第一,职业教育经历。职业教育为法官带来的不仅是法律知识和法学理论的掌握,同时也对法官个性的形成产生重要影响。职业教育经历较长的法官,其行为的理性化程度比职业教育经历较短者为高。一方面,对法律专业知识的全面掌握能够融会贯通地把握法律规范的内在精神;另一方面,专业教育的熏陶也使他们对法律规范有较为强烈的遵从意识。具有长期职业教育经历的法官对法律规范的恪守远远超出他们对非规范性因素的考虑。审理方式也偏重于程序化、规范化。

第二,法官职业经历。法官职业经历对法官个性也有突出的影响。较长的审判经历容易使法官形成对经验的倚重,在程序中的行为趋于沉稳,同时也更加注重自己的尊严。

第三,个人气质。气质是表现在心理活动的强度、速度和灵活性方面典型的、稳定的心理特征。古希腊以来的各学者对人的气质做过若干不同的归类,但广为接受的气质类型包括胆汁质、多血质、粘液质、抑郁质四种。气质类型决定着个性心理特征。人们无法根据某一种气质类型去选择法官,因而各个法官由于气质类型的差异,其心理倾向也不尽相同。一般来说,属于胆汁质的法官容易冲动,具有强烈的爱憎感;而属于粘液质的法官沉稳或保守性则更为明显。

第四,功利偏好。对于司法审判行为所能够带来的若干个人功利因素,各个法官的功利偏好是不一致的。他们对各种功利因素的感知和追求也不一样。基于自我实现的愿望,法官可能依照自我实现的价值而建立起自己的功利结构体系;基于对社会责任和制度要求的服从,法官的功利结构体系又会是另一种状况。不同功利偏好进一步对法官在诉讼过程中心理特征的形成产生作用。

根据上述因素的不同影响,可以粗略地把法官不同的心理特征归纳为后述五种类型。

(二)情感冲动型

情感冲动型法官的心理特征主要是:法官的情绪易于被冲突事实、冲突主体的言辞行为以及公众舆论所感染,并由此形成强烈的憎恨、嫉恶或同情、关切的心态。富有这种心理特征的法官实施行为敏捷,处理冲突果断。在多数情况下,强烈的情感能够使法律内含的正义鲜明地体现在冲突的解决过程之中。但是,这类法官容易先入为主,缺乏耐性,并且容易把情感渲泄在审判行为的适用以及裁判结果之中。在同时存在主观判断失误的情况下,则可能赞成审判行为的不当和裁判结果的偏差。情感冲动多与其司法经历不长,涉世不深等因素有关。

(三)经验偏见型

较长的司法审判经历,通常能够使法官积累起许多独特的经验。这种经验对于法官认识冲突事实,缓解冲突的烈度以及恰当有效地解决冲突,都能够产生事半功倍的效果。实践中,许多冲突的解决并不在于程序形式的有效,而取决于法官以经验为支撑的直觉,以及在这种直觉基础上所选择的行为。经验偏见性心理的法官往往习惯于运用这种直觉去处理冲突,并且,直觉判断和行为越是有效,就越能强化法官的经验偏见。然而,经验偏见型法官往往不注重个案中不符合经验逻辑的特殊情境,不善于发现和重视冲突细节,固执于自己的见解和判断。并且,具有这类心理的法官通常带有忽视程序规范要求的倾向。

(四)利他求偿型

在伦理功利中,利他行为是价值最高的行为。利他行为的最根本特征在于主体在实施该行为时不要求他人的回报,至少主观上不具有他人回报的期望。然而,在法官的心理特征中,则有一种利他求偿型的心理。这种心理的特征是:希望并积极地运用审判手段帮助冲突主体一方或各方以及其他诉讼参与人获得某种积极利益或者减轻某种处罚,但同时希望得到受益者的回报。这种回报通常并不是物质性的,而主要是感激、尊敬、赞誉或其他伦理性的补偿。受这种心理的支配,法官往往能够细微地体贴诉讼参与人的境况,并尽一切可能为相关主体提供诉讼便利和各种保护,同时力求使受益者感受和知晓这种"利他"动机,诱发受益者的回报愿望。这类心理的消极性在于容易使法官放弃原则而取悦于冲突主体,并且,受虚荣心理支配,法官对回报的预期又实际地制约着审判手段的选择运用，从而难免使程序失于公正。

（五）温和精细型

与情感冲动型完全不同，温和精细型心理的法官对诉诸于自己审判的冲突很少渗入自己的情感。无论冲突的烈度以及冲突主体的心态如何，这类法官都有一种职业性的迟钝，并且这种迟钝往往也能对冲突主体的对抗情绪形成感染，产生某种缓冲作用。在审判过程中，这类法官的特点是易于发现冲突事实的细节和冲突主体情感的细微变化，并具有劝导说服冲突主体的耐心。但是，审判行为迟缓，优柔寡断，审判周期较长则是这类心理特征的必然结果。

（六）桀傲自尊型

桀傲自尊型心理的法官，往往慎重于自己审判行为的实施，尤其注重行为对个人尊严的影响，律己意识较强，包括对自己在庭审中的仪态、仪表的讲究。这种心理类型的弱点在于，过于计较冲突主体以及其他诉讼参与人对自己行为的言辞，更注重冲突主体以及其他诉讼参与人对自己意见的尊重。

毫无疑问，对法官个性心理特征作任何归类都是有缺陷的。实践中甚至很难找到完全、典型地符合某类特征的法官。任何法官通常都兼具几种类型，尤其是较为相近的类型的某些特征。描述这些类型意在说明，法官与社会生活中的任何主体一样，都具有某种与后天经历和先天基因相联系的个性心理倾向，并且，这种心理倾向影响和制约着法官的行为。因此，可以认为，法学家们根据法律规范所推断的法官行为的图像并不具有充分的现实性，而实践中法官行为的实际轨迹是包括其心理特征在内的各种因素综合影响的结果。

第六章　诉讼机制中的冲突主体

在对法官职业行为分析的基础上，我们进一步将考察的视点转向其对应面——冲突主体的诉讼行为。

冲突主体的诉讼行为历来是程序法理论的重要对象。但是，程序法理论对冲突主体诉讼行为的分析通常是以现实立法规范中的具体规定为依据的。更明确地说，这种分析侧重（或局限）于实存程序法为当事人所规定的权利和义务。因此，冲突主体实际诉讼行为与程序法规范之间的差异以及程序法规范的理性价值等并不能纳入理论的分析范围。显然，这种分析的主要意义在于阐释程序立法的意旨，或者是描绘由立法所拟定和建立的冲突主体在诉讼中的形象。

在法哲学意义上研究诉讼机制中的冲突主体，我们所面临的任务着重在于揭示冲突主体实施诉讼行为的法哲学根据，并从实然角度分析冲突主体实施诉讼行为的自我能力和社会条件，借以为相应的程序法规范寻求理性化的价值判断依据。

一、冲突主体诉讼行为的法哲学根据

毫无疑问,特定社会中,冲突主体发动诉讼程序以及在诉讼过程中实施具体诉讼行为的依据在于现实法律的规定。然而,在更深层次上,亦即影响或决定这些法律规定的,则是法哲学上的某种原理。程序法所依据的原理不同,法律规定也呈现出相应的差异。近代以来,冲突主体的诉讼行为通常被西方启蒙思想家以及其他一些自然法理论的宗师们置于民主、自由、平等等最高价值的理论范畴之下加以观照。一方面,冲突主体实施诉讼行为的广泛能力(恰切地说,主体充分行使诉讼权利的能力)被用于佐证民主、自由及平等等范畴的价值;另一方面,这些范畴又为论证冲突主体实施诉讼行为权能的广泛性提供了逻辑根据。但是,启蒙思想家以及自然法学派的代表者并未直接提出作为冲突主体实施诉讼行为根据的具体原理。只是在务实色彩较浓的历史法学派和社会法学派的著作中,这种原理始被提出,并成为学派间争执的对象。迄至现今,有关冲突主体诉讼行为的法哲学根据依然是众说纷纭,但诸种学说大体上可以归为"实体权益根据说"与"公法行为根据说"两个类别。前者从主体所享有的实体利益中为诉讼行为寻求根据;后者则主张主体的诉讼行为纯粹产生于行为的公法性质。

(一)实体权益根据说

"实体权益根据说"的主张者虽然都认为冲突主体实施诉讼行为的根据产生于主体所享有的实体权益,但是,对诉讼行为权〔1〕与实体权益的关系彼此又存在相异的认识。相应形成的主要观点是:"实体权利说"(诉讼行为权即为实体权利);"权利构成说"(诉讼行为权是

---

〔1〕 诉讼行为权亦可称为"诉权"。但是,由于诉权在理论中往往仅仅标示发动诉讼的权利,因此这里避免使用"诉权"这一概念。

实体权利的组成部分);“权利属性说”(诉讼行为权是实体权利的特定属性)。

萨维尼认为,诉讼行为权并不是实体权利以外的其他权利,而是实体权利在诉讼中的特定表现。作为冲突主体在诉讼程序中行为根据的,正是主体在先前享有的实体权益。在提起诉讼之前,实施诉讼行为的权利作为某种潜在的能力而内含于实体权利之中,作为债的法律关系的胚胎;在提起诉讼后,这种潜能即成为真正的债。苏联法学家B.M.高尔敦据此进一步分析道:“从这种观点来看,诉权就其主观倾向来看,自然只能是对付对方当事人、对付被告,对付侵犯某一主体权利的人的权利。”[2]

与萨维尼观点相接近,德国法学家温德雪德(Windscheid 亦译为温德赛)主张诉讼行为权是包容于实体权利之中的权利。在《从现代法的观点看罗马诉权》(1856,Die Actiodes Romischen Rechts Vom Standpunkt des heutigen Rechts)一书中,温德雪德指出:“诉权对于我们充其量只是权利的影子——一种完全溶化在权利之中的东西。”但是,温德雪德并不认为诉讼行为权与实体权利完全同一,而主张前者是后者的组成部分,具有相对的独立性。温德雪德的这种观点在后世大陆国家民法理论中得到进一步发展,并由此形成了民事权利“三要素”之说。依此学说,民事权利分别包括:(1)基础权,它反映主体期待或现实地享有某种实体利益。(2)请求权,它表明主体要求他人为或不为一定行为的可能性。(3)诉讼行为权,亦即权利主体在诉讼中强制不履行义务的债务人或侵权人履行义务或放弃侵权行为的权利。三个要素综合地构成民事权利的本体,并在不同阶段中展示出各自的内容。

---

〔2〕 转引自[俄]顾尔维奇著:《诉权》,康宝田、沈其昌译,中国人民大学出版社1958年版,第2页。

“实体权益根据说”的另一种观点认为,诉讼行为权是实体权利的一种强制属性。德国学者约瑟夫·翁格认为:“起诉的能力并不是和权利不相干、从外面添附到权利上来的东西,而是权利固有的天然属性。权利按照它本来的概念来说就包括着通过审判实现自己的可能性,它在原则上是可诉的(klagbar)权利。由此可见,诉权并不是某种与实体权利不同的、独立存在的权能,也不是实体权利以外的附属品或补充物,诉权乃是与权利两位一体的东西。”〔3〕

“实体权利根据说”的法文化根源可追溯至罗马。罗马原始公有向私有过渡的首要途径“局限于简单的 Possessio(占有)”。这种占有一方面尚未完全摆脱原始公有的外壳,另一方面还面临着被其他主体暴力掠夺进而占有易主的威胁。因此,在罗马,“私有财产的真正基础,即占有,是一个事实,是不可解释的事实,而不是权利”。〔4〕 占有事实转化为现代意义上的权利需要得到国家一般形式(合于法律规定),或特殊形式(对具体占有颁发占有取得令状)的认可。只有当“社会赋予实际占有以法律上的规定,实际占有才具有合法占有的性质,才具有私人财产的性质”。〔5〕 罗马社会曾广泛并存着合法占有(Possessio Civilis)与自然占有(Possessio naturalis)这两种占有形式。具有私权性质的占有与呈自然状态的非权利性质的占有在效能上的根本区别在于,前者具有占有诉权(Actio Possessio),能够通过诉讼强制而排除他方的侵害;后者则不具有此种属性或地位。所以,在罗马,诉讼行为权或诉权自然地与实体权利融为一体。

形成这种现象还有另一个相近似的原因:与私有社会最初权利不稳定的状态相联系,罗马立法对实体权利的转移规定了烦琐的程式,甚

〔3〕 转引自[俄]顾尔维奇:《诉权》,康宝田、沈其昌译,第152页。
〔4〕 《马克思恩格斯全集》(第1卷),第392页。
〔5〕 《马克思恩格斯全集》(第1卷),第382页。

至用纯属形式的拟制诉讼作为确认权利转让效力的手段。这样,在罗马社会的民事流转中,又实际存在合于法定程式的权利与不合于这些程式的利益,两种权利具有完全不同的法律地位,由此又进一步突出了实体权利与其他物质利益的差异。

应该说,由于社会的变迁,促使罗马人将诉讼行为权归入民事权利的历史因素在近代社会已基本丧失。但是,近代社会中私有财产的神圣化以及私有财产权绝对的原则却使罗马的这种观念获得了新的社会根据。

中世纪后资本主义的发萌及缘起是同民事权利地位的提高呈同步状态的。民事权利反映了近代市民社会各种关系的基本内容,成为市民社会的存在基础。因此,19 世纪后西欧国家的社会情感集中倾注于对私有财产权,亦即民事权利的尊重和维护。私有财产权的神圣和绝对性构成近代西方文明的基调之一。这种神圣和绝对性体现在两方面:其一,民事权利作为私有财产的法律表现,"就是任意(asongre)、和别人无关地、不受束缚地使用和处理自己的财产的权利;这项权利就是自私自利的权利"。[6] 其二,民事权利是能够对抗他人,制约国家,具有强制实现力量的权利。任意处分与强制实现形成互补,共同作为民事权利的基本内容。因此,无论是在理论上,抑或在情感上,人们都自然地将旨在实现民事权益的诉讼行为权视为实体民事权利的派生或基本属性。

尽管"实体权利根据说"渊源于罗马法文化基础以及近代市民社会的意识倾向,但这种学说在诉讼实践中的缺陷是极为明显的。首先,这种学说与诉讼的逻辑过程完全相悖。诉讼活动从一定意义上说就是判明主体之间某种实体权益关系存在与否以及存在状态的过程。如果

〔6〕《马克思恩格斯全集》(第 1 卷),第 438 页。

说冲突主体实施诉讼行为的权利依据是主体所享有的实体权利本身，那么实体权益的不确定状态则决定了主体实施诉讼行为也不可能有可靠的权利基础。作为诉讼结果（实体权益关系及其后果的认定）的事实决不应成为实施诉讼行为的前提。德国《普鲁士诉讼条例》曾以萨维尼的前述理论为指导，设立了法官预先审查原告有无“诉权”的程序。根据此项程序，如果法官通过诉状材料发现原告没有诉权，则用绝对命令（Perdecretum）终止案件程序。其结果使许多权利保护请求被拒绝于诉讼之外。[7] 萨维尼倡导实体权利与诉讼行为权合一理论的初衷在于维护实体权利的神圣地位，但以此理论为依据的《普鲁士诉讼条例》则因其有悖于诉讼实践而完全背离了萨维尼的愿望。其次，还可以看到的是，“实体权利根据说”不具有解释冲突主体中非权利享有者，甚或侵权行为者实施诉讼行为的根据。事实上，无论是发动诉讼程序，还是在已发生的程序中运用程序手段，都不能否认或排除非权利享有者，甚或侵权行为者的作为。诉讼当事人平等的原则不允许依据实体权利的有无或多寡来相应决定主体实施诉讼行为的权利。或许，“实体权利根据说”的价值在于能够从观念上强化实体权利的地位，但十分清楚的是，这种学说完全不足以说明冲突主体实施诉讼行为的根据。

（二）公法行为根据说

与“实体权利根据说”的实践缺陷相关，大陆法系国家一些法学家在另一种意义上为诉讼行为建立了支点，这就是“公法行为根据说”。“公法行为根据说”的主张者认为，冲突主体实施诉讼行为，并不是基于主体自身的某种实体权利，而是依照公法行事，或者是依据于国家的特定责任。法治社会要求并保护冲突主体将冲突诉诸于司法审判，因

---

〔7〕 马克思在《福格特先生》一文中对此曾作过揭露和抨击。

此，即便主体并不享有实体权利，亦不影响其实施诉讼行为的资格。

社会连带主义法学派的创立者狄骥从其连带主义理论体系出发，完全否认把社会成员实施诉讼行为（狄骥称为“依法申诉”）的能力视为一种主观权利。狄骥认为，“在进行依法申诉的可能性上不可能看到有一种主观的权利。依法申诉经常是由一个公职人员，或一个作为公职人员来行事的个人来使用的，因为依法申诉不是别的东西，只是动用集体的强制手段。公职人员所作的不是别的事情，只是使自己符合法律，而这种法律又命令他在某种情况下行动起来，因此，我们看不出他在行使一种权利；他不过在实施所规定于他的命令规则而已”。〔8〕对于“为了获取惩罚、赔偿或撤销而起诉、自发地提出申诉”，狄骥认为，这种情况下也仍然不是行使一种主观权利。因为一方面在某些情况下，提出起诉的人并不要求自己获得什么权利；另一方面“提起一种诉讼或进行其他一切依法申诉的个人，只不过是依照法律行事。”〔9〕狄骥尤其反对将主体的起诉行为同实体民事权利混为一谈。狄骥始终主张将提出起诉与通过起诉而获得某一种实体利益或财富这两种截然不同的现象加以区分。

狄骥否认冲突主体实施诉讼行为是一种主观权利，但同时又认为这种行为的依据是主体的法律地位。主体“旨在用制止某些行为来保障某种利益而提出依法申诉”，体现了主体所具有的特定法律地位。这种法律地位分为两类：一是客观的法律地位，即直接从法律规范中产生出来，对社会全体成员都具有效力、具有永久存在的法律地位。这种地位为社会成员提供了诉讼行为的一般可能。二是主观的法律地位。与客观法律地位所不同，“主观的法律地位是特殊和暂时的。这种法

---

〔8〕［法］狄骥著：《宪法论——法律规则和国家问题》（第1卷），钱克新译，商务印书馆1959年版，第216～217页。

〔9〕同前书，第217页。

律地位在只能为个别指定的一个或多个人引用、也只能用以反对同样指定的个别的一个或多个人的这种意义上,是特殊的"。根据这种法律地位,主体在"履行了一种有关的行为并一次行使了制裁法律地位的申诉时,这种主观的法律地位便消灭干净,不能再提出任何的申诉"。[10] 狄骥所说的主观法律地位实际上是指主体在特定诉讼中行使诉讼行为的可能。

"公法行为根据说"的另一些主张者把社会成员实施诉讼行为的可能建立于国家责任之上;而社会成员向法院提出审判请求的能力则被视为社会成员应当享有的公法上的权利。这种观点与资产阶级革命以来所兴起的法治国家思想是一脉相承的。依照这种观点,国家在社会保护以及统治秩序维护方面的特殊使命,相应为其设定了接纳社会成员诉讼请求的责任。基于这种责任,国家应当对冲突主体所提出的审判要求以及在审判程序中实施程序手段的愿望提供实现的条件。在规范形态上,一方面应将国家的这种责任规定为司法审判机构的特定义务;另一方面又应把社会成员实现这种要求和愿望的行为规定为他们的特定权利。同时,与民主制度的广泛性特征相适应,司法审判机构的这种义务以及社会成员的这些权利不受制于任何实际条件,尤其不决定于社会成员本身是否具有某项实体权利。行使诉讼行为权在本质上仅是表达主体的某种愿望,无论这种愿望是否具有合法的实体利益作支撑。

作为前述理论的补充,一些学者同时又认为,冲突主体的这种权利并不意味着在诉讼行为的实施和选择方面可以完全随心所欲。虽然在公法的一般规定中承认任何社会成员都具有实施诉讼行为的能力,但在特定场合下,实施这种行为还必须与诉诸审判的事由具有某种"法

〔10〕 狄骥:《宪法论》,第225页。

律利益”的联系,不论这种利益对于主体来说是积极还是消极的。这种观点为主体实施诉讼行为的权利设定了一定的限制。

“公法行为根据说”把社会成员实施诉讼行为同实体权益的享有加以区分,这无疑是正确的。但是,“公法行为根据说”同样未能为诉讼行为权找到科学而坚实的立足点。

狄骥完全是依照连带主义理论体系来认识主体的诉讼行为的。以社会连带(Social Solidarity)思想为基础,狄骥否认任何意义上的权利的存在,即便是个人依照实在法而获得实施某种利己行为的可能,狄骥也不认为这是个人权利的体现,而只是个人对社会连带义务的服从。狄骥用泛社会的连带义务观说明人们在立法上的利益以及实现这种利益的过程。尽管在强调工业化社会中人际间行为责任方面,狄骥的理论具有独到的意义,但建立在这种极端化理论之上的“公法行为根据说”则难以成为主体诉讼行为根据的科学解释。事实上,虽然冲突主体在实施诉讼行为的过程中无法违背实在法的规定,但在实在法限定的前提下,冲突主体特定的个体意志和个体利益却实际制约和决定着诉讼行为的实施与否以及怎样实施。设若冲突主体所面临的只是一种义务,那么实践中就不会出现某些冲突诉诸审判,而某些冲突则消弥在冲突主体之间的谅解中这样的事实;冲突主体在诉讼程序中对于某些程序手段作出选择的情况也不会出现。狄骥的连带义务理论肯定了所有社会成员实施诉讼行为的可能性,但在另一方面又否定了冲突主体在选择实施诉讼行为方面个体意志的决断力,由此也背离了诉讼行为权的本质。

以国家责任作为冲突主体实施诉讼行为的法哲学依据,虽然较为贴近诉讼行为的社会属性,但是,国家责任说在方法论上的不足在于偏颇地突出了国家对待冲突主体诉讼行为方面的被动性。国家的意志和利益被相应淡化甚而湮没;冲突主体实施诉讼行为的条件也因之被忽略。国家责任说或多或少地带有市民社会初期民主思潮的狂热。

(三)诉讼行为的综合根据

“实体权利根据说”与“公法行为根据说”的共同缺陷在于各自狭隘地固守于某一本位。事实上,冲突主体实施诉讼行为的根据是多方面的,它体现着国家、冲突主体的共同意志以及实现这种意志的技术性要求。国家维护社会秩序的需要、冲突主体维护自身利益的愿望以及这种需要与愿望双向实现的技术性要求,共同构成了冲突主体实施诉讼行为的根据。

国家维护社会秩序的需要是冲突主体诉讼行为权的存在前提。在特定意义上说,国家赋予冲突主体运用诉讼手段的权利,并不是基于对冲突主体某种实体权益的关切,国家所真正注重的是实体权益的这种不稳定状态对于社会秩序所产生的消极影响。更直接地说,国家的出发点在于消除实体权益的争议状态(或受到侵害)对相应立法规范权威所带来的影响。这种判断可以在两方面得到证明:其一,特定社会中,纳入审判的冲突范围的确定,亦即主体可以对何种冲突适用诉讼手段,以及冲突主体在诉讼程序中行为空间的划定,主要取决于国家的意志(尽管这种意志也受制于其他多种因素)。适用审判的范围以及诉讼行为的内容在不同社会中的变化,在很大程度上反映了不同社会中国家在维护社会秩序需求方面的实际差异。其二,许多情况下,是否进入诉讼以及实施某种诉讼行为,并不决定于冲突主体自身的愿望。被告介入诉讼程序通常都违背其自身的意志,而仅仅是对国家强制力的一种服从。同时,冲突主体的许多程序行为,也都产生于立法规定的强制要求。主体在实施其权利性质的诉讼行为的同时,又不能不被迫履行立法所规定的诉讼义务。自然,不能由此而肯定狄骥的社会连带义务理论的正确性,但不容避讳的是,冲突主体实施诉讼行为的首要根据,依然是维护国家和社会公共利益的需要。

近现代政治社会中,国家利益的需要必须同社会成员的基本愿望相吻合。因此,国家利益的需要并不是决定诉讼行为实施的唯一基础,对冲突主体合法权益的尊重也是诉讼行为权的内在根据之一。在个案诉讼中,冲突主体维护自身合法权益的愿望常常是实施诉讼行为的主观动因。

这里需要明确的是,尊重冲突主体的合法权益并不仅仅指对主体一方已受争议或受侵害的合法权利的尊重,还包括对主体在诉讼中可能蒙受损害的权益的关注。冲突主体实施诉讼行为所旨在维护的实体权益也相应包括两个方面:应当得到或恢复的实体权益以及不应当丧失或减损的实体权益。强调这一点,有助于划清同"实体权利根据说"的界限。后者的重要偏颇就在于把实施诉讼行为的根据仅仅建立在受冲突影响的实体权益之上,而忽视了可能在诉讼中受到侵害的实体权益,从而无法解释为什么冲突主体双方或多方(其中不乏对于争议法律关系并无实体权利的主体,甚至是侵权行为的实施者)都应当获得实施诉讼行为的权利。

还应强调的是,将冲突主体诉讼行为权同他们的实体权益相联系,并不意味着前者是后者的必然派生。这种联系的机理是:在对冲突作出司法处置前,无法判定冲突主体的实体权益是否受到争议或侵害,因此,只能假定各方都需要实施相同或相应的诉讼行为。一方面,从这种意义上讲,诉讼行为权是虚拟中的实体权益的维护手段;另一方面,诉讼作为解决社会冲突的特殊过程,潜存重新侵害甚至进一步侵害冲突主体一方或各方实体权益的可能。因此,为了避免这种可能的现实化,也需要赋予各方以相应的诉讼手段。由此可见,一方面,诉讼行为权同实体权益存在本质上的联系,对实体权益的维护体现着诉讼行为权的目的和价值;另一方面,诉讼行为权又是别异和外在于实体权益的独立权利,对实体权益的享有并不是获得诉讼行为权的唯一根据。

除了前述两个方面外，诉讼程序的技术性需求也是设定冲突主体诉讼行为权的重要根据。虽然，这一根据很难纳入法哲学家们的视野，然而，悉心分析诉讼程序的具体过程则不难发现它的实际价值。不难想象，如果没有冲突主体的诉讼行为，即使国家具有强烈的实施审判手段的动机，诉讼过程亦无法发生或难以为续。在多数诉讼中，诉讼的启动是依靠冲突主体的自觉行为而实现的。有意义的还不仅仅是冲突主体自己的行为引发了诉讼程序，而在于主体的这种行为恰恰表明了冲突的对抗烈度实际达到了需要运用诉讼加以解决的地步。在诉讼过程中，冲突主体的各种具体诉讼行为又进一步推动了程序的延续和展开，并为冲突的实际解决提供了条件。例如，冲突主体彼此间的驳诘和攻讦或者被告针对司法机关指控所作的陈述和辩解，无疑为认定冲突事实提供了凭借。尽管冲突主体实施这些行为并不基于对程序技术方面的考虑，但这些行为客观上适应了程序的技术性需要。

更值得重视的是，在作为冲突主体诉讼行为根据的诸因素中，程序的技术性需求具有某种均衡作用。这是因为，无论是国家维护社会秩序的要求，还是冲突主体维护实体权益的愿望，都在一定程度上受制于技术性需求的制约。在这种制约下，诉讼行为的立法设计与具体实施通常不可能表现出对某一种利益的绝对偏重，否则程序将无法进行。自然，恰当地体现国家利益以及冲突主体的实体愿望也相应要求提高程序的技术素质，特别是科学地设计出冲突主体的诉讼行为及其方式。同时，不同社会中立法者也会借助于程序的技术性变化以体现诉讼程序的不同价值取向。

揭示冲突主体诉讼行为根据的多元化和综合性，使我们能够较为准确地从宏观上把握冲突主体在诉讼机制中的一般地位。概括地说，这种地位是：冲突主体的诉讼行为既需要适应于对自身的合法利益的维护，亦应服从于维护社会秩序的要求，同时又必须合于诉讼程序的技术性需要。合理和恰当的诉讼行为应当是这三维座标作用之下所形成的轨迹。

二、冲突主体诉讼行为的实践制约与障碍

"二战"后,近代世界各国立法公开、直接限制冲突主体运用诉讼手段的现象已极为少见,同时,尽管传统和习惯依然使各国立法保持着一定的差异,但立法为冲突主体所设定的诉讼权利一般都较为宽泛。然而,在任何情况下,立法所提供的手段并不直接等同于冲突主体的实际诉讼行为。这主要是因为冲突主体在诉讼行为的实施方面存在无法超越的实践制约与障碍,尽管这种制约与障碍不完全是消极的。认识这些制约与障碍可以使我们看到立法规范究竟在何种程度上得到实现,而不致仅仅满足于立法所描绘的状况。

总的来说,冲突主体诉讼行为的实践制约与障碍产生于三个方面:主体的行为意志;主体的行为能力以及诉讼行为的社会条件。

(一)主体的行为意志

面对已经发生的冲突,是否通过法定的途径与手段,将冲突诉诸于司法审判,各主体的作为不可能相同。同样,置身于诉讼程序之中,是否实施立法所允许的某种诉讼行为,各主体的抉择也可能完全相异。决定和影响主体不同作为与抉择的首要因素是主体的行为意志,亦即主体对待诉讼行为实施的心理态度。更进一步看,主体的行为意志又决定于:(1)主体在冲突及诉讼中的利益境况;(2)与冲突烈度和主体禀性相关的主体情绪;(3)冲突主体对实施诉讼行为的效益预期。

主体在冲突及诉讼中的利益境况直接标示着主体自冲突发生以来既得利益的损害以及可能进一步发生的损害的程度。这种利益境况部分同主体在冲突中的行为相关,也部分地决定于司法机关及冲突主体相对方的诉讼行为。前者构成现实的利益境况,后者则构成潜在的利

益境况。一般来说,现实的利益境况相应决定着潜在的利益境况,但诉讼结果的随机性以及公正判决的概率又决定了两者并非完全等同。诉讼过程中各主体,特别是法官行为的偏差既可能使应得到恢复或补偿的利益而未能恢复或补偿(或者未完全恢复与足量补偿),也可能使应受到制裁与惩罚者免却制裁与惩罚,或者情形完全相反。因此,主体自身所处的利益境况对于其行为意志的形成具有重要的决定作用。

利益境况对主体行为意志影响的一般状况是:主体利益损失或潜在的利益损失越大,实施相应诉讼行为的意志就越是坚定;主体通过诉讼所可能获得的利益越重或可以避免的损失越多,实施相应诉讼行为的意志也就越强。相反,利益损失较小,或诉讼中可得利益不重,则往往促使主体放弃诉讼或放弃实施某些诉讼行为。自然,对利益境况的感受一定程度上决定于主体的经济或其他社会地位,特别是受制于与之相关的利益价值观。相同数额的经济利益,贫困者与富有者的感受和欲望不会一致,寡欲者与吝啬者也不可能有相同的认识。面临诉讼中所可能出现的人身制裁,不同社会身份主体的主观感受差异亦十分明显。但是,排除这种差异因素的影响,前述利益境况与主体行为意志之间的对应状况是具有普遍意义的。

主体对于冲突或相关诉讼的情绪对其行为意志的形成也有重要影响。心理学上的实验表明,人的情绪除了受制于主体先天的或习惯性的情感特征外,再就是外部刺激。外部的刺激是某种特定情绪的形成和变化的重要条件。无论是社会冲突本身,抑或为解决冲突而引发的诉讼程序都体现着主体间的一种社会对抗。这种对抗对于主体来说无疑是一种强烈的刺激,由此激发出主体各种情绪。这些情绪又进一步影响着冲突主体实施诉讼行为的意志。

一般来说,冲突主体在冲突发生后以及在整个诉讼终结前的情绪都带有一定的消极性。愤怒、焦虑、自责、抑郁、痛苦以及畏惧等是主体情绪的主要基线。在这种消极性基线中又夹杂着主体攻击、期盼等情绪。毫无疑问,这些情绪通常都能够促成主体主动地实施诉讼行为,通过诉讼这种特定的对抗手段以体现、抑制或改变自己的消极情绪。例如,用起诉、控告等手段强化自己的攻击力,并发泄自己对冲突事实的愤怒;以抗辩、申诉等形式来转移自己的痛苦或改变畏惧情绪。实践中,往往有相当多的诉讼都产生于主体偏激的情绪冲动。

然而,不可忽视的是,消极性的情绪在某些场合下又可能削弱主体实施诉讼行为的意志。这是因为,第一,消极性情绪有时又往往导致主体不作为的消极态度,放任事态的发展或被动地接受已经发生和将可能发生的不利事实。同时,在一些受害者看来,“坚持某种权利要求就是承认自己遭受伤害或失败和公开承认软弱”。[11] 在某些宗教氛围中,这一因素的影响更为突出。例如,在英国国教文化的影响下,权益受害者的自责情绪往往导致其放弃诉讼手段的运用。第二,主体一方的消极性情绪又可能导致对方同情、怜悯的利他心态的形成,从而使对方放弃实施某些诉讼行为,或放弃诉讼手段的选择。总之,情绪对冲突主体行为意志的影响作用也是双重的。

影响和决定冲突主体行为意志的另一个重要因素是主体对诉讼行为的效益预期。在本书第四章中,我曾具体地分析过诉讼成本和效益的函数关系对冲突主体行为选择的影响。这里,需要进一步提到的是效益预期与主体行为意志以及诉讼行为实施之间的连锁关系。很难说每一个主体实施每一项诉讼行为(包括选择适用诉讼这一手段)都有明确的效益预期,因为许多诉讼行为(即便是行使诉讼权利的行为)都带有一定被动色彩;“程序使然”更适于表达冲突主体在实施行为时的心态。但是,对于一些直接能够产生某种实体后果或对实体后果有直

〔11〕[英]科特威尔:《法律社会学导论》,第288页。

接影响的诉讼行为，冲突主体一般都有确定的效益预期，尽管这种预期多少产生于冲突主体的经验和推测，并不十分准确。冲突主体对行为的效益预期（即或存在于下意识之中），强化或弱化着主体实施某种行为的意志。对效益的良好预期无疑会坚定主体实施行为的意志；不良的效益预期则滞碍主体行为意志的形成。受这种预期的影响，主体相应决定自己实施或不实施某一诉讼行为。在诉讼行为实施与效益预期确定之间，行为意志是不可或缺的中介。

效益预期与利益境况具有直接联系，但二者并不相同。现实的利益境况既是效益预期的参照，也是效益预期确定的基础。同时，效益预期实际上又是对可能出现的利益境况的一种估价。

（二）主体的行为能力

需要说明的是，这里所说的主体的行为能力并非仅指一般意义上的诉讼行为能力。尽管诉讼理论把一般意义上的行为能力定义为“自己实施诉讼行为的能力”，但立法上对“自己实施诉讼行为的能力”所作的规定仅仅为一定年龄的到来和智力状况的正常。毫无疑问，对于诉讼这一复杂实践活动来说，立法上的这两方面的规定绝非是实施诉讼行为的充足条件。

事实上，评价冲突主体是否具备实施诉讼行为的能力不应以主体在资格上是否能够从事某一诉讼行为为根据。充足的行为能力条件应当包括：(1)主体对行为的后果有充分的了解，并且能够理智地作出行为的选择，亦即主体具有保证行为质量的能力；(2)主体具有实施相应诉讼行为的体能条件；(3)主体具有实施相应诉讼行为的经济能力，能够承付实施行为本身所需要的经济成本。当然，并不要求冲突主体本身完全具备这些条件，如果主体与其代理人及其他辅佐人能够共同具有条件，亦可视为具备充分的行为能力。问题在于，即便有代理人，辅佐人制度的存在，实践中冲突主体的诉讼能力也往往是不健全的。由此也构成了冲突主体诉讼行为的障碍因素。

科特威尔在对“抑制有效地提出控诉的若干因素”的研究中,其中涉及主体行为能力的因素有这样几方面:

第一,控诉的必要知识和机会。“贫民和不能表达思想的人尤其缺少运用控诉权利的必要知识和机会”。因为许多情况下,贫民或不能完全表达思想的人(并非精神耗弱者)往往不能发现自己的权益已经实际受到侵害,从而缺少运用诉讼手段的动机和前提。

第二,控诉人的财力。杰弗里·乔伟尔关于美国的福利申请和马萨诸塞州反歧视委员会工作的研究报告认为,“低收入群体中对控诉滥用权利的障碍因素最多”。在高昂的诉讼费用面前,低收入者往往临讼却步,即便能够支付所有的诉讼费用,往往也不愿冒这种风险。因为与高收入者相比,低收入者的风险成本更高。

第三,诉讼经验和人际关系。美国法律学家麦克·盖兰的研究表明,“反复诉讼者(即诉讼老手)”较之“一次性尝试者”(未曾涉讼的诉讼新手),前者的诉讼经验显然比后者多得多,因而实施诉讼行为的冲动也更为强烈。相反,“一次性尝试者”由于缺少经验,行为的不良预期居多,实施诉讼行为的主观动因不充分。即使在律师代理的情况下,由于律师通常不愿超越委托范围,以及“诉讼新手”在选择律师和与律师的沟通配合方面缺少经验,因而在同“反复诉讼者”的抗争中,也会处于不利地位。不仅如此,“反复诉讼者”在与审判人员的人际关系方面,也存在明显的优势。盖兰甚至发现,某些社会成员由于具有“反复诉讼”的经历,以至于使地方的小型法院几乎成为为他们服务的托收性机构。[12]

第四,主体的社会身份和地位。冲突主体之间所存在的某种商业

---

〔12〕[英]科特威尔:《法律社会学导论》,第290页。

性或其他方面的依赖关系,对主体各方的诉讼行为都有重要影响。主体之间的依赖关系客观上已经形成了强者与弱者的位势之差。虽然法律上强调诉讼当事人之间的平等,但法律上的这种规定至多只能把平等之光聚集在“诉讼过程之中”,而无法延展至诉讼过程之后。诉讼过程之后主体一方凭借身份或地位优势实施报复的可能,不能不使另一方更为慎重地考虑自己行为的选择。科特威尔认为“一个受侵害者不大可能对他所依赖的压迫者提出控诉。”〔13〕以福利救济金为生的消费者难以对经常向他赊账的零售商店提出起诉;雇员对雇主的追偿诉讼也往往是在极度无奈的情况下才提出的。

科特威尔研究中涉及的上述四个因素在现代各国都是存在的。从中国近几十年的审判和社会实践看,影响冲突主体实施诉讼行为的能力因素突出体现于以下两个方面:

首先,与历史条件相联系的社会成员的文化(仅指知识性文化)水平的低下。这不仅反映出受高层次文化教育者的比例不高,更体现出社会成员中文盲或半文盲的绝对数较大。这种现实对社会成员诉讼能力的直接影响是:主体缺乏认知自己是否受到侵害,准确而充分表达自己的行为愿望以及恰当选择解决冲突手段的知识条件。仅就文化知识的水准而言,相当多的社会成员尚不具备撰写必要的诉讼文书,乃至于在诉讼中准确表述自己意志和要求的能力。更为重要的是,我国历史上不具有法治传统,社会成员的法律意识较为淡薄,法律知识以及从事法律行为的经验普遍欠缺。传统文化中的某些原则还在社会成员与诉讼活动之间建立了一层厚重的心理之幕。所有这些又进一步降低了社会成员的诉讼行为能力。近几十年来所开展的普及法律教育运动突击性地提高了社会成员的法律素质。然而,对法律常识的粗浅了解与稳

〔13〕［英］科特威尔:《法律社会学导论》,第288页。

熟地运用诉讼手段之间毕竟存在相当大的距离。由历史造成的这种空间同样需要较长的历史过程加以弥补。另一方面,律师制度在近几十年中得以再生,并有了很快发展,一定程度上缓解了社会成员对法律帮助的急迫,但是,从法律服务市场看,律师的“有效需求”(有购买能力的需求)不足,仍然对律师诉讼功能的发挥具有较大制约,且律师队伍本身也面临着业务素质提高的问题。总之,社会成员的文化、法律素质依然是当代中国社会中冲突主体实施诉讼行为的基本障碍。对冲突事实缺少法律判断的能力以及对诉讼程序的生疏在很大程度上限制了冲突主体的实际诉讼行为能力。

其次,与社会管理体制及经济状况相联系的冲突主体间的隶属和依附关系。中国长期以来的社会管理体制(尤指经济体制)始终是以层序和等级结构为基础的,各社会组织彼此间存在因行政管理而发生的隶属关系。自20世纪70年代末以来开展的社会改革,相对淡化了经济组织(企业)的行政色彩,经济组织与政府管理机构之间的身份依附关系逐步消解,但彼此间的实际等级差异依然存在。社会身份上的这种差异以及社会管理过程中这种特定关系必然影响到主体诉讼行为的实施。政府管理机构身份上的优势客观上强化了它们的诉讼能力;而经济组织或其他的隶属性社会组织地位上的劣势也相应降弱了它们的诉讼能力。最为明显的例证是:尽管社会成员或经济组织不满行政行为的情况较普遍,但很少愿意将这种不满直接诉诸于法院。

(三)诉讼行为的社会条件

冲突主体的行为意志和行为能力体现着主体自身的因素,而制约,甚或决定主体诉讼行为的除了主体的自身因素外,还有主体实施诉讼行为的社会条件。事实上,在论述主体行为意志和行为能力时,已经间接地涉及了某些社会条件因素。系统地说,这些社会条件包括三类:诉讼文化意识环境、社会协助条件以及诉讼程序条件。

诉讼文化意识环境主要体现于特定社会中宗教、舆论倾向、社会观念等对冲突主体实施诉讼行为的社会评价。如同任何社会行为一样，冲突主体诉讼行为的实施不能不顾及宗教准则的要求、公众舆论的贬褒及社会观念的取向。一般来说，任何社会中，文化意识环境对诉讼行为的影响都不绝对是单向的，亦即文化意识的内容中，既有有助于主体实施诉讼行为的成分，又有影响这种行为实施的成分，差异仅在于量的不同。影响和制约诉讼行为实施的情况主要有这样两方面：一方面，立法的某些规定与社会文化意识中的一般价值准则不相一致。冲突主体以这类立法为根据而兴讼，则很难得到观念和舆论的认同，从而影响到主体对行为的选择；另一方面，文化意识倾向重人伦而轻利益。中国传统文化对争讼的否定评价或鄙视的原因不在于争讼形式本身，更深刻的根据是儒家伦理体系对利益进取行为及观念的排斥。人伦关系的和谐被置于功利结构的最高层次。对争讼的否定是对利益关系漠视的逻辑结果。

社会协助条件泛指社会为冲突主体实施诉讼行为所提供的各种援助。如果说文化意识是冲突主体实施诉讼行为的隐性环境，那么，社会协助条件则构成这种行为的显性环境。从历史上看，社会协助条件的完善和发展与两个因素相关：其一，社会法律服务功能的不断增加。这包括律师、公证制度的形成和发展；社会组织支持起诉制度在某些国家的建立等。其二，社会福利事业的逐步发展。在现代西方国家中，诉讼救济（包括在某些诉讼中为贫困者免费提供律师，或减免诉讼费用等）被列为社会福利项目的重要组成部分。因此，社会协助条件的改善一般总是与全社会福利事业的发展相同步。

受上述两个因素的制约，不同时期及不同国家的社会协助条件也存在较大的差异。而这种差异相应影响着冲突主体诉讼行为的选择与实施。在其他情况相同的场合下，良好的社会协助条件无疑会促使冲突主体借助这种条件而实施某种诉讼行为;相反,社会协助条件不充分则可能使主体放弃某种诉讼行为。对于那些必须仰赖诉讼救济的人来说,可否得到这种救济则是决定诉讼行为实施的唯一根据。

广义地理解,诉讼程序方面的条件也应包含在社会协助条件之中,但前者有其独立的意义。诉讼程序条件的一般价值判断依据是:制定的诉讼程序是否有利或至少便利于冲突主体实施诉讼行为。具体包括:(1)诉讼行为实施程式的繁简程度。特别是发动某种诉讼程序,如起诉、上诉、再审或复审的程式要求是否简化。(2)某些特殊诉讼行为的附加责任是否恰当,包括应否设定附加责任或附加责任的大小与行为的要求是否适应,如诉讼保全申请的担保是否超出保全财产所可能为他方所造成的损失。(3)冲突主体实施某些诉讼行为的合法要求是否能够顺利地得到法官或其他司法人员的满足。例如,冲突主体及其代理人传唤证人、查阅有关资料、进行证据保全等要求在立法和实践中能否正常地得到法官或其他司法人员的批准,并使这些行为的实施获得相应的便利。(4)法官或其他司法人员应否或是否及时地用恰当方式告知冲突主体实施某些诉讼行为的权利,并在需要实施某些行为时,给予适当提示。(5)程序的技术性要求是否能够适应冲突主体的一般技能和知识状况。

冲突主体的行为直接实施于程序延续过程中,因此,程序便利与否对主体行为选择的影响也最为直接和深刻。当然,程序的便利与否是个较为复杂的问题,对一方的便利可能造成他方的不便;某一先前的程序过于便利则可能为后续的程序带来更大的不便,因为程序本身带有一定的约束主体行为的使命,仅仅从一方的立场或从单一的程序出发判断程序的总体价值是不恰当的。程序条件的便利应当是总体上的便利或综合性的便利。

上述分析表明,冲突主体实施诉讼行为的制约和影响因素远比立法所规定的情境复杂。一方面,现实中冲突主体的诉讼行为往往决定于主体自身或社会、主观或客观、有形或无形的若干因素,最终实施的行为常常是各种因素综合权衡的结果;另一方面,正是由于这些影响和制约因素的存在,许多冲突主体往往不得不放弃诉讼手段或某些诉讼行为。应当承认,在各种因素影响和制约下所实施的诉讼行为并非完全恰当;同时,冲突主体放弃诉讼手段或某些诉讼行为也并不是一种绝对消极的事实。分析这些因素的意义在于更为实在地认识冲突主体诉讼行为的过程,同时恰当地利用这些因素,促使冲突主体正确选择和实施自己的诉讼行为。

三、冲突主体诉讼行为模式的理性趋势

战后各国诉讼制度改革与发展的重要主题就是诉讼制度如何更为有效、完善地保护冲突主体的合法权益。相应的,冲突主体诉讼行为模式的改革也引起广泛的理论兴趣和立法者的重视。

深刻地分析前述过程,我们不难看到一个近于悖论的现象:诉讼制度越是趋向于有效、完善地保护冲突主体的合法权益,国家干预的色彩就越是强烈,而冲突主体主观意志及诉讼行为的制约则相对增加。显然,这种现象意味着冲突主体诉讼行为的传统模式中一定程度上存在着主体行为的非合理性;同时也意味着社会对司法组织信赖度的提高。更为明确地说,这种现象表明,在有效、完善保护冲突主体的合法权益这一基本功利目标之下,社会希望国家司法组织更加主动地行使自己的职权,甚至在某些场合下不考虑冲突主体的意志。这种现象与战后立法和司法中的社会本位主义的兴起具有直接的联系。

然而,正是因为相对限制冲突主体意志与行为的目的在于更加有效和完善地保护冲突主体的合法权益,因此,同样受到重视的是对冲突主体在诉讼过程中正当权益的充分尊重和维护。程序立法和审判实践

的改进都把冲突主体诉讼境遇的改善作为自己的目标之一。人们不断重新审视“诉讼为冲突主体带来什么”以及“冲突主体在诉讼中居于何种地位”这样一些基本问题。

从有效和完善保护合法权益这一目标出发,冲突主体诉讼行为模式发展的理性趋势体现在诉讼发动机制的变化、主体诉讼境遇的改善以及诉讼行为效益的提高这三个方面。

(一)诉讼发动机制的变化

在诉讼发动机制方面,除了国家公诉的刑事案件外,各国诉讼制度所遵循的原则是“不告不理”。“不告不理”的传统根据是:(1)冲突主体具有处置自己实体权益的意志能力,包括认可他方对这种权益的侵犯或放弃权益的主张;(2)冲突主体对解决冲突的手段具有选择力,是否需要诉诸审判,应当尊重主体自身的意志;(3)司法机构不可能完全掌握社会冲突发生的所有信息,这也需要借助于冲突主体的告诉。

然而,这些传统根据的绝对意义在现代社会中已经丧失。首先,由于实体法中民事权益地位的降低,排他性支配的范围已受到限制,因此,冲突主体实体权益处分的绝对意义也不被承认。这种处分唯有在与社会利益、其他相关主体的利益不相冲突的情况下才能够成立。同时,这种处分还必须同主体的真实意志相一致。主体放弃权益主张(包括以默示的方式放弃)不应构成诉讼发动的绝对障碍。其次,一般情况下,冲突主体固然能够选择解决冲突的手段,但是,前面的分析表明,放弃诉讼手段的原因往往并非因为主体具有运用其他手段的条件和可能,而是基于主体能力方面的某些缺陷。最后,司法机关掌握冲突信息不足这一事实在本质上仅能说明社会需要主体自我告诉制度,而不能排除自告以外的诉讼发动方式的存在。十分清楚,“不告不理”已不是现代社会所绝对固守的原则。

作为对“不告不理”原则绝对性的一种否定,抑或对之所作的补充,前苏联及东欧一些国家在民事诉讼制度中最早建立了社会支持控诉制度,从而肯定了检察机关以及有关社会团体代表某些冲突主体的利益而代为起诉的可能。这种制度的理论基础是"社会主义国家不承认私权的存在",国家干预或社会干预的范围不受民事权利主体的意志局限。而从实践中看,社会支持控诉主要适用于主体在权益遭受侵害后具有控诉意志却又由于某种原因不敢、不愿或不能直接向法院提起诉讼的情况。

尽管前苏联社会支持起诉制度及其理论基础与西方国家法律的立法本旨格格不入,但"援引法律维护集体利益"的问题同样引起了西方国家理论界的重视,并且,在立法制度和司法实践中已经有了相应的体现。这一现实根源于两个方面:第一,随着市场关系的日益复杂化,合同或侵权行为的影响面也相应加宽,同一行为侵犯多个主体"集体利益"的情况也较为普遍。实践中面临着是否允许"集体"中任一成员代表其他成员的"共同利益"而提出起诉的问题。第二,战后西方国家法律意识中保护公共福利的观念得到强化,而作为资产阶级大革命以来时代精神的个人主义的潮流则有所抑制。这种变化为司法渗透提供了观念基础。但是,或许是个人主义的法律传统过于深刻,总体上说,大陆法系国家对"授引法律维护集体利益"问题仍然保持十分慎重的立场。围绕"出庭资格"和"主体身份"问题的争议始终未曾平息。"个体诉讼当事人在诉讼结果方面必须获得个人利益的性质"这一原则依然深深地影响着大陆法系的立法和实践。英美国家尽管在制度上确立了集团诉讼等规定,但实践中"扩大超越个人权利要求的法律诉讼范围依然充满了大量法律学上的困难和司法实践上的困难"。[14] 这种状况说明诉讼发动机制的改革还只是一种趋势。

---

〔14〕 [英]科特威尔:《法律社会学导论》,第292页。

诉讼发动机制的变化对冲突主体诉讼行为模式的改变是双重的。一方面,当冲突主体具有发动诉讼的意志、由于某种障碍而不能实现这种意志时,支持控诉的社会组织可以代为(并非诉讼代理性质)提出诉讼;另一方面,冲突主体虽然没有甚至拒绝提起诉讼,但在某些情况下,也可能由同类的利益主体或有关社会组织代为诉讼,并使诉讼后果归于未直接参与诉讼者。总之,诉讼发动机制的这种变化所引起的现实是在某些情况下主体诉讼行为的异己化——既包括行为上的异己,也包括意志上的异己。

(二)主体诉讼境遇的改善

主体的诉讼境遇是主体在诉讼中行为条件及地位的综合表达。与其他时空环境相比,主体的诉讼境遇多少带有消极性。实践中不排除某些冲突主体把诉讼作为个人行为价值实现场所的情况,但更多的社会成员是在无奈的状况下才接受和承认自己的诉讼主体地位的——无论是作为被告还是作为原告,也无论是介入民事诉讼还是涉足刑事诉讼。这首先是因为,在任何文化氛围中,诉讼主体都不能不承受程度不同的伦理上的否定评价。社会冲突本身的消极性自然会影响到社会对冲突主体的评价,而这种评价并不完全以主体在冲突中的正义性为根据。同时,不论在何种诉讼形式中,冲突主体与法官或其他司法人员之间客观上都存在一种非平等的位势。这种位势对主体的影响不仅仅是心理上的。"诉讼伤害"现象(亦即主体在诉讼过程中所承受的冲突以外的损失)在任何诉讼制度中都是存在的。因此,改善诉讼境遇不能不成为当代诉讼主体行为模式变化的一个重要趋势。

诉讼境遇的改善首先体现于主体行为的主动性增强。虽然,如前所述,在诉讼发动机制方面,主体告诉行为的绝对意义已经丧失,但是,另一方面,主体在诉讼过程中的主动作用却呈现出增强的趋势。在这种趋势下,大陆法系国家面临的挑战更为现实。如何改进质问式诉讼程序,发挥法官与冲突主体在程序推进中的双向互动作用,适度发挥冲突主体的主导作用,这些显然已成为大陆法系国家程序改革的重要主题。毫无疑问,英美法系国家审判方式对于大陆法系这种改革是有一定借鉴意义的。英美法系国家所注重的是怎样在冲突主体的主导作用与法官职权中寻求恰当的度,以避免和克服冲突主体行为的任意性。

诉讼过程中的主体人格和人身待遇的提高(或是损伤的减少),这是诉讼境遇改善的另一重要内容。从近几十年的实践看,侮辱性程序以及其他有伤主体人格和心理的程序方式已经并将进一步从诉讼制度和审判实践中消失。程序本身的惩罚意义也受到了学理和制度的否定。在刑事诉讼中,被告人的人身和人格待遇已成为人权保障中的重要问题而被政治化和国际化。然而,人们情感上的愿望以及政治家的主张并未顾及一个重要事实:诉讼程序的有效常常需要以冲突主体,特别是刑事被告人的某种消极待遇为代价。最简单的事实是:没有诉讼强制措施,许多案件甚至不可能会有诉讼结果。因此,人们的努力只能局限于尽可能地改善主体的某些待遇。在这方面,人道主义必须与司法程序的有效性共同作为制约准则。

诉讼境遇的改变最后还体现于冲突主体抗辩手段的增加。从诉讼整体过程看,抗辩手段应当能够使主体足以有效地表达自己对实体和程序的愿望,并对抗各种缺少公正基础的程序措施和实体裁判。从具体诉讼程序看,冲突主体对于每一司法机构及另一方主体于己不利的程序行为都应获得表达自己否定意见的条件。但是,抗辩手段的增加应与控告和攻击手段相平衡。

(三)诉讼行为效益的提高

冲突主体诉讼行为模式发展的另一趋势表现为诉讼行为效益的不断提高。在立法层次上,从技术上提高程序素质,减少或取消效益不高,甚或完全无效益的程序形式。在司法层次上,除了法官及其他司法人员审慎地选择适用程序手段外,更为重要的是为冲突主体诉讼行为的实施提供引导和启发,帮助主体建立恰当的行为预期,提高行为的合理程度,避免行为失当而造成不必要的耗费和损失。有关诉讼行为效益的论述,详见本书第四章。

第七章　诉讼强制及其效用

诉讼手段对于解决社会冲突的特殊价值,一方面体现于诉讼程序提供了判断和评价冲突事实及法律后果的恰当条件,另一方面则在于诉讼为运用国家强制力实施冲突权益处置方式提供了实际可能。并且,从功利角度看,后者更富有意义;前者通常只是后者的一种条件。

国家强制力在诉讼过程中表现为程序法意义上的诉讼强制。广义上的诉讼强制包括两方面:其一,诉讼过程的强制,亦即由诉讼义务或司法职权所体现的促使主体实施某些诉讼行为的强迫力量;其二,诉讼结果的强制,它体现为迫使冲突主体接受并履行法院裁判义务和责任的国家的强制性力量。本章所要研究的是后一种意义的诉讼强制。

程序法理论对诉讼强制(仅指诉讼结果的强制)的研究集中于强制执行的技术性措施。毫无疑问,法哲学对诉讼强制的研究应当有更广阔的视野。这种考察不仅涉及诉讼强制与法律的一般强制属性的关系以及诉讼强制对于冲突解决的意义,而且将分析诉讼强制在诸种社会条件制约下所实际具有的效用。

一、从法律强制到诉讼强制

在法哲学中,诉讼强制首先是同法律的强制性相联系,并且在这种联系中体现其价值的。然而,诉讼强制在概念上及实践中都不同于一般意义上的法律强制。从法律强制到诉讼强制,其间包含着一般性立法在个别情境中实现的典型过程。

(一)抽象的强制:作为法律属性的强制

尽管强制与法律的联系已构成现代社会中人们的基本信念,但是,法哲学理论对法律是否具有强制属性,抑或应否肯定或强调法律强制属性的认识并不一致。这种差异根源于各流派对法律本质的不同见解。奥地利社会法学派的创始者欧根·埃利希(Eugen Ehrlich)及其追随者主张"将法律视为由社会成员所遵守的安排、日常惯例以及正义原则的集合体,而不是最高权力机关发布的命令"。据此,埃利希认为,可以将强制排除于法律属性之外。理想的法律秩序并不在于国家运用强制威胁迫使人们去遵守立法规范,而应使"法律制度成为一种自发、非强制性工具的因素,以调整在社会中共同生活并互相发生各种关系的普通人之间所提出的互相主张与要求。"[1]神学主义者以及其他极端的"正义"、"理性"和"道德"维护者从他们对法律本原的认识中引申出了与埃利希相近的观点。圣·奥古斯丁(St. Augustine)以及圣·托马斯·阿奎那(St. Thomas Aguinas)都坚持用正义或理性作为法律的判别依据,从而认为非正义或违背理性的法律不是法律或不具有法的性质。由于实在法中存在着法(符合正义与理性)与非法(违背

---

〔1〕 参见[美]E. 博登海默:《法理学——法哲学及其方法》,第134~135、315页。

正义与理性)两个部分,因此不难推及,实在法不应具有强制人们遵守的属性。

与之不同的是,法律强制属性在多数法哲学家的理论中得到了充分肯定,尽管作出这种肯定的逻辑依据并不一致。乔治·戴尔·维基埃奥(Giorgio delvecchio)明确宣称,强制力与法律这两个概念在逻辑上不可分割,“哪里没有强制力,哪里就没有法律”。[2] 法律的强制性在凯尔逊的学说中得到了最为充分的表达。凯尔逊认为,法律在本质上是“一种强制制度”和“一种强制组织”。体现这种强制的制裁是法律结构中必不可少的组成部分。某些不附有强制性制裁的规范仅是“从属性规范”;并且,“它们只有同那些确定规定强制行为的规范相联系,才会具有效力”。[3] 耶林的一个著名比喻把法律的强制属性推向绝对的地步:“不以法律强制作为后盾的法律命题是自相矛盾的,是无焰的火,不亮的光。”埃利希以及凯尔逊等人的观点由于各自的极端性而受到抨击。更为理智的主张是:对待强制性问题,应当把法律整体与具体各条法律规则加以区分。进一步说,就整体而言,强制力乃是法律制度的“一个必要的不可分割的部分”,而就具体各条法律规则而论,强制性又并非为必然属性。因为,“如果说每条法律规则都必须由强制力作后盾,从这个意义上讲,那么强制力就不可能是法律概念的必要成分”。[4] 博登海默从其“综合法理学”体系出发,也表达了这种观点。博登海默认为,“一个法律制度,如果没有可强制实施的惩罚手段,就会被证明无力限制非合作的、反社会的和犯罪等因素,从而就不能实现其在社会中维持秩序与正义的基本职能”。[5] 从这种意义上

---

〔2〕 转引自[美]E. 博登海默:《法理学——法哲学及其方法》,第332页。
〔3〕 [美]E. 博登海默:《法理学——法哲学及其方法》,第332页。
〔4〕 [丹麦]阿尔夫·罗斯:《通向现实主义法理学》,哥本哈根1949年版,第111页。
〔5〕 [美]E. 博登海默:《法理学——法哲学及其方法》,第334页。

讲,可以肯定耶林的比喻是正确的。但是,法律制度中又确实存在许多仅具有促进性(facilitatire)的非强制性规范或授权性规范。同时,某些义务性规范由于无法实施强制,只能在立法上予以诱导或引导,因而也不具有强制因素。

博登海默等的这种认识根植于普遍的立法现实,因而无法对之加以否认。这种观点使我们有理由把作为法律一种属性的强制视为抽象的强制。

对抽象强制可以作以下几方面认识:

第一,抽象强制同法律的一般概念相联系,而不必然同某一具体的法律规范相联系。因此,抽象强制并不直接反映对某种行为强制的具体内容。

第二,抽象强制的规范体现是有关制裁的立法(如刑法)以及在各种立法中所规定的法律责任。特定社会的实在法中所有关于行为制裁或行为的其他法律责任的规范综合地体现着该社会法律的强制性。

第三,抽象强制的价值在于启示社会成员对法律规范保持应有的警示意识;提高社会成员对法律的遵循度。抽象强制表明着实在法律规范应当得到遵守的一种必然性。

(二)诉讼强制:抽象强制的现实化

抽象强制并不仅仅作为法理学对法律属性的一种判断,在实践层次上,它通过特定的形态而现实化,这种形态即是诉讼强制。诉讼强制体现着抽象强制的物质力量。

在社会成员依照实在法的规范而实施自己的行为,或者说社会成员的行为未超出实在法规范限制的情况下,抽象强制只是停留在法的属性意义上。因为社会成员的具体行为并不直接表现出受制于某种特定的强制。即使在社会冲突已经实际发生,并且冲突产生于主体一方或各方的违法行为的情况下,抽象强制依然不能具体地体现为对违法行为者的强制力量。然而,冲突一旦进入诉讼,并且通过诉讼对冲突事实及其法律后果作出评断,抽象强制的力量即借助于诉讼强制而得到显现。在此条件下,法的强制性就不仅是一种命题或信念,而是表现为对特定主体特定行为的强制力量。

对抽象强制与诉讼强制之间的关系,或许可以作这样的理解:抽象强制与诉讼强制相互佐证,互为根据或前提。没有作为法律属性的抽象强制,诉讼强制也无缘生成,而没有诉讼强制,抽象强制也必将是苍白乏力的。抽象强制反映着法的实现的一般要求,而诉讼强制的使命则在于促使法律规范在个别场合下得以贯彻,并借以维护法律的一般性权威。这种关系可以从社会成员对待法律的态度方面得到证明。

古典犯罪学把社会成员违法犯罪的原因归结为主体对犯罪活动所获利益与触犯法律所可能受到的制裁损失之间作出权衡,进而作出的选择,由此强调刑罚对减少犯罪,促使社会成员守法的作用。古典犯罪学理论的倡导者们还运用一些死刑适用的实例,说明死刑的震慑力。如果对古典犯罪学的结论作正面表述,可以得出的结论是:刑法得以遵守的真正原因在于刑事诉讼中对犯罪行为的处罚与制裁。

与之不同,现代犯罪学则注重激情而非功利权衡在主体实施犯罪行为过程中的作用。支撑这种理论的实践根据是:许多主体在实施犯罪时并不具有明确的功利意识,甚至完全不了解行为的法律后果。杀人犯罪的实施并不在于主体不重视被判死刑或其他严重的刑罚后果,而在于杀人激情构成了主体犯罪行为的冲动。然而,现代犯罪学的这种理论不仅不能用以说明所有的违法行为(从而不能证明激情的抑制与否是社会成员守法与违法的根本原因),同时,这种理论又忽视了激情形成的社会心理基础。心理研究表明,激情不纯是一种生理现象,即便是瞬间出现的激情也同主体的后天习性和社会态度相关。不同刺激源引起的激情不同,则清楚地说明了这一点。因此,由激情引发的违法行为,同样与主体对待法律的态度,特别是对待法律强制后果的认识相关。

科特威尔根据美国认识发展理论家劳伦斯·科尔伯格(Lawrence Kohberg)及美国杰出的社会心理学家琼·塔帕(June Tappe)的研究成果,把社会成员对待法律态度的发展方向归纳为顺序的几个阶段和层次:"第一层次(惯例前的)包括遵守法律只是为了避免惩罚的阶段和遵守法律以获得利益的'享乐主义'阶段;第二层次(惯例的),遵守法律规则,仅仅因为它们是规则而已。最初表现为讨好他人,随之是为了'履行自己的义务'或者是对权力的尊重;第三个层次(惯例后的)是与来自权力的任何要求无关的对道德准则的支持的层次。在它的'社会契约'阶段,涉及拥护立宪主义和保证社会稳定及变迁有秩序进行变革阶段;它的最终阶段(虽然大多数人无法达到这一境界)是只有当法律完全反映道德标准人们才自觉地遵守法律的阶段。"[6] 根据科特威尔的这一见解,人们对法律的遵守,并不完全基于对法律强制的惧怕,尊重法律规则或者对法律规则的完全认同也是法律得以遵守的原因。同时,在惩罚强制的威胁下而对法律的遵守,是一种低层次("惯例前")的行为。科特威尔的这种分析揭示了人们守法心态的多元化,但是,科特威尔忽视了这样一个基本事实:面对各种法律规范,任何社会主体都不可能完全、始终保持某一种心态。实践中,也绝不存在纯粹地保持某一特定心态的社会主体。事实上,由于社会主体对待实在法规范的态度决定于这些规范的内容与其主观功利的相合程度,因此,主体对各种实在法律规范的尊重和认同是有差别的。在实在法规范的内容与主体的主观功利目标不相符合的情况下,法律的强制则是主体服从这些法律的基本原因。

---

〔6〕[英]科特威尔:《法律社会学导论》,第165~166页。

总体上说,社会成员的守法动机中都不同程度地包含着对法律强制效能的认识。一般情况下,这种认识以法律的抽象强制为基础,亦即主体保持着“违反法律将受到强制性制裁”这样的意识,而并不一定明确可能受到强制性制裁的确定内容。但是,这种一般性的判断不是来自于法学教科书的训导,而主要产生于主体对于现实社会中诉讼强制实践的感受。主体从各种渠道中所得到的有关个案的诉讼强制实践的信息,积累并上升为主体的一种生活经验。在特定社会中,诉讼强制的运用越是恰当(并非滥用),社会成员对法律抽象强制的感受就越深刻,法律遵循意识也越强烈;同样,社会成员对抽象强制感受的淡漠,守法意识的弱化,也完全可以从诉讼强制未能恰当适用方面找到它的原因。

(三)“无强制性”法律规范与诉讼强制

如前所述,实在法律规范中确实存在并不附有具体法律责任,或者说“无强制性”的条款。对这类法律规范与诉讼强制的关系能否适用上述分析?更具体地说,诉讼强制对于这类规范的实施是否具有促进作用?这是应当进一步加以探讨的问题。

首先,需要明确的是,我并不认为授权性规范不具有“强制性”。法律关系在本质上是一种人际关系,因此,评价某种法律关系不能仅以权利一方为基点。授权性规范从权利主体角度考察自然不具有强制性,权利的内容本身即是主体实施某种行为的可能性。一般情况下,法律不能强制某一主体行使某种法定权利,否则,这种权利也就丧失了权利的一般特性。然而,任何权利都有其相对应的义务或职责。这些义务或职责的履行是权利得以行使的基本保障。在立法技巧上,法律规定某一授权性规范的同时,并不一定对相应的义务或职责作出明确规定,但这些义务或职责潜在地为某些主体所承受,并且具有不言而喻的强制性。违反这些义务或职责,同样会导致某种法律责任。由此可见,否认授权性规范强制性的观点是不能认同的。诉讼强制对于授权性规范实施的意义如同其他规范的实施一样,亦即当主体的实体权利受到侵害时,法院以这种授权性规范为根据,维护主体的合法权利,同时要求权利侵害者放弃侵害行为,并对权利享有者作出补偿。诉讼强制是权利秩序得以维持的保证。

然而,实在法中某些倡导性规范或指导性规范虽然具有义务性质,但并不能通过强制方法实现。其原因主要是:(1)规范的内容属于社会高层次道德,国家可以通过立法加以提倡,但不能强制社会成员完全依此行事,如民法中的诚实信用原则以及宪法中的某些规定。(2)规范的要求无法用社会手段加以实施,而只能借助于主体的自觉行为,如某些立法中的夫妻忠诚、夫妻同居义务。(3)规范的实施状况缺乏客观的评价和考核条件及依据。从审判实践看,这些规范通常并不由法院直接援引为裁判的依据,至少不单独作为裁判的依据。但是,没有理由认为这些规范的实施与诉讼强制截然不同。

从前述对抽象强制与诉讼强制之间关系的分析中不难发现,两种强制之间联系的实质意义在于共同造就一种法律秩序,造就社会成员主动、自觉遵守法律的一种社会心态。诉讼强制实施的效果不止于把立法所规定的具体法律责任强行施加于某一主体,更深层的价值在于弘扬立法的权威性、严肃性以及不可违反性。而从倡导性或指导性法律规范来看,这类规范的实施所需要的正是抽象强制与诉讼强制能够造就的这种环境和条件。不难想象,诉讼强制的充分、恰当适用以及由此所形成的感染和影响力,无疑会强化社会成员对立法规范整体(而不仅是作为强制依据的某些部分)的奉行意识——尽管主体并不完全从内心上认同。同样可以想象的是,如果可以通过诉讼强制具体实施的强制性义务规范,由于诉讼强制适用不力或不当而得不到实施,那么,指导性或倡导性规范的实际价值也无疑会大大减弱。

还可以从另一角度看待这类规范同诉讼强制的关系。现代各国立法体系中，各种法律规范之间存在密切的内在联系。原则性规范常常在具体规范中找到它的意旨，义务性规范又往往同其他权利性规范相对应。在法典化国家中，这种联系融合于同一或不同的部门法典及法规之中。在判例法国家中，不同的判例中也蕴含着这种联系。并且，法律体系越是完备，这种联系就越紧密。但前述联系的存在决定了诉讼强制对于这类规范的实施也会产生间接影响。因为强制地实施某些规范的间接效果，表现为与这些规范相联系（或内在精神相一致）的倡导性和指导性规范的效力也同时得到了维护。不仅如此，某些诉讼中对冲突事实及其法律后果的判断和评价还需要直接借助于这类规范的精神和意旨。在此情况下，诉讼强制对这类规范的实施作用已不再是间接的。

总之，诉讼强制在体现法律的基本属性——强制性，从而保证法的实现和维护法律秩序方面具有无可置疑的作用。虽然近世较有远见的法哲学家们都一致反对单纯用强化惩罚和法律责任的方式增加社会成员的守法意识，现代各国的实践也否定了这种方式成功的可能，但是，多数法哲学理论丝毫不否认诉讼强制的价值。法哲学家们对实体制裁或法律责任的量与度可以有不同的认识，这种认识未曾影响他们对诉讼强制的信念。

二、冲突的解决与诉讼强制

在宏观层面上，诉讼强制与法的强制属性、进而同法的实现与遵守以及法律秩序相联系；在微观层面上，诉讼强制则直接关连到冲突的解决。个案诉讼中的诉讼强制更为主要是作为解决冲突的实际诉讼手段来认识的。

(一)裁决≠冲突解决

习惯上,人们倾向于把法院有关实体权益裁判(自然是终审裁判)的作出视为冲突的解决。这种认识导源于:(1)古代诉讼制度的一般模式。罗马及古东方国家诉讼制度的基本使命都在于对冲突事实作出评价,并对实体责任或权益的处置作出判断。这种评价与判断的作出,诉讼解决冲突的任务亦随之完结。这种模式所形成的影响并未随近现代诉讼制度的发展而完全消失。(2)法院裁判的权威力量。法院裁判体现着国家对个别冲突事实的处置,理论上具有无可置疑的实施效力。特别是刑事裁判往往直接通过国家暴力组织加以实施,任何力量都无法抗御这种实施过程。因此,人们通常并不考虑裁判作出后的具体实施问题。(3)某些诉讼中冲突主体的诉讼追求止于法院对冲突事实及其后果作出评价与判断,而并不特别重视裁判后果的进一步实现。同时,在单纯确认之诉中,裁判的作出本身已经满足了冲突主体的全部要求。这种状况也强化了人们的前述认识。

无论这些根源具有何种客观性,在实践或理论上一般都不应把裁判的作出视为冲突得到最终解决的标志。这种判断既依据于裁判的法律意义,也根源于冲突解决的实际内涵。

裁判的法律意义在大陆法系的民诉理论中曾引起广泛的争议。争议的焦点在于裁判是表述、确认实体责任或权益,还是重新设定某种特殊的实体责任或权益。这一论题的深层内涵是:由裁判所反映出的实体权益或责任与一般意义上的实体权益或责任在性质上是否具有区别。绵续不断的争议并未带来认识上的统一,以致各种教科书对此问题至今依然是“列述众说而陈己见”。毫无疑问,法院裁判使冲突主体或主体之间的实体责任或实体权益以特定形式加以确定,从而否认了对这些责任或权益的争议。在此意义上说,裁判中所体现的实体责任或权益与一般意义的实体责任或权益有所区别。然而,这种区别并不具有本质意义。法院裁判无论是对先前已经存在的实体权益或责任关系加以确认,抑或根据对冲突事实的认定,而依法重新确定主体及主体间的实体责任或权益关系,都不能赋予这种责任或权益以特别的性质。这种责任或权益在法律地位上与一般意义上的实体责任或权益完全相同,两者在法律上受保护的价值也完全一致。裁判的法律意义集中于一点,这就是它使冲突主体或主体间的实体责任或权益确定化。因此,由裁判所确定的实体责任或权益并不具备自动实现的效益,权利享有者也不能据此而强制他方承担相应的实体责任或保证其权利的行使。如果解决冲突的要求不完全局限于使权益或责任关系得以确定,那么,裁判的作出也并不意味着冲突得到了解决,尽管它为冲突的解决创造了重要前提和条件。

相同的结论可以从裁判与冲突解决的实际内涵之间的关系中看到。本书第二章曾具体探讨了冲突解决的几种不同模式。无论在所涉及的哪一种模式下,裁判的作出都不能被认为是冲突解决的标志。

如果把化解和消除冲突视为冲突的解决,那么,裁判的作出至多只是为冲突主体提供了对冲突事实及法律后果认识和评价的基础,或者说为国家运用暴力手段强制消除冲突提供了一种直接的依据。实践表明,社会冲突在特定主体之间的化解和消除(即使是在形式上的化解和消除)并不以裁判的作出为充足条件。首先,裁判不能直接消除冲突主体的心理上的对抗和敌视。不仅如此,某些情况下,冲突主体一方或各方对裁判确定的实体责任或权益状况不满,还会加剧其心理上的对抗与敌视。其次,裁判尽管对冲突消除的实体内容作出了判定,但裁判并不是冲突已经消除的体现。裁判与冲突消除之间没有必然的逻辑联系。

以合法权利的实现以及法定义务的履行作为“冲突解决”的内涵,裁判的作出同样不足以体现这种效果。在裁判作出与权利、义务的实现或履行之间存在相关主体的行为过程。这一过程对裁判内容的体现既受制于相关主体的主观状况,又受制于主体能力和其他社会条件。从一定意义上说,在裁判中确定某种权利和义务关系与在合同或在其他法定形式中建立这种关系并没有实质性差异,而这种关系的确立和建立与其内容的真正实现是不同层次上的事实。

从维护法律尊严、维护社会稳定这一视角看,裁判的作出也不完全等同于冲突的解决。应当承认,裁判具有某种宣示意义。它既可以体现国家对冲突主体某种违法行为的否定评价,同时又可以表明国家对冲突主体某种合法行为的肯定和支持。在这种否定和肯定中,裁判弘扬或强调着法律秩序的具体要求。因此,裁判的作出无疑对法律尊严或社会秩序的维护具有积极意义。但是,裁判的作出仍然不足以体现维护这种尊严的全面效果。这是因为,一方面,法律尊严的恢复或社会的稳定与裁判的实体责任或权益的具体实现无法分开,后者是前者的具体表征;另一方面,裁判所体现的法律尊严或社会稳定还可能受到进一步的危害。冲突主体对裁判的蔑视或对抗,将在更深的层次上损害这种尊严和稳定。

裁判与冲突解决之间的实际差异表明,诉讼手段的运用不应终结于裁判的作出。裁判不仅不能直接标示冲突的最终解决,而且也不能自发产生出冲突最终解决的效果。虽然,现实中多数裁判能够得到义务主体的自觉遵行,但这并不能用于佐证裁判的自发实施效力。这种事实在微观层次上设定了诉讼强制的实践根据。

(二)“二次冲突”与诉讼强制

如前所述,诉讼裁判中所确定的实体责任或权益需要通过冲突主体的行为得以实现。同时,由于裁判既不是冲突主体认同的结果,也不必然导致主体对之认同,因此,在裁判的实施过程中,不可避免会出现主体因主观意志上的对抗或客观条件的缺乏而妨碍和阻滞实施的情

况。由此又引发出新的社会冲突,基于这种冲突同先前冲突的继起性,我将这种冲突称之为"二次冲突"。〔7〕

"二次冲突"具有一般冲突的本质,亦即它同样体现着主体对法律秩序和制度的一种反叛。然而,与先前的冲突所不同的是,主体所对抗的不仅是由实体法律关系所体现的一般性立法规定,而且还包括由诉讼裁判所体现的特定的司法要求。因此,"二次冲突"具有更为强烈的反社会性。

"二次冲突"是在先前冲突的基础上萌生出来的,同先前冲突有着直接的联系。但是,这种冲突所具有的某些特性决定了它别异于先前冲突的独立意义。首先,"二次冲突"的主体虽然与先前冲突相同,但主体的地位可能发生变换。先前冲突的引发方并不绝对是"二次冲突"的"发动者"。因为对抗裁判义务或责任者并不必然是先前冲突中的冲突引发方。其次,"二次冲突"的内容与先前冲突的内容往往也不一致。这根源于裁判确认的实体责任或权益同冲突事实中的实体权利义务关系的差异。再次,"二次冲突"的冲突或对抗形式一般都有别于先前的冲突。"二次冲突"主要表现为主体一方或各方对裁判确定义务或责任的规避,一方的不作为通常是这种冲突的主要形式;而与之不同的是,先前冲突则往往有多种形式。正因为"二次冲突"具有这些特性,因而不能简单地将这种冲突视为先前冲突的延续。

自然,"二次冲突"的解决不需要发动新的诉讼程序,这种冲突的解决是通过诉讼强制得以实现的。

历史上,诉讼强制曾经历了公助强制到公力强制的演变。罗马早期裁判的实施主要依靠冲突主体的自力行为。但是这种自力行为性质

〔7〕 由于刑事诉讼中裁判的实施与诉讼强制基本同一,因此,刑事诉讼中一般不存在"二次冲突"现象。这里对"二次冲突"的探讨主要适用于非刑事诉讼。

已脱离了“私力救济”的藩篱。因为这种自力行为是以司法裁判的特别命令为基础的,并且以法律认可的形式在法定范围中实施,一定意义上具有公力行为的属性。蕴含于其中的强制不仅仅限于冲突主体的生理力量,国家暴力亦为冲突主体提供了潜在的支持,从而强化了主体的生理力量。因此,这种强制在本质上正是一种公助性强制。罗马程式诉讼时期,随着国家暴力组织的进一步完善,这种公助强制逐步与公力强制并行使用,前者主要用于对物强制,后者则用于对人的强制。罗马晚期的非常诉讼制度下公力强制才成为唯一的强制形式。

如同诉讼程序对于一般冲突的适用一样,诉讼强制的适用通常也是以冲突主体的明确请求为根据的。这意味着“二次冲突”尽管内含着对司法裁判权威的蔑视,但并不必然导致国家强制力的运用。由此可以推导出一个极有意义的命题:诉讼强制在微观层次上的使命不仅是维护司法裁判行为的权威,更现实的作用在于防止或解决“二次冲突”,从而使先前的冲突得到最终解决。这一命题进一步为诉讼强制实施过程中的冲突主体的和解以及主体间自愿变更裁判内容的行为提供了理性依据。

诉讼强制对于“二次冲突”的解决具体表现为法院运用特定的强制手段排斥义务或责任主体的意志,而使裁判中的实体义务或责任得以实现。在方式上,既可以是强制主体自己实施或不实施某种行为,也可以由强制机构直接实施某种行为。这一方式使我们看到了由随机因素所决定的解决冲突的诉讼过程的实践逻辑:冲突发生后,主体在若干冲突解决方式中随机地选择了诉讼手段;审理终结后形成关于实体责任或权益处置的裁判;当冲突主体一方或各方不履行裁判义务或责任而导致“二次冲突”时,法院则根据主体的请求,通过诉讼强制实现裁判的要求,从而使冲突最终得以解决。但是,不难推及,没有这种强制,“二次冲突”就无法消除,相应的后果是“二次冲突”将大量发生;而如果裁判的权威性受到普遍的漠视,诉讼就很难成为冲突主体的选择。因此,诉讼强制对于解决冲突的真正意义不在于实践中它得到了怎样的运用(在何种程度上被运用),而在于没有这种强制,诉讼手段的内在力量将因之而丧失,诉讼在解决冲突诸种手段中的特殊价值也不复存在。

三、诉讼强制适用及其效用的影响和制约因素

前已述及,诉讼强制适用的直接关联事实是冲突主体对法院裁判的主观对抗与客观条件的不及。冲突主体的这种主观与客观状况既能够引起诉讼强制的具体适用,也限制了诉讼强制的实际效用。进一步看,冲突主体的主观对抗与客观条件的不及又同其他诸种因素相关。实践中,正是这些因素影响和制约着诉讼强制的适用及其效用。以下将具体分析这些因素的影响和制约作用。

(一)裁判的公正性与诉讼强制

冲突主体故意对抗法院裁判的行为常常直接导源于主体对裁判公正性的质疑或否定。拒绝履行裁判是冲突主体表达对“不公正裁判”不满的基本形式和手段。

在诉讼程序中,审级制度以及某些再审复核制度已经为冲突主体表达对初次裁判的异议提供了常规性的程序手段。但是,即便这些手段被完全运用后,仍不足以保证冲突主体对裁判结果的认同。当主体失却进一步运用常规性程序手段对抗的机遇,或者在运用这种手段的同时需要对裁判义务或责任作实际履行时,拒绝这种履行,则自然地成为冲突主体的选择。

毫无疑问,冲突主体对裁判公正性的评价是以其自身的利益角度和主观感受为基础的。这种评价并不意味着裁判实际上失于公正。但是,一般来说,客观上的公正的(亦即本书第三章所提到的“形式上的

公正”)裁判容易得到主体的认同,而客观上失于公正的裁判则很难为主体所接受。这样,裁判客观上的公正与否同诉讼强制的适用之间便形成了一种对应性联系:裁判的公正率越高,诉讼强制的适用则越低;裁判的公正率越低,适用强制手段履行裁判的可能性则越高。不仅如此,裁判的公正度(或者说公正偏失度)还直接影响着强制手段的烈度。因为主体对抗裁判义务或责任的强度同他们对裁判公正度的评价相关,而对抗的强度则决定着强制手段的烈度。

裁判的公正性同诉讼强制适用之间的关系,引出了一个无法回避的法哲学问题,即在裁判确实失之公正的情况下,诉讼强制的适用对于法律秩序的维护来说究属积极抑或消极?从积极方面看,诉讼强制所维护的不只是某一裁判的实体内容,而是裁判所体现的司法审判的权威;这种权威的确立和存在是法律秩序的基本要求。因此,不论裁判的公正性怎样,诉讼强制的适用都是有意义的。从消极方面看,诉讼强制用于维护失却公正性的裁判,这就意味着非法的实体主张或决定得到了国家强制的合法保护,强制力的实施完全背离了法律秩序的要求。

事实上,诉讼强制的这种积极和消极作用都实际存在。在此种情况下,对诉讼强制手段的选择是基于某种功利上的权衡而非理性使然。立法者的功利判断是:尽管实际上存在着诉讼强制被用于维护不公正裁判实施的情况,但由于不公正裁判在整个裁判中的比例并不大,因此诉讼强制的基本价值仍然是积极的。避免诉讼强制的错误适用并不应成为否定或取消这种强制的根据。与此同时,现代各国程序立法中对裁判实际执行后又被合法撤销的问题作了明确规定,确定了相应的补偿方式,但这种由司法机构错误裁判及强制行为所造成的损失,往往不是由司法机构而是由相关冲突主体来承担。

(二)裁判的法律基础与诉讼强制

裁判的法律基础与诉讼强制的联系表现为裁判所援引的法律是否

合于正义原则，相应影响着冲突主体对裁判的遵行，从而也关连到诉讼强制手段的适用。

广义上说，裁判所援引的法律是否合于正义原则，或者说裁判是否具有正当的法律基础，这也属于裁决的公正性问题。但是，前面所说的裁判的公正性，主要同裁判有无（或是否符合）现实的法律规范依据相关，而不论所依据的法律有无正当基础。这里所需要探讨的是，在非正义的立法规范作为裁判依据情况下诉讼强制的适用问题。

缺乏正义基础的法律应否被实际遵行，并且据此所作出的裁判应否在国家的强制力下被遵行，法哲学家们对此认识差异甚大。凯尔逊主张肯定一切实存法律规范的效力，从而认为法官可以从所有的现存法律中去发现用于处理实际冲突的规范。而一旦根据现存法律规范作出了某种裁判，这种裁判就应当强制地得到实施。不应以正义或道德标准来否定现实法律被遵行的效力。凯尔逊指出："法律的概念没有任何道德含义"，其决定标准乃是"强力因素"。[8] 奥斯丁也强调过相同的观点。然而，除了纯粹法学派和分析法学派外，更多的法哲学家都主张把法律制度的适用同法律制度的正义目标联系起来。这些法哲学家们的"良知"不能容忍法律的强制成为推行暴虐的非正义的实在法的根据。博登海默认为："作为一般规则，法律令具有强制力乃是作为社会和平与正义的捍卫者的实质所在。"而"法律制裁问题，总的来说是同法律的秩序作用及其促进正义的目的联系在一起的。法律强制执行措施的制度初衷在于实现和加强有序的、一致的和有效的执法。如果法律制度缺乏正义，那么依赖于使用政府强力就可能演变为一个不为人们拥护的政府的首要政策目标。"[9] 以这种理性化的价值观和功

---

〔8〕 参见［美］E. 博登海默：《法理学——法哲学及其方法》，第 122 页。

〔9〕 ［美］E. 博登海默：《法理学——法哲学及其方法》，第 318、338 页。

利观为前提,不难推及,诉讼强制不应适用于对抗法律基础不当的裁判之行为,否则就将违背强制的本质意义。自然,博登海默等人的观点面临的挑战不是理论上的。实践中的难题是,法院如何确认裁判所援引的法律合于或违反正义原则,以及怎样判定冲突主体对抗裁判行为的恰当性。

现实中,冲突主体对于裁判所援引之法律的正义性判断基于四个方面:其一,特定法律同社会道德观和社会成员的基本价值取向的相合程度。背离这种道德观及价值取向的法律往往被视为非正义的法律。其二,特定法律与社会习俗以及相关事实的客观规律的相合程度。违反社会习俗或客观规律的法律也容易受到主体的否定评价。其三,在可供选择适用的诸种法律规范中,规范自身存在矛盾和冲突,而所选择适用的规范对冲突主体又明显不利。这也导致冲突主体将所适用规范视为“非正义”的法律。其四,特定法律与宪法等高层次立法的宗旨原则相悖,这些宗旨和原则则成为冲突主体评价特定法律正义性的准则。尽管这些判断并非恰当,同时判断过程不可避免带有冲突主体的主观偏向,但这些判断却实际影响着主体对待裁判的态度,由此也进一步影响着诉讼强制的适用。排除冲突主体认识上的偏差因素外,裁判的法律基础越是正当,主体对裁判的接受度也就越高,诉讼强制的适用无疑将相应减少。反之,亦然。

(三)裁判义务或责任的内容与诉讼强制

诉讼强制的直接效用是通过特定的手段强制冲突主体一方或各方履行法院裁判所确定的实体义务或承担特定的法律责任。但是,诉讼强制往往由于强制方式的局限,因而并不能使所有的裁判义务或责任真正得到履行或承担。换言之,诉讼强制方式的有限性相应影响着这种强制的实际效用。

一般来说,裁判所确定的义务或责任是以冲突主体在实体法律关系中的义务或责任为基础的。主体一方行使和保障权利的要求决定了裁判不能不对相对义务或责任的履行与承担作出判定。但是,与实体法律关系中的义务或责任相比,裁判义务或责任的内容已不完全相同。一方面,许多权利在冲突发生后已不具备行使的可能或意义,行使这些权利的要求往往已转化为主体的利益赔偿请求;另一方面,裁判通常已经考虑了实际履行的可能,义务或责任的内容已较为简单。然而,尽管如此,强制方式毕竟不同于义务或责任履行方式,强制过程也不能完全替代义务或责任的履行。

各国立法中诉讼强制方式不尽相同,但总体上可以归为两类:一类是由司法组织直接实施的强制,刑事诉讼中主要采取这类强制方式;另一类是必须通过冲突主体自身的行为或者在其他社会主体的协助下才能实施的强制。相对来说,前一类强制的实施效用较为明显,冲突主体很难有直接抗衡司法组织强制行为的力量。与之不同,后一类强制由于受制于冲突主体对强制行为的态度,因而冲突主体的对抗在一定程度上能够减弱强制的效用。受人道原则以及司法组织客观能力的制约,国家无法具备有效强制冲突主体履行各种义务和责任的方式和条件。

从义务和责任的内容看,裁判所确定的义务或责任包括三类:即惩罚性义务或责任、补偿性义务或责任、恢复性义务或责任。义务或责任类型的不同,强制的效用也大有差异。惩罚性义务或责任在实体立法中除了人身性制裁外,再就是以金钱支付或财产没收为内容的经济制裁。所有这些制裁都可以直接通过司法组织的行为而得以实施。补偿性制裁也主要是物质性补偿。在主体具有实际支付能力的情况下强制其作物质补偿的实践难度也不很突出。然而,对于恢复性义务或责任的履行,诉讼强制的作用不能不显示出它的局限性。无论是强制冲突主体排除自己行为对他方权利所设定的妨害,还是强令主体继续履行先前的契约义务(主要指非价金支付的行为义务),都会因冲突主体的故意作为或不作为而不能实现。司法组织的神圣地位并不能完全避免在某些场合下的无奈;强制的法力绝非无所不及。

在裁判义务或责任的实际履行方面,诉讼强制存在某种绝对的障碍。这种障碍就是司法组织不能直接通过自己的行为,且又不具备有效地迫使冲突主体履行裁决义务或责任的方式。弥补这种缺陷的实践方式,一方面是选择其他替代性义务或责任;另一方面则是对冲突主体实施人身制裁甚而给予刑事制裁。然而,这些方式与其说体现了诉讼强制的权威力量,莫若说反映了强制效用的局限。因为诉讼强制的最高功利只能是裁判中的特定义务或责任实际地得到履行,任何替代方式或其他的制裁形式都不足以全面体现这种功利。

(四)冲突主体的责任能力与诉讼强制

诉讼强制的实现必须以冲突主体实际具有相应责任能力为前提。强制的全部功效至多只是克服冲突主体的主观对抗,而无法从客观上补救主体的责任能力。因此,在冲突主体对裁判义务或责任的不履行并非基于主观对抗(或者不仅仅基于主观对抗),而是由于责任能力所不及的情况下,诉讼强制的效用也无法体现。这种"强制不能"现象进一步反映了诉讼强制客观作为的有限性。

冲突主体的责任能力与裁判义务或责任的差距产生于两者根据的非同一性。冲突主体的责任能力主要取决于主体可用于承担义务或责任的财产状况以及实施特定行为的条件。由于主体间财产状况和实施行为的条件差异甚大,因而彼此间的责任能力也完全不同。作为裁判义务或责任的根据主要是冲突主体在冲突事实中的违法行为性质及后果。实践中,主体在实施违法行为时并不考虑自己的责任承受能力。不仅如此,某些违法行为本身即是在主体故意超越责任能力的情况下实施的。因此,这类主体自冲突发生起即不具备责任能力。同样,法院的裁判也不能顾及主体的责任承受条件。这样,裁判责任与主体责任能力不相吻合就成为一种无法避免的现象。

从一般性功利角度看,对明显不具有特定责任能力的主体施加此种责任的做法并非恰当。但是,从法哲学的观点看,这种做法却是有意义的。这是因为,在法哲学中,裁判的主要价值在于表明法律机构对事实的明确评价,借此维护立法规范的内在精神及其权威性。因此,裁判不能迁就冲突主体履行裁判义务或责任的实际能力。相反,裁判根据立法规范对冲突事实的后果作出这种判定,正是法哲学所要求体现的效果。在某些国家的司法实践中,有时出现责任内容显然超越客观承受条件的裁判(如判处被告100年以上的监禁等),作出这种裁判的原因并不在于对冲突主体确实需要处以某种制裁(如判处100年以上的监禁)才能达到制裁的目的,而主要是体现现实法律对冲突主体违法犯罪行为否定评价程度。从某种意义上说,这种裁判带有一定的宗教色彩。

冲突主体责任能力的不足,分为相对不足与绝对不足。后者如前面所说的“判处100年以上监禁”。这一实例自然过于极端,但是,由于缺乏某些条件而绝对不能履行裁判义务或责任的情况却并非鲜见。“相对不足”则指冲突主体虽然不具备实际履行裁判义务或责任的能力,但具备通过替代或补偿性方式履行裁判义务或责任的能力。在相对不足的情况下,裁判义务或责任可以通过诉讼强制或冲突主体间的协商而变通地得到履行。在绝对不足的情况下,无论诉讼强制的方式或威慑力怎样,其效用都将因之而减弱,甚至毫无效用。不仅如此,对这种由于能力不足而未能履行裁判义务或责任的主体,一般也无法适用人身性处罚和制裁,因为主体不具备适用这些处罚或制裁的主观要件。近代以来,克服主体责任能力绝对不足障碍的法律对策是,在诉讼开始或终结前采取诉讼保全等措施,以防止在诉讼期间主体责任能力的进一步减弱。对于故意为规避裁判义务或责任的履行而降低责任能力的行为,则实施某些制裁性手段。这些对策虽然是有效的,但同时效用也是有限的。主体责任能力始终是裁判义务或责任履行,从而也是诉讼强制的重要障碍。

责任能力不足的现象在近些年中国司法实践中尤为突出。原因之一在于我国企业负债率普遍较高,同时社会征信体系未能全面形成并运用,因此,经济主体无力履行法院裁判的情况屡见不鲜,由“责任能力”不足而导致的“执行难”问题已成为中国司法实践中的一大痼疾。

(五)社会协助与诉讼强制

诉讼强制的实施空间不仅限于法庭,而包括整个社会,这就决定了诉讼强制需要有广泛社会协助。社会协助状况直接影响着诉讼强制的效用。

诉讼强制对社会协助的要求建立于两种事实根据之上:其一,裁判义务或责任的履行发生于社会生活的过程中,强制这种裁判的实施成为特定社会生活过程的一部分。其二,裁判义务或责任的履行需要借助于其他社会主体的行为。总体上说,社会协助对诉讼强制的影响作用一方面是环境性的,另一方面是条件性的。

社会协助对诉讼强制的环境性影响主要体现于社会成员对强制行为的一般评价以及与此相联系的对强制行为的支持、冷漠或对抗的态度。社会成员的评价和态度的实际指向不是整个社会诉讼强制制度;对全社会诉讼强制制度的评价和态度已经涉及更复杂的政治问题。这里所说的是社会成员对待某一具体强制行为的评价与态度。这种评价与态度通常取决于特定的裁判义务或责任同社会成员一般价值观(包括法律意识)的相合程度以及同他们普遍利益的关连程度。一般来说,裁判的内容越是符合社会习俗、伦理道德以及在直觉上公正的要求,这种裁判就越容易得到肯定的评价和赞同。同时,裁判内容越是涉及公众基本社会生活方面的问题,越是同公众的普遍利益具有直接关联,该项裁判越容易引起对这种评价的兴趣。社会成员对某一强制行为的评价和态度,在多数情况下仅仅表现为一种支持、冷漠或对抗的心理情绪或社会舆论,但在某些情况下直接体现为具体行为,对诉讼强制产生直接影响。除此之外,这些评价和态度还间接地影响到冲突主体以及司法组织履行裁判或实施强制行为的态度与信心。实践表明,公众对冲突事实裁判结果的态度,在多数情况下,都是冲突主体履行裁判时所不能不考虑的因素。同样,司法组织实施强制行为时也无法完全忽视公众的情绪与态度。

社会协助在某些情况下,还直接成为诉讼强制的必要条件。例如,强制划拨存款以满足权利人的债权,需要银行的协助;为返还特定物而实施的强制,也需要占有该特定物的非义务主体的协助。刑事裁判中的某些刑罚的强制执行,同样要求有相应的社会协助条件。在各国立法中,一般把必须借助于相关主体协助的情况规定为这些主体的义务,强制地要求这些主体加以协助。并且,对于对抗这种协助的行为,还可以适用某些人身或财产制裁措施,由此强制地创造出社会协助的条件。但是,并非所有的社会协助要求都可以通过义务性规范加以确立;同时,义务性规范的实现同样维系于多方面的因素。在此意义上说,强化社会协助的立足点似应为:提高社会成员对强制行为的支持和认同程度,减少或避免公众对强制行为的社会对抗和抵制。

(六)强制中的制裁与诉讼强制

从作用对象看,诉讼强制的手段可分为两类:一类是直接用于实施裁判义务或责任的手段,如划拨存款,强令义务方将特定物交付权利主体;另一类是用于排除裁判义务或责任的障阻并对有关主体的障碍行为实施制裁的手段,如对拒不执行裁判或阻挠裁判执行行为的人身制裁。后一类手段本质上是一种旨在保证强制的强制。

在诉讼强制中设定制裁,既有实用方面的考虑,亦有理论上的根据。从实用角度看,无论是促使冲突主体履行裁判义务或责任,抑或司法组织直接实施相关行为,都必须以相应的制裁手段作保护,否则难以真正体现强制的效用,也无法避免或消除冲突主体的对抗。制裁作为一种实际威胁,是决定或制约冲突主体行为的实质性力量。从理论上看,对抗裁判义务或责任履行的行为是一种具有严重反社会性的行为,它通常体现着主体对现实法律秩序的深刻蔑视。这种行为所侵害的是双重客体:一是裁判内容所反映出的实体权益责任关系;二是司法审判秩序。因此,即便离开实体义务和责任不论,对抗司法组织代表国家所作的决定,这种行为亦已构成了制裁适用的条件。

在各国立法中,诉讼强制上的制裁具有三个共同的特点:其一,制裁的手段多为人身性制裁。即使裁判中的实体义务或责任并不具有人身性,也不影响对冲突主体实施人身性制裁。人身性制裁的广泛适用,一方面基于抑制主体对抗行为的需要,另一方面也在于人身制裁通常比其他制裁具有更强烈的惩罚性。其二,制裁的性质不受实体裁判义务或责任性质的限制。一般性的强制制裁主要是司法性惩罚,性质上既不同于民事责任,亦不属于行政或刑事责任。对于严重对抗裁判义务或责任的行为,则采用刑事制裁。实际决定制裁性质的是主体对抗行为的手段、程度及后果。其三,制裁的对象并非必然为裁判义务或责任的承担者,亦可以是其他社会成员。一切实施对抗或阻止裁判义务或责任履行行为的社会成员,都可以成为制裁的对象。这些特点共同体现了诉讼强制的严厉性和严肃性。

既然诉讼强制直接关联着强制中的制裁手段,那么,从逻辑上推断,制裁越是严厉,诉讼强制的效应就越是突出。从一般意义上分析,当制裁为主体所设定的成本高于裁判义务或责任时,主体便会放弃对抗而主动地履行义务或责任。因此,就有效预防对抗裁判行为发生的要求看,制裁内容应当同裁判义务或责任的内容相对应或适应。然而,无论在立法上或司法适用中,制裁手段的适用都必须受到这样两个因素的制约:其一,制裁手段的人道和正义性。如同对任何违法行为的处罚一样,诉讼强制中的制裁也不能不考虑人道和公正原则的要求。尽管在一般意义上说严厉的制裁比较轻的制裁更具有震慑和威胁效应,但不能想象对任何对抗裁判的行为都可以适用严厉的刑事制裁。在强制的有效性与人道和正义原则的要求之间寻求一个恰当的度或许是困难的,然而,人道和正义原则无论如何应成为制裁手段选择中的基本制约。其二,对抗所采取的方式及其后果。如前所述,对抗裁判的行为主要是一种不作为行为。但是,这种对抗在某些情况下也会以暴力冲突等行为方式加以体现。同时,不同方式的对抗以及对抗的程度、对抗存在的背景不同,所产生的后果也各异。根据行为与责任相统一的一般法律原则,制裁手段的选择又应受制于特定的对抗方式及后果。相对来说,裁判中的实体义务或责任的内容对制裁手段的选择并不具有决定或影响意义。对抗轻微的实体义务或责任的行为,可能因为对抗手段的强烈而受到严厉的制裁;反之亦然。在制裁手段选择的这两个制约因素中,人道和正义原则的影响主要体现在立法层次上,它制约着不同对抗行为的制裁方式及制裁的幅度;而对抗的方式及后果则是在司法适用中所主要考虑的因素。

第八章 诉讼机制中的社会监督

19 世纪 70 年代后，美国曾出现过一种质疑法官行为的社会思潮，集中表现于社会各界对法官司法行为提出批评。密执安、爱达荷等州还由此确立了罢免法官权制度；激进的科罗里达州甚至实行了撤销法院判决制度。这一过程一直延续到 20 世纪初。对法官行为质疑的基本设问是：如果法官是宪法的保护人，那么法官又由谁来监督？这种思潮产生的实践背景是司法审判中保守主义倾向与 19 世纪下半叶美国经济发展现实的相悖性。[1] 这种多少带有偶然性的事实标示着近现代诉讼实践中的一个重要现象：对司法行为的社会监督。

诉讼机制中的社会监督，是作为法律职能化监督的对应体而存在的非法定化、非程序化监督手段的综合表达。正因为如此，程序法制度和理论不可能将社

---

〔1〕 参见［美］梅里亚姆著：《美国政治思想》，朱曾汶译，商务印书馆 1984 年版，第 111～122 页。

会监督纳入自己规范或研究的对象。然而,在法哲学理论中,社会监督却无疑是诉讼程序民主化,乃至法律制度民主化的重要体现。不仅如此,在法哲学理论中,社会监督还具有多方面的存在根据。尽管社会监督在不同社会条件下所产生的作用不同,但客观上已构成影响诉讼过程及诉讼机制的特定制约因素。当代美国著名政治学家梅里亚姆曾指出:"伟大而公正的法官特征,是真正的司法预见和创造力,它在我们这样的民主国家里博得的高度尊敬,超过其他任何一个国家;但是也没有一个国家的决心比我们更大:在重要的社会政策问题上,民意将作出最后的决定。"〔2〕撇开梅里亚姆对美国民主政治的偏爱和溢美倾向不论,这段论述大致上可以表达现代民主国家诉讼机制中社会监督功能的内在基础。

一、司法独立的相对性

当论及诉讼机制中的社会监督问题时,人们很自然地会想到近代以来广为推崇和恪守的司法独立原则,因为社会监督直接意味着社会(非法律机构)行为对司法活动的染指甚或干预(并非仅仅是评价),而这在传统理论看来,多少与司法独立的原则有某些相左。因此,说明社会监督在现代社会的存在基础,首先需要揭示司法独立的相对性。

(一)从政治原则到技术原则:司法独立的现代根据

历史地看,司法审判独立在近代资产阶级革命中是作为一种政治原则而被提出来的。无论是启蒙思想家洛克、杰斐逊以及"三权分立"理论的创立者孟德斯鸠,抑或是激进的民主主义者罗伯斯庇尔等人,都将司法独立作为一项政治纲领而加以倡导。虽然西欧各国实行分权制的实践背景和原因不尽相同,但倡导司法独立的政治目的却是一致,并

---

〔2〕［美］梅里亚姆:《美国政治思想》,第125页。

且是极为现实的:彻底背弃和否定革命前封建司法审判中政权、教权与审判权合一的制度,特别是否认政权(王权)和教权对司法过程的干预,从而保证法律及其施行过程的权威性。司法独立在革命前和革命中的重要意义在于它实际地成为新兴资产阶级对抗封建统治者,特别是封建司法制度的一种政治口号,它体现了近代社会中资产阶级的一项重要政治利益。

应该说,现代西方国家中司法独立产生的背景已经基本消失,对司法独立原则的推崇显然已不是根源或决定于对抗封建势力的需要。现代社会中司法独立的政治目的性已经更主要地为它的技术性价值所取代。自然,这种技术亦是具有政治色彩的社会统治技术。

现代西方国家中,司法独立基本价值在于它维护了权力制约关系中所不可或缺的司法体系的独立性,正是这种独立性为司法机构的司法行为建立了一种超然于世的形象,从而有可能使之不受行政权力的干预。现代西方国家在何种程度上实现了权力的相互制约,这历来是人们争议的话题,但从原理上说,司法的独立则无疑是权力制约关系得以形成的根本前提。离开这种独立性,制约也就无法成立。

广义上说,司法独立在现代西方社会中的技术性价值还有另一层意义。司法行为要保证其公正性,还必须排除来自社会的其他非正当干预,尤其避免经济势力对具体司法过程的影响。在经济势力的强弱客观上已成为西方国家中主体地位高下的重要标志和依据的条件下,司法独立的这一意义也是十分重要的。不仅如此,在政体构架既定,政治生活较为正常的情况下,司法独立原则主要是在这一意义上而被奉行的。公正对独立客观上的仰赖,进一步强化了司法独立原则的技术性价值。

司法独立原则在社会主义国家的确立与遵行,更加体现了这一原则的技术性。毫无疑问,在社会主义国家中,司法独立既未曾作为反对封建统治的政治纲领(尽管政权与审判权的合一同样普遍地成为这些国家封建社会的实践),同时,由于社会主义国家政体建制并不以“三权分立”理论为依据,因此,严格地说,司法独立亦不是社会主义国家政体建制中的政治原则。司法独立原则在社会主义国家的实践意义主要体现于它对司法审判纯洁性和权威性的保障。这种作用更主要是技术性的。

从司法独立原则根据的这种变化中,我们所需要和能够把握的是:在现代社会中,司法的独立已不再是一种政治目的,甚至也不应把它视为一种政治手段。奉行司法独立原则或者创造司法独立环境的基本目的在于它从技术上创造了法律适用和实施的必要条件,特别是借助这种独立性保证司法审判行为的公正性。由此又可进一步推及,公正性是比司法独立性处于更高层次的价值。由此也决定了司法独立原则的非绝对性。因为维护公正目标需要有其他多种手段,而这些手段则制约着司法独立的绝对性。

(二)审判权力的社会分享

司法独立的非绝对性在制度上的集中体现是陪审制的确立和适用。现今,人们对陪审制的认识侧重于它作为一种司法制度的特征,对陪审制优越性或积极功能的评价也大体上局限于它在解决个案过程中所能够发挥的作用。这种倾向一方面根源于陪审制产生时的原始模式(“当英国人采用陪审制时,他们还是一个半野蛮的民族”,[3]因此,陪审制最初不可能是民主的象征。陪审制的原始模式纯粹是实用性的),另一方面又因为人们一般较少考虑陪审制整体在社会制度中的地位和意义。

---

〔3〕［法］托克维尔著:《论美国的民主》(上卷),董果良译,商务印书馆1988年版,第312页。

然而,陪审制确立和适用的深层意义在于:它是社会分享审判权力的基本手段。法国著名政治思想家夏尔·阿列克西·德·托克维尔(Charles Alexis de Tocqueville)对陪审制功用的总体评价是:“实行陪审制度,就可把人民本身,或至少把一部分公民提到法官的地位。这实质上就是陪审制度把领导社会的权力置于人民或这一部分公民之手。”〔4〕从历史上看,陪审制有贵族性质的陪审制,亦有民主性质的陪审制,但即使在前一种制度中,它多少也体现了审判权力的社会分享。较之司法擅断的审判制度来说,陪审制的进步意义是不可否认的。一种现象可以逆向为之佐证:“凡是想以自己作为统治力量的源泉来领导社会,并以此取代社会对他的领导的统治者,都破坏或削弱过陪审制度。比如,都铎王朝曾把不想做有罪判决的陪审员投入监狱;拿破仑曾令自己的亲信挑选陪审员。”〔5〕这种现象固然表明了陪审制的民主意义在西方国家实践中的重要局限,但同时也可以说明,陪审制在保障民主,制约司法专制方面是能够产生积极作用的。

用陪审制实现审判权力的社会分享,一方面能够给予公民以一种参与的感受,赋予每个公民以一种主政地位,使人人感到自己对社会负有责任和参加了自己的政府。显然,这种意义上的民主是象征性的;另一方面也为公民在一定程度上实际地把握审判过程提供了具体手段,由此而形成公民(自然指他们的代表或他们当中的少数成员)与法官之间的实际制约。这种意义上的民主是较为实在的。如果作为陪审员的公民确实能够代表全体公民阶层的意志,同时审判程序也确实为陪审员表达自己的意志提供了机会和手段,那么,没有必要怀疑陪审制的民主价值。在这种前提下,陪审制既体现了职业审判机构及人员与公

〔4〕[法]托克维尔:《论美国的民主》(上卷),第314页。

〔5〕[法]托克维尔:《论美国的民主》(上卷),第314页。

民(代表)对审判权力的共享或分享,也反映了社会意志对审判过程的制约,或向审判过程的渗透。

这里需要研究的问题是:陪审制的社会代表性是否足以体现社会对审判过程的全面制约,或者说,陪审制是否能够成为审判过程社会制约的充分或唯一形式?更明确地说,广泛的社会监督是否因为陪审制的适用而丧失其必要性?结论应当是否定的。首先,陪审制作为一种社会参与形式,它所提供的参与机遇是极其有限的。陪审员的人选即便没有资格上的限制,名额也是极少的。陪审员的代表意义与被代表者的直接参与,其差异是十分明显的。后面的论述将表明,社会监督的主体是除了法律职业者以外的每一个愿意表达自己意志的社会机构和公民,他们的愿望固然可以在陪审制下得到一定程度的表达,但他们还应有其他直接表达愿望和意志的方式。其次,尽管陪审员相对职业法官来说他们是代表社会而分享审判权力的,但是,直接行使审判权力的行为本身也使他们与职业法官组成审判集体,从而与社会保持了一定的距离。在以审判行为或活动为客体的社会监督中,陪审员的行为实际上也包括在监督的对象之中。因此,陪审制的确立和适用并不排斥社会监督机制存在的价值。

总体上可以作这样的判断:陪审制体现了审判权力的社会分享,它从制度上否定了审判独立的绝对性,但是陪审制依然不是司法独立相对性的唯一体现。司法审判民主化不仅要求陪审制能够得到有效实施,而且还要求有广泛的社会监督活动存在。司法独立的有限性在社会监督中将得到更为充分的展示。

(三)诉讼的封闭与开放

在讨论司法独立相对性时,无疑应当涉及诉讼的封闭与开放问题。这是因为,司法独立在直观上常常是与诉讼的封闭相联系的,这种封闭性既被视为司法独立的象征,亦被认作司法独立的保障。相应的,诉讼的开放则成为司法独立相对性的标示和条件。

从古至今，受程序的技术性所影响，各国诉讼的封闭程度不相一致，但是，总体上却可以看到一种趋势，即司法审判的民主化程度越高，诉讼的开放程度也越高；反之，司法审判越是具有专制特征，诉讼的封闭性越强。中世纪无论是教会审判还是世俗审判，都主要采用秘密方式进行，诉讼的整个过程基本是封闭的，不仅对社会而且对当事人也保持着一种隔绝状态。实行这种封闭性程序的目的并不在于排除社会势力对诉讼的干扰，而在于使专横和擅断在封闭状态的诉讼中得到贯彻与实施；同时，借助这种封闭，强化审判的恐怖和威胁作用。相同的结论在罗马晚期的审判实践中也可以得到。随着罗马晚期司法审判中专制主义的加强，王政时期诉讼开放的状况也发生了很大变化，秘密审判程序普遍适用于司法实践。正由于诉讼的开放程度直接关系到司法审判的民主化，因而，在近代资产阶级革命中，审判公开与司法独立被置于相同的地位而得到倡导和推崇。

司法独立与审判的开放虽然都具有时代所赋予的革命意义，但“独立”与“开放”在实践中并不是完全协调的。如前所述，“独立”客观上要求诉讼保持一定的封闭性，而“开放”则在某种程度上影响着“独立”的维护。实践中两者的交互作用表现为彼此间的制约。这就意味着绝对的独立和绝对的开放不论在事实上或理论上都是不能成立的。现代各种诉讼制度都以一定程度的相对封闭来维系相对的司法独立，同时又在相对独立的前提下保证诉讼或审判的相对开放。

相对独立和相对开放共同提供了对诉讼过程实施社会监督的可能。独立的相对性至少表明诉讼并不绝对地排斥社会对诉讼过程的一定影响，从而奠定了社会监督的理性前提；相对的开放则为社会监督创立了实施条件。

相对开放的一般内容包括：(1)构成诉讼程序的具体审判行为（主

要指庭审行为)通常在一定场合中公开进行;(2)作为诉讼裁判基础的事实以及裁判的法律根据向冲突主体及社会公开。在某些国家中,还包括审判组织内部对案件裁判的不同意见亦向社会公开。概括地说,相对的开放是指主要诉讼行为、诉讼裁判及其根据通常置于冲突主体和其他社会成员的直接或间接地观察之下——无论是借助于新闻媒介,抑或直接参与或旁观庭审。

在相对开放的环境中,社会监督不仅具备客观条件,甚至可以认为具有一定的自然性。因为人们无法完全避免对自己视野之中的个案诉讼活动的关注甚而评断。同时,后面的分析还将表明,由于社会联系的广泛性,这些评断还会程度不同地表现为主体的特定社会行为,从而对全社会司法审判活动产生直接或间接的影响。可以认为,诉讼开放与社会监督实际上是不同意义上的同一实指。有开放就必然有监督;并且,开放的程度越高,社会监督的作用也就越突出。

二、社会监督的社会和个性原因

在现代法治国家中,诉讼的社会监督不只是作为一种社会现象,更重要也是作为一种制度而存在的。因此,无论是统治者认同社会监督,还是社会各主体实施这种监督,都基于一定的动机。这些动机可以系统地表述为社会监督的社会和个性原因。

(一)法律系统自监督功能的局限性

近代以来,各国的法治建设都包含了对司法行为缺陷的深刻认识,这种认识的实践体现便是法律自监督体系的建立。

法律自监督体系包括两个基本部分:(1)法律职业中各部门依据立法确定的职能而实施的彼此制约和监督;(2)同一法律部门中上级机构对下级机构司法行为的监督。广义上的法律自监督体系还应包括立法机构对司法行为的监督。在中国,主要指各级人民代表大会及其常委会对司法机构行为的法律监督。律师参与诉讼活动,客观上也对司法行为产生制约和监督作用,但是,律师的这种制约和监督通常要受制于委托人的特定利益,至少实施这种制约和监督行为的角度受制于代理人这一特定身份。因此,律师的这种行为不应包括在法律自监督体系之中。

作为一种常规手段,法律自监督体系对司法行为恰当性、合法性的保证作用是不言而喻的。一方面,各部门依据职能分工,通过继起的程序,相应形成制约;另一方面,负有专门监督职能的法律部门(如中国的检察机构)以及上级机构通过指导和纠错手段,对有关法律部门的司法行为实施监督。这种自监督体系的存在,既为司法行为提供了一种保障,也增加了社会公众对于司法行为的信赖度。然而,无论是在理论上还是在实践中,法律自监督体系在司法行为监督功能方面都具有一定的局限性。主要是:

第一,法律部门的监督受制于立法所规定的职能;职能的明确化同时也意味着职能的有限性。因此,无论立法怎样完备,都不能使这种职能完全适应对司法行为监督的要求。实践中,职能的局限常常使法律机构的监督意志无法通过恰当手段得到表达。不仅如此,职能规定往往还人为地制造出某些法律监督的"盲区"。例如,中国检察机构被立法规定为法律监督机关。根据立法的规定,在刑事诉讼中,检察机构享有对公安机关的侦查活动实施监督的权利;在其他各种诉讼中,也都可以对法院的审判活动实施监督。但是,检察机构同时又是实施某些刑事案件侦查活动的主体;在其他诉讼程序中,检察机关也直接从事非监督性的法律活动。由于公安和法院都不直接具有监督检察机构法律行为的职能,因而检察机构的这些侦查及法律活动缺乏充分、必要的监督手段。更进一步看,尽管立法从原则上明确了检察机构对整个司法活动的监督职能,但在具体程序上并未相应为这种职能的行使提供条件。

检察机关对非刑事案件审判活动的监督职能早已被规定在立法之中，而在实践中，这项职能并未能得到充分行使。这些不足或许会通过立法的完善而得到一定程序的弥补，但可以肯定的是，职能规定所带来的缺陷在任何国家中都是存在的。

第二，法律系统的自我监督通常必须依一定的程序进行，程序固然可以保证监督行为的规范化和正常化，但也使这种行为失却灵活性。程序不仅要求监督行为只能由特定主体以特定方式实施，通常还要求在确定的时间内实施，时间的延宕也意味着监督权利的丧失。面对司法程序中多样化、随机出现的各种违法现象，严格的程序要求往往降低了监督行为的适应性。自然，人们无法企求通过放弃程序来满足监督的灵活要求，因为程序对监督的保证作用毕竟大于它的局限性；但是，认识这种局限则有助于客观地把握法律自监督体系的监督功能。

第三，法律自监督体系的局限性还体现在监督主体对司法行为评价角度的单一性方面。法律自监督体系中各部门实施监督行为的全部功能在于保证司法行为合于现行立法的要求。因此，各部门对司法行为的评价只能以现行立法的具体规定为依据。即便是现行立法失于公正，或者与社会习俗差异甚大，也并不影响主体运用这种立法去规范或评价司法行为，甚至可以用这种立法的规定去“矫正”法官依据“正义”、“公正”等原则所实施的司法行为，因为现行立法的实际效力在任何法律环境中往往都高于理念中的“正义”或“公正”等原则。与之不同的是，法律自监督体系以外的其他社会主体对司法行为的评价角度却是多元的。既包括依一般法律观念和法律意识所作的评价，也包括依照社会一般道德意识、社会风俗所作的评价，还包括根据政党、政府的政治原则等对司法行为进行评价。一切构成社会规则、意识观念及习惯习俗的因素都可能成为对司法行为评价的依据。不仅如此，由于正义和公平等原则反映着社会公众的一般愿望，因而这些原则更容易被社会公众运用于对司法行为的评价。毫无疑问,社会主体的这些评价的正确性也同样会受到不同主体特殊利益以及他们的特定视角的影响,没有理由确定地认为社会主体的这些评价在总体上比法律自监督系统的评价更有价值。但是,法律自监督系统视角的单一性终究是一种无法克服的缺陷,这种缺陷也在一定程度上降低了自监督体系对司法行为监督的价值。

第四,法律自监督体系的运行,在形式上以相关的法律职能部门作为主体,但实际操作者只能是职能部门中的某个或某些成员,因为对个案诉讼中司法行为的监督是通过这些成员来实施的。这一特征对自监督体系功能的影响是:(1)发现司法行为中违法的能力是有限的,尽管这些成员较之其他社会主体更具备了解司法行为过程的条件,但人数的有限决定了整体能力的有限。(2)监督过程容易受个人主观价值的制约。监督行为权越是集中于少数成员之手;个人主观价值的影响和制约力就越大,监督失之公正的可能性也越大。(3)实施监督行为的动力在于这些主体的职责上的要求,因此,职责要求的明确、严格程度以及主体对职责要求的主观感受都会对监督行为产生的影响。任何情况下,对这些主体行为作过高估价都是不恰当的。

法律自监督体系的上述局限逻辑地表明了一个结论:对司法行为的监督仅仅依靠自监督体系是不够的,有效地保证司法行为的合法性和恰当性,还应借助于社会监督。这也是社会监督被广泛承认的另一基本原因。

(二)政治责任和政治参与

对于一个与具体的诉讼无直接联系的主体(一个机构或一个公民)来说,促使其对司法行为实施监督的原因,首先是他在社会中的政治责任,同时,这种监督也是他政治参与的一种形式。

现代民主制国家无论其社会性质怎样,社会的运行都离不开社会成员（包括社会各机构）的政治责任和政治参与行为。当代美国政治思想家约翰·杜威曾指出："作为一种生活方式的民主制度，其主旨可以表述为，每个成年人必须参与制定用来调节人们共同生活的价值标准。……没有一个人或一部分人会那么英明或那么善良，可以不经他人的同意而统治他人……社会制度必须由受这些制度影响的所有人来共同创造和管理。"〔6〕民主性越强的国度中，社会成员的政治责任感则越强，政治参与的程度也越高。

社会成员的政治责任和政治参与较为集中地表现在他们对待选举等政治事件的态度，但是，政治责任和政治参与也常规地表现为他们对司法行为的监督。这主要是因为，司法行为已构成现代民主制国家中政治生活的重要组成部分。民主的实现状况、民主的保障程度都直接受制或决定于司法行为的合法性与恰当性。从一定意义上说，司法行为同社会成员的普遍政治利益的联系较之其他行为更为紧密。由个案审判所体现出的司法机关权利保护倾向，通常能够反映出特定社会中政治生活的基调。

由于社会成员的政治责任以及政治参与的程度并不相同，因而各自对司法行为监督的愿望及程度也不一致。一般来说，这种愿望和程度决定于三个方面：（1）主体的社会地位。社会地位的高下直接影响着主体对司法行为监督的兴趣或责任。越是居于社会上层，对司法行为关注也越为强烈。（2）主体的社会职业。某些职业，如新闻工作对司法行为具有天然的兴趣。反映司法行为，反映社会对司法行为的认识与评价不仅是新闻职业者的偏好，也是其职业准则的要求。相比之下，直接从事物质产品创造的职业者，对司法行为监督的动机则不很强

---

〔6〕［美］安东尼·M. 奥勒姆著：《政治社会学导论——对政治实体的社会剖析》，董云虎、李云龙译，浙江人民出版社1989年版，第323页。

烈。(3)主体的其他社会条件,如经济状况、受教育水平、信息摄取能力、空闲时间等。这些也会相应影响主体关注并监督司法行为的程度。西方政治学家们曾根据社会分层理论来分析公民政治参与的程度,揭示出"SES"(Social Economic State——社会经济地位,由职业地位、受教育水平、家庭收入数量作为基本测度)同其政治参与程度的对应联系。[7] 这种分析同样可以用于说明各社会成员在监督司法行为方面的态度。

(三)利益的实际关联

社会监督的个性原因之一,又在于社会成员同个案审判中所涉及的某种利益具有实际关联。对利益的关注促使其对司法行为实施某种方式的监督。

利益上的这种关联所指的是这样一种状态:一方面,相关联的社会成员并不是直接的冲突主体,从而并不直接承受裁判义务或享有裁判所确定的权利;另一方面,诉讼裁判结果又会间接地影响到这些社会成员的积极或消极利益。进一步看,这种关联又分为两种情况:其一,特定的社会成员由于同案件中的冲突主体具有某种利益上的联系,或者同案件中的实体法律关系具有某种联系(但并不是当事人),因而案件的裁判结果将影响其实体利益。其二,诉讼中,案件的裁判结果所昭示的某种法律原则或权利保护倾向将影响到某些社会成员后续的社会行为及社会利益,由此也形成了这些社会成员同诉讼的利益关联。

较之其他因素,利益的实际关联更易于激发和促使社会成员对特定司法行为的关注。对自身现实或将来利益的注重不能不使他们对相关的诉讼过程倾注热情。然而,基于自身某种利益所实施的对司法行为的监督,往往是以自身利益为本位的。有利于这种利益的司法行为

---

〔7〕 参见[美]奥勒姆:《政治社会学导论——对政治实体的社会剖析》,第330~331页。

自然会得到肯定评价,而不利于其利益的行为,受肯定的程度则相应降低。在此情况下,社会监督的恰当性只能依赖于两个条件:一是社会成员所关切的利益本身具有合法性;二是具有相对立利益的社会成员间能够形成一种制约,各自从不同角度对司法行为进行监督。

(四)伦理取向和情趣偏好

深入分析社会成员监督司法行为的动因,不难发现另一种情况:主体实施对司法行为的监督既不是基于政治责任和政治参与的热情,亦非同诉讼具有何种利益联系,实施这种监督,主要同其伦理取向和情趣偏好相关。

罗尔斯认为:"一个组织良好的社会是一个被设计来发展它的成员们的善并由一个公开的正义观念有效地调节着的社会。因而,它是这样一个社会,其中每一个人都接受并了解其他人也接受同样的规则,同时,基本的社会制度满足着并且也被看作是满足着这些正义原则。……而且,一个组织良好的社会也是一个由它的公开的正义观念来调节的社会。这个事实意味着它的成员们有一种按照正义原则的要求行动的强烈的通常有效的欲望。"〔8〕罗尔斯的这一观点可以归纳和引申为一个具有普遍意义的原则:社会成员的正义观念和崇尚正义的伦理取向是社会秩序保持其良好状态的基本前提。事实上,现代社会秩序也主要是依靠社会成员的正义观点来维持的。正因为如此,以崇尚正义为基本内容的伦理取向也构成了社会成员对司法行为实施社会监督的动因。

诉讼活动历来被认为是维护正义,惩治邪恶的基本社会行为,法律中内含的正义精神主要是通过诉讼而得到昭示和体现的。尽管不同时期中诉讼的正义价值并不相同,某些情况下,诉讼甚至会作为损害正义

---

〔8〕［美］罗尔斯:《正义论》,第440~441页。

的手段,但概念上的诉讼总是与正义的维护直接联系的。因此,一方面,诉讼能够启导社会成员正义观念的形成;另一方面,社会成员的正义感也会促使他们积极地关注诉讼过程,并根据自己的正义观念品评诉讼活动及司法行为的是非得失。社会成员的正义感不仅表现为他们对现实的公正原则的自觉接受,现时也表现为他们对公正的制度的建立和实施的热切愿望以及为之而努力的具体行为。〔9〕因此,受正义感的驱使,社会成员往往自觉地通过多种形式力图使诉讼活动能够满足自己的正义欲望,在殚恶彰善中得到一种快感,并且力图用自己的观念和行为影响司法审判行为,使之更符合正义原则。

伦理取向与政治责任和政治参与有某些重合,但二者并不一致。重合的程度决定于社会的政治原则和政治制度的正义价值。同时,伦理取向的支配作用通常不受主体的社会政治身份的影响。

与伦理取向的支配作用相类似的是社会成员的情趣偏好。某些社会成员对司法行为的关注主要基于其情趣偏好。由此所产生的对司法行为的关注,观望色彩重于它的评价和影响动机。关注司法行为所以会构成某些社会成员的一种情趣偏好,或许同诉讼具有的刺激力相关。作为一种特殊的、理性的同时又是异常激烈的抗争,诉讼比其他社会行为更能够吸引人们的注意力。诉讼中对冲突行为具体过程(往往是主体秘而不宣的过程)的揭露,进一步强化了这种刺激作用。

毫无疑问,仅仅是基于情趣偏好而产生的对司法行为的关注,严格地说并不能被视为社会监督,因为这种关注更主要是满足主体的某种主观感受。但是,这种情趣偏好不仅会逐步影响主体的价值观的形成,而且,在许多场合下,情趣偏好中又潜藏或包含某种判断价值,在观察司法行为的过程中贯穿着主体的情绪变化。所以,受情趣偏好支配而

---

〔9〕 罗尔斯对此作过具体论述。参见[美]罗尔斯:《正义论》,第461页。

产生的关注,对于社会监督来说,不是完全没有意义的。

总体上说,对司法行为社会监督的社会和个性原因是多重的,不同原因对社会监督的方式和程度也将产生相应的影响。认识这些原因依然是为了说明一个原则或一种事实:在现代民主制社会中,诉讼机制中的社会监督既是必要的,同时也是必然的。它体现着社会政治的民主化与社会成员的民主愿望的统一。

三、社会监督的类型

一般来说,诉讼机制中社会监督的主体包括了非司法机构及其成员以外的所有社会成员(也指社会组织和机构),但是,各社会成员实施监督的条件和方式以及监督的程度是不相同的。这种差异相应形成了社会监督的不同类型。

(一)政府监督

政府对司法行为的监督实际上体现着行政与司法的一般关系。在"三权分立"的政体下,政府的这种监督是政权制约司法权的一个基本方面。

在"三权分立"的政体下,政府对司法行为实施监督的目的是双重的:一方面,通过这种监督保证司法行为的合法性,尽管在制度上这项职能并不属于政府;另一方面,政府力图依靠自己所拥有的手段对司法审判过程产生影响,从而使司法活动更好地适应政府的行政行为。后者构成了政府监督同立法机构监督之间的区别。

从程序上看,政府并没有监督司法行为的专门手段,并且,"司法至上"或"司法独立"的实质意义主要在于排斥政府行为对司法过程的干预。但是,即使在严格的分权制下,政府的这种监督作用也是无法忽视的。政府不仅有关注日常司法活动的热情,同时更具有影响司法过程的特定方式。在美国,这些方式主要是:(1)政府行政长官任命法官。联邦法院的法官全部是经国会同意而由总统任命的;一些州法院的法官也是由州长任命的。这种权力使政府有可能根据自己的意志而选择法官,并通过这些法官来体现政府的利益。罗斯福对霍姆斯的任命则是美国历史上较为典型的一例。霍姆斯上任后对美国政治进程所产生的影响远非政府直接干预所能及。(2)政府通过广泛行使立法创议权,借以使自己的意志在司法实践中得到贯彻。这种方式实际上是政府通过立法机构而间接地对司法过程产生影响。

司法超脱于政府制约,这常常是西方国家标榜其“司法纯洁性”的主要依据之一。确实,在资产阶级革命胜利后的一段时期中,司法对政府行为曾具有强大的排斥力。然而,随着西方国家的政治重心由立法转向行政,政府的权力也日益扩大。司法的排斥力则不断萎缩。美国学者托马斯·戴伊在《谁掌管美国》一书中指出:“今天认为政府机构干涉我们生活中‘从生到死’的各个方面的看法是很平常的。……看来政府的职责是无限的,而我们不断都给政府增添新任务。”在这种政治氛围中,司法对政府的超脱只能是有限的。除了前面所提到的美国政府对司法影响的两种方式外,政府的作用还可以通过社会中其他许多无形因素而实现。这种情况不仅在美国及主要西方国家,在其他各国中也程度不同地存在。

无论在何种社会制度中,政府总是直接或间接地主宰着社会生活。同时,政府的政治权威从来都是以整个国度为其空间的。因此,政府的意志在许多场合下往往并不要求政府通过直接的政令而得到实施,政府广泛的社会权威以及政府政治手段的连带影响亦是政府意志实现的重要途径。这种现象在政府对司法行为的制约方面尤为典型。尽管司法机构通常都有排斥政府行为干预的要求,但是法官同社会的政治、经济以及其他方面千丝万缕的联系决定了法官不能完全无视政府的某些意旨,个别法官对政府的意旨甚至本能地具有“媚俗”倾向。同时,各种司法行为都会不同程度地同社会发生关联,这也决定司法行为无法绝对摆脱政府意旨的影响。并且,司法行为同社会的关联越紧密,对社会的依赖度越高,这种影响就越突出。

前述分析或许已经超出了政府对司法行为监督的范畴,这种分析意在说明,政府的监督决不只是停留在对司法过程的评价和关注上,政府较之其他社会主体更有可能把自己对司法行为的要求变为某种现实,从而在一定程度上改变司法行为及其过程。

(二)政党监督

政党监督与政府监督具有某种一致性。同时政党监督有时是通过政府的特定手段或权威得到实现的。

与政府监督的背景相同的是,分权制下的司法体系同样是以排斥政党干预和渗透为其形式功利的。但是以下两方面决定了政党同司法行为之间不可能处于彼此隔绝状态;其一,政党在实现其政治纲领的过程中,需要借助于司法行为的作用,亦即政党需要自己的影响渗透于司法行为过程之中。其二,司法机构的人员与政党具有一定联系,并在一定程度上受制于政党。美国社会的政治实践可以清楚地表明这种联系。如前所述,美国的法官可以由行政长官任命,而事实上这种任命都带有一定的党派背景。"总统几乎总是将他自己政党的成员提名为联邦法官"。据统计,从克利夫兰到卡特共 17 位总统中,有 13 位总统任命本党成员为联邦法官,本党成员的法官占他们所任命的联邦法官总数的 90% 以上,其余 4 位所任命的本党成员占总任命数的 80% 以上。在依照选举程序而选举法官的情况下,法官的产生依然有深刻的党派背景。美国学者曾揭露道:在"党派选举"的州,"法官是作为一个政党的成员或候选人而选出的";在"非党派选举"的州,"不管选举过程和政治如何,法官仍然可以带着一个政党所主张的社会准则来到司法机构”。[10] 不仅如此,控制或制约司法机构往往还是美国两党激烈竞争的目标。美国历史和现实中,不乏这种实例。

政党对司法行为的监督从本质上说是政党依照其政治准则评价并进而影响司法行为。这种评价和影响在两个层次上展开:第一,对整个司法行为进行评价,并通过政党的特定手段改变司法人员的素质以及影响总的司法政策。这种评价通常表现为政党对待特定时期司法行为的基本态度和立场;改变司法人员素质的努力主要体现在政党提高本党成员在司法队伍中的比例,并力求使他们依照政党的政治准则行事。此外,政党还借助于他们在政治制度中的力量,一方面直接地对司法行为表达自己的要求,另一方面间接地通过政府或立法机构向司法体系施加影响。第二,政党对某一具体的司法行为进行评价,并尽可能使某些案件的处理符合政党的特定意志。相比之下,政党在这方面监督的能力和条件比前一层次的监督弱得多。

在中国,作为执政党的中国共产党无疑具有监督司法行为的要求与职能。对司法工作的领导是党的活动的重要组成部分。这不仅体现出党要求司法工作在总体上必须同党的政治原则相一致,同时还反映出党的专门机构有权协调司法机构中各部门的某些行为。党的监督行为实际上是党对司法工作领导的一种实现形式。党的这种监督行为只是受制于这样三个原则:(1)监督的目的在于保证司法行为更加符合法治要求,依靠党的力量来提高司法行为的合法性。(2)监督行为不影响正常的司法程序。党对司法的要求必须通过法定方式得以实现。(3)党的机构对个别案件的处理意见与司法机构发生分歧时,应依进一步的司法程序裁决。自然,实践中党的这种作用的发挥会遇到诸多

---

〔10〕 参见《美国政党政治》第366页,转引自陈其人等:《美国两党制剖析》,商务印书馆1984年版,第57页。

问题。解决这些问题,更有效、更恰当地发挥党的监督作用既是改善党对司法工作的领导,又是完善法治的现实任务。

(三)法学家监督

在司法行为的社会监督中,法学家监督是一种特殊的监督类型。西方国家中,法学家的监督通常被认为是最为公正的监督,因而得到普遍的推崇。

推崇法学家监督的深层原因在于:第一,在一般公众的观念中,法学家是最自觉地维护法律公正性的主体。科特威尔认为,在所有的社会阶层中,法学家对法律秩序的使命感较之其他社会成员更为强烈。托克维尔把法学家看作是"平衡民主的力量",他认为:"法学家爱秩序甚于爱其他一切事物,……即使法学家重视自由,他们一般也把法治置于自由之上。"〔11〕基于对法律秩序和法律公正性的关切和维护,法学家不仅把他们的精力倾注于改进和完善立法规范方面,而且也热切地关注司法过程,并以其特有的敏锐的观察力对司法行为实施监督。第二,法学家通常被推定为最能够把握立法规范的本旨。对司法行为的合法与否,法学家具有其他社会成员所无法比拟的判断力。在对某一法律问题的评价方面,法学家往往比司法人员具有更高的权威性。法学家特殊的知识结构提高了法学家监督的效力层次。第三,法学家具有特定的超脱地位。虽然在西方国家中,法学家对政府的行为具有很大的影响力,甚至某些法学家可以操纵政府的权力,但法学家在公众观念中并不被归为政府的力量,反而被当作人民利益的代表,"法学家是人民信赖的唯一知识阶级"。托克维尔在描述法学家的这种地位时指出:"法学家,从利益和出身上来说,属于人民;而从习惯和爱好上说,又属于贵族。法学家是人民和贵族之间的天然锁链,是把人民与贵族套在

〔11〕 [法]托克维尔:《论美国的民主》(上卷),第305页。

一起的环子。”[12]正因为如此,法学家在对司法行为的评价与监督中,能够保持一种积极却又是冷静的态度。“法学家秘而不宣地用他们的贵族习性去对抗民主的本能,用他们对古老事物的崇敬去对抗民主对新鲜事物的热爱,用他们的谨慎观点去对抗民主的好大喜功,用他们对规范的爱好去对抗民主对制度的轻视,用他们的处事沉着的习惯去对抗民主的急躁。”[13]一般来说,社会监督的习惯倾向是对司法行为的“保守性”作出批评,因此,法学家的这种冷静对于抑制社会其他主体的激进情绪,从而提高社会监督的整体质量无疑具有重要意义。

尽管法学家在不同社会中的地位差异较大,但法学家对司法行为的监督作用却历史性、普遍性地受到重视。罗马法学家的著作曾直接作为司法审判的根据。虽然这种实践并未导致后世将法学著作作为法律渊源,但法学家对法律的解释,即法律的学理解释则被视为法律规范解释的一个重要组成部分。西方国家中,法学家还被大量地任命为法官。同时,几乎在所有各国的立法工作中,都离不开法学家的直接参与。立法规范在一定意义上说只是经过立法者认可的法学家们的规范杰作。所有这些,都构成了全社会重视法学家,并进而重视法学家监督的基本原因。

法学家监督的一种常规方式是某个或某些法学家对已经或正在审理之中的案件作出评价,这种评价既可能直接包含着对相关司法行为的批评或肯定,也可能仅是就案件如何处理发表自己的见解,而不涉及具体的司法行为。无论属于何种情况,法学家的这些意见都很容易引起司法机构的重视,更不难引起社会的认同和共鸣。由此所产生的作用是双重的:一方面,司法机构基于对法学家意见的重视而相应抉择自

---

〔12〕 [法]托克维尔:《论美国的民主》(上卷),第306页。
〔13〕 同上。

己的司法行为(包括维护或改变自己的某些行为);另一方面,法学家的意见又能够对社会成员的司法信念的强化或弱化产生影响作用。

毫无疑问,法学家对司法行为的监督往往是从他的理论体系出发的,因此,这种监督的理念化色彩较浓。较为普遍的缺陷是法学家们往往疏于对现实情境的了解,或者忽视情境因素的影响作用,过分地推崇和信奉某种法律原则的价值以及体现这种价值的立法规范。同时,法学家们也往往不照顾司法人员所面临的现实制约,而依照理想化的法律秩序要求来评价司法行为。这也是造成法学家与司法机构之间罅隙的重要原因。

(四)新闻舆论监督〔14〕

新闻舆论的监督是司法行为监督中影响面最大的监督。正是这种影响赋予了新闻监督以特殊的作用和价值。

新闻舆论监督常常被认为是新闻机构伸张正义、主持公道的一种手段;新闻工作者也往往以强烈的社会责任感关注司法审判过程。事实上,新闻机构对司法行为的兴趣还同新闻的特定视角——注视社会中的新奇事件相关。

从一定意义上说,新闻监督并不是一种独立的社会监督类型。因为新闻手段作为一种媒介,它反映和体现的主要是社会其他成员的意志和见解。政府、政党以及法学家和其他社会公众对于司法行为的意见都可以通过新闻媒介而得以反映。新闻监督的相对独立的价值是在这种意义上得到承认的:在客观报导的表象中,潜藏着新闻机构对于特定司法行为的兴趣和倾向;新闻机构在表达其他社会成员意志的同时,也使自己的意志得到了反映。

〔14〕 这里所说的新闻舆论监督,未包括自媒体舆论监督,但相关分析可适用于自媒体监督。

新闻工作的职业条件以及新闻传播手段赋予了新闻监督以特殊的能量。新闻工作广泛的社会渗透性使司法程序的封闭程度相对降低。在某些情况下,新闻工作者的行为甚至使司法人员封闭司法行为过程的努力归于失败。从职业要求看,新闻工作力图使所有的司法行为、整个司法过程都能够一览无遗地置于自己的视野之中;而不顾及由此而带来的司法程序的难度。问题不仅在于新闻工作者对司法行为过程的了解,更重要的是新闻传播媒介将使这些经过新闻机构筛选的信息在一定的倾向的支配下广泛地传播于社会。

从制度上说,新闻机构所表达的意志,无论是新闻机构本身的意志,抑或社会其他社会成员通过新闻媒介而表达的意志,都不构成影响或决定司法行为的确定效力。但是,事实上司法机构无法漠视新闻舆论直接或间接表现出来的倾向。实践中,新闻舆论的影响作用表现为四方面:

第一,促使某一诉讼程序的发动。许多诉讼程序是在新闻舆论的促使下而发动的,新闻舆论将某一社会冲突公诸于世,从而迫使(或引起)冲突主体或司法机构不得不将此冲突诉诸或纳入诉讼轨道。在这方面,新闻舆论的作用不只是提供了一种信息,更重要的是由此对冲突主体或司法机构形成了一种压力或动力。

第二,影响个案的实际裁决。在个案的诉讼过程中,新闻舆论往往通过多种方式反映新闻机构本身和社会各方面对个案中冲突主体行为的评价,这种评价中又不能不带有某种情感和倾向。舆论的臧否贬褒有形或无形地对司法人员的行为产生影响,即使不是直接地屈服于舆论的压力,亦可能间接地被舆论中体现出的情绪所感染,由此又进一步影响着个案的裁判。

第三,强化或弱化个案裁判的效果。当个案审判终结后,新闻舆论的作用一方面通过报导审判的结果,扩大个案审判的影响面;另一方面又在于反映社会各方面对个案审判过程及裁决结果的评价。在这种评价中,既可以是赞同和肯定法院所作的裁判,也可以是对法院裁判作出批评。毫无疑问,新闻舆论对个案裁判的态度相应将影响到个案裁判效果的弱化与强化。特别是对个案裁判的否定和批评将直接影响到冲突主体履行裁判义务的责任感,也会影响公众对于司法的信心。在新闻舆论对个案裁判表示出强烈不满的情况下,还可能引起再审或其他相应诉讼程序的发生。

第四,除了前述三个方面外,新闻舆论又常常通过对司法行为的整体评价,从而不同程度地影响或改变这种行为,促使司法行为的逐步完善。新闻舆论的这种监督作用是根本性的。

新闻舆论监督的实际效果决定于司法机构及其成员对于新闻舆论的不同感受;而进一步看,这种感受又决定于两个方面:一方面,司法机构及其人员对社会赞同的需求度。由于新闻舆论通常被视为社会情绪的反映和公众心声的体现,新闻舆论赞同的主观价值一般是较高的。司法机构及其人员对社会赞同需求的程度相应决定着新闻舆论对他们的影响力。这种需求越是急迫,他们对新闻舆论就越是敏感。另一方面,新闻传播的范围以及特定新闻机构的权威。新闻传播的范围越广,其影响力也越大,这也意味着新闻媒介可动员的社会监督力量越强。与此相联系,特定新闻机构的权威性也会影响到司法机构及其人员的主观感受。按照社会学家布劳的观点,越具权威性的主体,其赞同的价值也就越高。显然,对来自不同权威的新闻机构的批评或赞同,司法机构及其人员所产生的感受是不会相同的。

（五）公众监督

公众监督在我国称为群众监督。司法行为所广泛面临的社会监督仍然来自于公众。公众直接参与旁听庭审或通过新闻媒介等途径了解诉讼过程,并就相关的司法行为作出评价,这是公众监督的最直观形态。

在本章第二节中,我们已经具体分析了主体实施社会监督的个性动因。这些不同动因对于主体实施监督行为的激励力是不一致的。而当某种行为对于主体来说并不表现为直接的法律义务时,激励力的大小则是行为实施程度的唯一决定因素。因此,基于不同动因的不同公众对于司法行为实施监督的程度也显有差异。对于公众中的多数来说,对司法行为的监督主要表现在依据自己特定的价值观和法律意识评价具体的司法审判程序,但是,他们并不把这种评价进一步体现为具体的建议和要求,也不通过具体的方式专门表述自己的评价和认识。这种监督的意义在于:公众的评价逐步积累成对于司法行为的总体印象和对待司法行为的社会情绪。这些印象和情绪构成司法行为的一种外在环境因素,并通过司法机构及其人员的感知而对后续的司法行为产生作用。不仅如此,公众的这些印象和情绪又可能影响政府或政党对待司法行为的评价与态度,由此进一步对司法行为产生作用。

自然,基于某些更具有激励力的原因,某些公众不仅会对特定的诉讼表现出强烈的关注,而且会借助于某些手段表达自己对具体司法行为的意见与要求。较为常规的手段有两种:其一,诉诸舆论。借助于新闻媒介(尤其是运用网络等自媒体),把个别意见和要求上升为社会舆论,发挥舆论监督的效应。其二,运用特定的程序,表达自己的意志。尽管诉权制度排斥着非当事人在特定诉讼中的行为权,但是现代各国立法一般都为当事人以外的其他人控告司法人员的违法行为以及对抗诉讼的不当伤害提供了程序上的手段。这两种手段为某些公众表达他们对司法行为的特殊意见与要求提供了条件。

结语:社会监督的价值与实践难题

在现代民主社会的诉讼机制中,对司法行为实施社会监督是不可缺少的一环。无论从司法体系自身的局限性,抑或从社会成员民主意志的实现角度看，社会监督的价值都是应当充分肯定的。然而，概念上对社会监督意义的肯定并不意味着否认社会监督的实践难题。这种难题集中于一点就是：如何在社会监督与司法独立之间建立一种平衡机制，既不致因司法的独立而使诉讼失却民主督察的条件，又不致因强调社会监督而使诉讼受到某些不当干预。在理论上，社会监督是一个纯然积极的语汇或行为，但在实践中，社会监督权的具体运用并不总是积极的。即便是以维护法律秩序为崇高使命的法学家，在行使监督权的过程中也不能不表现出某种偏执，而这种偏执与社会监督的理论意义是大相异趣的。现代各国都需要为诉讼程序寻求一种“过滤网”：吸纳正确的监督意见而又能抵挡不当的干预。毫无疑问，这是一种理想色彩甚浓的目标。现实的努力仍然在于探索社会监督的有效方式和程序，恰当地规定监督行为的相应效力。从原则上说，对于一个具有法治传统的国家，应当把社会监督提到更高的地位；而对于一个法治创建中的国家来说，强调司法的相对独立性或许更为必要。

索　引

图书在版编目(CIP)数据

社会冲突与诉讼机制 / 顾培东著. -- 3 版. -- 北京:
法律出版社,2015.7(2019.12 重印)
ISBN 978-7-5118-5814-6

Ⅰ.①社… Ⅱ.①顾… Ⅲ.①诉讼-司法制度-研究
Ⅳ.①D915.104

中国版本图书馆 CIP 数据核字(2015)第 200028 号

社会冲突与诉讼机制
SHEHUI CHONGTU YU SUSONG JIZHI

顾培东 著

责任编辑 陈 慧
装帧设计 凌点工作室

编辑统筹 法律教育出版分社
出版 法律出版社
总发行 中国法律图书有限公司
经销 新华书店
印刷 天津嘉恒印务有限公司
责任印制 沙 磊
开本 A5
印张 7.75
字数 188 千
版本 2016 年 5 月第 3 版
印次 2019 年 12 月第 2 次印刷

法律出版社/北京市丰台区莲花池西里 7 号(100073)
网址/www.lawpress.com.cn
投稿邮箱/info@lawpress.com.cn
举报维权邮箱/jbwq@lawpress.com.cn
销售热线/400-660-8393
咨询电话/010-63939796

中国法律图书有限公司/北京市丰台区莲花池西里 7 号(100073)
全国各地中法图分、子公司销售电话:
统一销售客服/400-660-8393/6393
第一法律书店/010-83938432/8433 西安分公司/029-85330678 重庆分公司/023-67453036
上海分公司/021-62071639/1636 深圳分公司/0755-83072995

书号:ISBN 978-7-5118-5814-6 **定价**:48.00 元